英语翻译理论的
跨学科阐释及应用探索

白桂丽　商　丹◎著

武汉理工大学出版社
·武汉·

内 容 提 要

　　本书是一本关于翻译跨学科研究的学术性著作。本书首先对翻译的内涵、分类、过程、技巧、中西翻译理论等基础知识进行研究。但除了翻译概念的认知外，对翻译理论的研究不能仅限于语言学层面，还应该扩展到多个领域，且不同的翻译方法、技巧和理论催生了不同的翻译学派，而这些不同的学派又在不同程度地促进了翻译学科的发展，翻译学科的研究也呈现出多维趋势。因此本书重点从生态、技术、语用、文化、文学、文体几大视角来探究不同学科背景下的翻译理论，并辅以具体的翻译实践，从而对跨学科翻译有一个系统性的建构。总体而言，本书努力做到与主题相呼应，并将理论付诸具体的实践中，以期更好地推动我国翻译学研究的发展。

图书在版编目 (CIP) 数据

英语翻译理论的跨学科阐释及应用探索 / 白桂丽，商丹著 . —武汉：武汉理工大学出版社，2024.3

　ISBN　978-7-5629-7026-2

Ⅰ.①英… Ⅱ.①白… ②商… Ⅲ.①英语—翻译—研究 Ⅳ.① H315.9

中国国家版本馆 CIP 数据核字（2024）第 064863 号

责任编辑：史卫国

责任校对：杨　昱　　　排　版：任盼盼

出版发行：武汉理工大学出版社

社　　址：武汉市洪山区珞狮路 122 号

邮　　编：430070

网　　址：http://www.wutp.com.cn

经　　销：各地新华书店

印　　刷：北京亚吉飞数码科技有限公司

开　　本：170×240　1/16

印　　张：15.75

字　　数：249 千字

版　　次：2025 年 1 月第 1 版

印　　次：2025 年 1 月第 1 次印刷

定　　价：92.00 元

前　言

　　语言是人类文明构建的重要基石,通过语言,人们能够对事物进行表达与描述,这极大地提升了人类文明的层次,也是与其他物种区别的重要标志。不同语言群体之间始终发生着各种交往活动,因而翻译就成了一种基本的交往行为。有人认为翻译是一门科学,有人认为翻译是一门艺术,有人将翻译家称为"传声筒",有人将他们称为"媒婆",不同的界定与隐喻体现了人们对翻译有着不同的审视视角。归根结底,翻译是不同语言信息之间的转换活动。在科技高速发展、计算机广泛应用的现代社会中,能否准确、及时、顺畅地接收信息、处理信息和输出信息,已经成了衡量社会发达程度的一个重要标志,也成为衡量社会是进步还是落后的一个重要尺度。作为交际媒介和信息转换的手段,翻译愈发凸显其重要性,并受到社会各界的广泛关注,从事翻译工作的人数也与日俱增。为了进一步推动翻译学的研究与发展,研究者要不断地挑战、不断地拓展、不断地创新、不断地升华。如今,翻译服务已经渗透到经济、文化、科技等各个领域,社会对高质量应用翻译人才的需求也越来越迫切。

　　英语翻译的跨学科研究是在不依附于其他学科的学科体系的同时,又充分借鉴其他学科的相关理论来研究跨学科层面上的英语翻译问题,强调英语翻译学与其他学科的融合、互动与合作。当前,英语翻译跨学科研究经历了从结构主义语言学范式到解构主义多元范式,再到建构主义范式的转变,在学科内视野、学科视野和超学科视野三个层级分明的研究视野的指导下,英语翻译的跨学科研究已能够根据研究需求选择相应的研究视野。未来,英语翻译的跨学科研究将加强学科理论建设,注重跨学科研究的度,突破学科边界,实现英语翻译的跨学科研究从学科意识到问题意识的转换,最终达到学科独立到学科融合的目标,不断推动英语翻译研究的健康发展。基于此,作者撰写了《英语翻译理论的跨学科阐释及应用探索》一书,以期正确认识英语翻译问题,实现英语翻译的跨学科研究,将相关理论落实,从而促进英语翻译理论的更好实践。

本书共包含七章。第一章开宗明义,对英语翻译理论进行阐释,即翻译的内涵、分类、过程、常见技巧以及中西方翻译理论。第二章至第七章从跨学科的角度入手来分析翻译学,主要从生态、技术、语用、文化、文学、文体几大视角来论述,各章体例一致,分别介绍了该学科与翻译的关系,探讨了基本的理论,最后通过实践来分析具体的应用策略。

总体来说,本书在撰写中把握了层次性,从英语翻译理论这一基础知识入手探讨翻译的跨学科研究,结构清晰,具有系统性。另外,本书具有创新性,因为传统的翻译书籍大多对翻译历史、翻译技巧等进行研究,本书基于这些层面,从文化、文学、语用、文体、生态、技术等多重跨学科理论视角切入,全面考察翻译问题,以规避单一理论视角导致的学术盲点,推进跨学科翻译研究的进一步发展。本书理论丰富,与标题相呼应,对于读者、研究者来说意义非凡,对我国翻译水平的提升必然产生强大的推动力。

全书由白桂丽、商丹撰写,具体分工如下:

第一章、第二章、第三章、第四章、第七章第一第二节,共 12.77 万字:白桂丽(忻州师范学院);

第五章、第六章、第七章第三节,共 10.99 万字:商丹(江苏省建湖高级中学)。

本书在写作前参考了诸多与翻译相关的文献资料,在写作过程中引用了很多相关专家和作者的观点,在这里致以诚挚的谢意,同时将相关参考资料列于书后,如有遗漏,敬请谅解。由于作者学识有限,书中疏漏之处在所难免,恳请广大读者不吝指正。

作　者
2023 年 12 月

目　录

第一章

英语翻译理论阐释

　　语言在人类文化的发展和传承过程中有着不可撼动的地位。作为不同语系桥梁的翻译工作在人类源远流长的文化历史中也起着很大的作用。所以,我们要研究翻译的相关理论。翻译理论研究也是对整个人类的人文性质的一种探究。本章就从翻译的内涵、分类、过程、技巧以及中西翻译理论的视角入手来对英语翻译理论进行阐释。

第一节　翻译的内涵解析

一、翻译的定义

任何一种翻译活动,不论从内容方面(政治、社会、科技、艺术等等)还是从形式方面(口译、笔译、同声传译)都具有鲜明的符号转换和文化传播的属性。作为文化和语言的转换活动,翻译的目的是沟通思想、交换信息,进而实现人类文明成果的共享。没有翻译作为媒介,文化、传统、科技的推广就无从谈起,所以翻译是人类社会共同进步的加速器。

从文化的角度来说,文化具有动态的特点,由于经济的发展、科技的进步,文化也随之发生改变。例如,互联网和电子媒体技术的发展,带来了网络文化的繁荣,才有了今天的各式各样网络语言和网络文化的产生。对于翻译活动的参与者而言,随时掌握文化的动态,既要了解世界文化,又要及时跟进掌握母语文化是从事这一行业的基本要求。所以,所有翻译从业人员应该对政治、科技、经济、社会和时事等保持足够的兴趣,随时了解最新信息,才能在翻译实践中做到游刃有余。

翻译的标准有很多,但基本的共识是要达到"信、达、雅"这三个标准。"信"即对原文的忠实,翻译是不可以随意发挥和篡改原作者的语义和情感的。"达"是指翻译的内容要使读者或听者充分准确地理解,令人迷惑不解的译文是不合格的。"雅"是指语言的优美,能让人产生美感。当然,"雅"应该是建立在"信"和"达"的基础之上的,没有对原文含义的"信"和表达的通顺,"雅"就没有任何意义了。

翻译中的口译具有即时性的特点,译者往往没有充足的时间做准备,要根据现场情况及时、准确地理解和传达,因此译者需具有更加强大的心理素质和更加广博的知识存储。另外,对译员也有一些心理和生理条件的要求,如比较胆怯的性格特点,或者有先天性语病的人就不适合担当口译工作。笔译的从业者则要从不同的方面来考虑。

笔译要求翻译内容更加准确和优美,为此,译者应该做好充分的准备,包括对原文作者的了解、对材料背景和相关专业知识的学习和准备。只有做足了功课,才能确保对原文语义的精确理解。表达是笔译的第二步,当然表达的准确程度依赖于对原文的理解程度。最后还要对翻译的内容进行校对,确保没有笔误,不遗失信息。

翻译的方法可以简单分成意译和直译。意译指的是译者只忠实于原文的语义,而不拘泥于原文的表现形式。因为中外文化的巨大差异,很多词语和表达法在另一种语言中完全不存在,或部分存在,这就要求译者对原文语义有全局性的把握,在不改变基本语义的情况下,对表达方式作出适当的调整。直译法既能保持原文的语义又能保持原文的形式,包括原文的修辞手段和基本结构,既表达了语义,又保留一定的原汁原味儿的异国情调。在具体翻译实践中,不能僵硬地保持意译或直译的风格,采用哪种方式一定是视情况而定的,取决于原文的特点。在绝大多数情况下,需要两种翻译方式的结合,才能创作出理想的译文。

二、翻译的标准

人类的思维千头万绪,语言的活动五花八门,翻译的材料各种各样,因而也就决定了语言翻译活动范围的广阔性和多样性。无论什么样的思想只能在语言材料的基础上才能产生和存在,所以自然就要对再现另一种语言的翻译工作提出严苛的要求,为满足这种要求而提出的标准,就是翻译标准。

由于翻译活动并非单纯地对原文的翻印,而是对原文的创造性地再现,所以翻译并非像一些人所想象的那样,是照葫芦画瓢,也不是有一个词就译一个词的堆砌翻译。翻译中所遇到的问题,归根结底是表达问题,即表达原文语言在内容和形式上密切联系的整体中所表达的一切。那么,这"一切"又该怎样表达呢?毫无疑问,应该是准确而完整的表达。

所说的准确而完整地表达,就是要求译者用标准的本族语再现原作者通过语言所表达的一切,既不能有丝毫的削弱、冲淡或夸大、编造,也不能任意重述、改写或简述、剪裁。在任何情况下都必须准确理解原著精神和作者的本质意图,用正确的语言材料予以表达。

翻译不应当逐字死译,但也不应当凭主观想象而随意臆造。翻译时,要求译者用简洁而地道的本族语言,本质地再现原作者的思想感情或思维意图。要想做到这一点,必须深入研究原文语言在词汇、语法、词义、表现方法等方面与本族语言的异同,深入了解事物的具体实际。

鲁迅说:"翻译必须兼顾两面:一则当然求其易懂,一则保存原作的丰姿。"这句话的意思,就是要求原作思想内容与译文语言形式的辩证统一。

关于翻译的准确性问题,通常从字面上、意思上和艺术上提出要求。然而,语言的活动范围是无限的,而要求译者在无限的语言中达到所要求的准确性,似乎是苛求。不过,我们如果把语言材料按照文体加以分类,分别提出准确性的要求,就能够达到接近于实际的准确性。例如,从事科技文献翻译时,应注意以下几点:

(1)技术概念要准确。科技用语是专门反映科学技术知识的语言材料,为此译文的技术概念必须准确。一般译文中出现技术性差错,往往是由于对原文语言理解的不深。正确理解是正确表达的基础;熟通原文语言是保证译文准确的先决条件。

(2)译文说理叙事要清楚,用字用语要简洁。注意避免那种生搬硬套的"死译"和逐词逐段沿着语法轨道堆砌下来的"硬译"。在翻译过程中,要注意词与词、句与句、段落与段落之间的逻辑关系。

(3)做好翻译的技术准备工作。译者不可能在专业知识方面同原作者处在相同的技术水平上,即便技术水平相同,但在每一具体的新技术内容的理解上也会有差异。因为,凡属原作者的创造性的思维,总是包含着新的科技内容,原文所反映的有创见性的一切,大都是他人所不了解的。因此,"懂专业的"和"不懂专业的"译者,都必须做些技术知识上的准备。比如,一名搞电子的技术人员,尽管对电子很熟悉,但是对属于光电子范畴的激光就未必很清楚,所以在着手翻译之前,最好看看与激光有关的技术书籍,做一些技术知识上的准备。

第二节 翻译的分类与过程

一、翻译的分类

不同学者从不同的角度对翻译进行了分类,具体见表 1-1。

表 1-1 翻译服务的分类

分类角度	类别	解释
符号学角度	语内翻译	将某一种语言的一些符号转换成同一语言的另一类型符号,如方言转换成民族共同语,A 方言转换成 B 方言,古代语转换成现代语。
	语际翻译	将某一种语言的符号转换成另一种语言的符号,这是最常见的、最广为人知的翻译类型。
	符际翻译	将非语言符号系统转换成语言符号,或语言符号转换成非语言符号系统,即不同符号之间的转换,如手语翻译。
翻译材料的语言形态	口译	译员对口头的原材料进行口头翻译,按照源语言与目标语言是否同时发生,可细分为同声传译(包括耳语同传)、交替传译;按照场合的不同,又可细分为联络口译、会议口译;按照口译的实现途径还可细分为现场口译、电话口译、网络视频口译。
	笔译	译员对书面的原材料进行笔头翻译。
翻译活动的专业性	一般性翻译	一般性翻译针对的是一般性的文献和资料,既不属于任何特殊类别,也不涉及精深的专业知识及先进技术。
	专业性翻译	专业性翻译针对的待译材料要么性质属于专门类别,要么涉及某一高度专业化领域,或者采用特定的格式和载体(如多媒体载体、胶片、视频等),甚或翻译该材料需遵循特定的操作程序和协议,又或使用特殊工具或技术(如计算机软件、多媒体资料等)。

分类角度	类别	解释
翻译内容的领域	文学翻译(包括虚构作品翻译、戏剧翻译、诗歌翻译等)	文学翻译是对各类文学作品,如小说、传记、诗歌、戏剧、故事等的翻译。
	视听产品翻译	对影视作品的字幕、歌剧或戏剧的字幕、影视画外音、原声音乐歌词的翻译。
	技术翻译	对所有与专业知识领域、专业技术以及工艺有关的资料文档的翻译。
	哲学作品翻译	对哲学作品的翻译,它处于文学翻译和技术翻译的"交界处",因为它不但要求译员具有较高的文学素养,而且要熟悉哲学。
	法律翻译	对法律文本、法令法规、司法文档以及各种合同的翻译。
	军事翻译	对军事领域材料的翻译,如军情报告、军事设备说明书、作战计划、外国情报等。
	商业翻译	对商业文件(如合同、海关文书、发票、运输单证、保险单证)的翻译。
	金融翻译	对金融类文件如公司资产负债表、法人报告、年度财务报表、财务安排、金融合同、证券购买凭证、证券交易文件等的翻译。
	信息技术翻译	对信息技术领域的软件、硬件相关的资料的翻译。
	生物医学和药学翻译	对医学和药学专业领域的资料(如试验报告、药理分析报告、研究文献、检测报告、分析报告、药品上市许可申请、治疗方案、出院小结、护理协议等)的翻译。
	建筑翻译	对建筑领域的资料(如施工图纸、施工合同、质量标准等)的翻译。
	学术翻译	对学术性文章、论文、专著、学术会议简报、实验报告、研究报告等的翻译。

英语翻译理论的跨学科阐释及应用探索

二、笔译的过程

（一）获取翻译任务

翻译项目提供者（即翻译服务需求者）通过招标或其他形式提出翻译任务及其要求，当翻译项目提供者对某个应标的翻译服务公司或个体译员的能力和资历满意时，双方可以就翻译服务的质量标准和完成任务的时间、条件、交稿方式、期限和付费标准达成协议。然后，翻译项目提供者将待译材料（如文本，文件代码、信息、磁带及其他材料）交给翻译服务公司或个体译员。

（二）接收和检查待译材料并制订翻译计划

翻译服务公司或个体译员拿到待译材料（文本、文件、代码、信息、磁带等）之后，需要对其进行检查，确保拿到的材料没有任何问题。必要时，译员甚至需要在翻译之前对待译材料作一些特别的处理，有时候是很复杂的处理，如拆解软件、提取代码、使用网上帮助、将文档植入机辅翻译程序、对文件进行确认并数字化等。如果翻译量很大或需要很多操作人员的参与，则翻译服务公司（往往是项目经理具体负责）或个体译员需要制订运作计划，以确定每个人的职责、任务执行的时间点、需要多长时间、使用何种方式及需要何种资源。

（三）待译材料的分析和翻译模式的选择

为了保证译文的质量，译前需要对待译材料进行分析，因为对待译材料的分析会帮助译员发现难点与疑点，确定需要查找信息的部分，并整理统计出需要与翻译项目提供者澄清的问题。此外，因为翻译工作的执行存在多种方法与模式，因此实际上翻译就是一种抉择活动。如果条件允许，译员应该与同事们就这些翻译模式的选择进行讨论，以征求其他译员对自己所选翻译模式的意见。

（四）寻找信息，弄清楚待译材料亟待解决的问题

为了有效地开展翻译工作，译员需要对待译内容有清晰的了解，即译员不仅要了解表面内容，此外还需了解所有的相关先决条件（尤其是作者的目的与写作意图），以及了解翻译材料必需的条件。特别是当待译材料的主题不是译员所熟悉的领域时，译员应该想方设法、利用一切途径（例如，咨询原文作者、翻译任务的客户、翻译同行或同事，或借助互联网对原文进行分析研究，或向相关技术人员请教，或者阅读相关领域的资料，或参加培训），争取透彻理解该待译材料。

（五）原材料准备，包括术语、惯用语、模式的准备

翻译任务的原材料准备不仅包括译员的知识和能力技巧的准备，还包括相关术语、惯用用语，以及陈述结构和表达模式的准备。译员可以从同一份文件的前一个版本中（如果是某个产品的资料），或是在同一个翻译项目提供者之前的资料中，或者是在先前翻译过的东西中（人们称其为横向翻译）找到相关的特定术语、惯用语和陈述模式。如果使用计算机辅助翻译或机器翻译，那么更需要提前建立术语库、惯用语库。计算机辅助翻译系统可以生成术语对照表、表达方式对照表、句子对照表等，在新的翻译开始前，译员需要对上述对照表进行生成或更新。

（六）确定翻译需要的版本和相应条件

在翻译工作真正开始之前，译员需做两件事：其一，创立一个将文本之外的内容剔除的待译版本。必要时还需要对该待译版本进行格式处理，如选择页面字体、确定方位标等；其二，译员搜集并准备必要的硬件和软件条件，以及完成翻译工作所需要的技术设备等。

（七）转换

在此步骤，译员真正进行语言转换。在这一过程中，译员为了准确理解待译材料，需要去查阅字典、资料，获取自己欠缺的知识；而且，译员需要利用相关的软件和技术，启用翻译主题相关的表达模式、词汇和

表达方法,以确保翻译质量。

(八)校对和审校

译员的翻译工作结束后,需要对其译稿进行检查和核实,以确保全部内容都已翻译完成,译稿意思正确、清晰易读,符合翻译项目提供者的特殊要求,符合源语言材料与目标语言材料相吻合的原则,即意义吻合、目标吻合、目的吻合、目标使用者的需要吻合。

严格意义上,校对工作是对译文的拼写错误或语法错误进行纠正,但不对译文进行润色或其他修改。审校人员不仅需纠正译文错误,而且在必要情况下可对译文进行润色,补充完善译文来保障译文的语言、技术及翻译质量。对于非常重要的翻译任务,往往会进行多轮校对或审校。

(九)修正和改编

一般而言,针对校对和审校人员给出的意见,译员负责对译稿进行修正或完善。但是实际工作中,有时审校人员会在译员不知情的情况下对译文进行修改。

改编主要根据特殊约定(例如规章制度),或因为所针对的目标群体的改变,或因为载体的改变,或设计格式的改变,需要对译文进行改编。

(十)确认

对于非常重要的资料,如涉及经济或技术风险、翻译需求方的形象或品牌时,一般要对翻译成品进行确认。

(十一)排版和载体处理

在完成译文校对、审查、修正和确认这些译后步骤之后,需要将译文材料的各个部分组合在一起进行排版,再选择合适的格式,将排好版的译文放到最终传播载体上。

（十二）完成任务

翻译服务提供方将译文提交给翻译服务购买方,标志着翻译服务的终结。

第三节　翻译的常见技巧

一、常见的句子翻译

（一）长定语的翻译

英语的长定语包括从句、独立结构等,较之汉语的定语有位置、使用方式、使用频率方面的不同,所以长定语的翻译一直是我们英语学习中的难点。我们学习外语,不可避免地会以母语作为参照,因此外语学习的过程就是摆脱母语干扰的过程。在翻译比较复杂的语言文字时,人脑需在两个语言频道间频繁转换,由于对母语本就自然依赖,此时大脑更容易受母语影响,而长定语翻译的困难之处正在于此。

在翻译实践中,根据原句的特点和句子长短,可尝试运用两种翻译技巧:

（1）原句较短,可译成标准的汉语定语句式。例如:

Besides coffee industry, there are many other fields in which Uganda and China can cooperate.

除咖啡产业外,乌中之间在很多其他领域都可开展合作。

（2）原句较长,可将定语从句拆开单译。例如:

After years of economic reform, this country has achieved macro-economic stability characterized by low inflation, stable exchange rates and consistently high economic growth.

经过数年经济改革,这个国家实现了宏观经济的稳定,其特点为低通胀、汇率稳定和持续高速的经济增长。

汉译英时更要注意长定语的翻译,毕竟我们英语的使用不如汉语熟练,如果在长句翻译中稍有语法错误就会影响翻译质量。英文母语使用者第一追求是意思的清晰明了,而不是句式和用词的复杂华丽。

(二)无主句的翻译

无主句是汉语使用中常出现的情况。例如:

医院将提升学术水平作为重中之重,实施科研精品战略,以立足长远、收缩战线、调整布局、突出重点、加强协作、结合医疗为方针,加强学科建设、重点实验室和科研队伍建设,先后培养出 5 个国家重点学科,18 个省重点学科,8 个卫生部重点实验室,为获取重大科研课题和重大科研成果奠定了基础。

在这样一个长句中只有开头一个主语。翻译中如果也这样设计句子结构,就会产生非常混乱的感觉。建议具体翻译方案如下:

添加主语:The hospital prioritizes the upgrading of academic capacity and establishment of key disciplines. It practices the "Strategy of Premium Research". It holds on to the Long-term based, concentrated, restructured and concerted guideline which combines with medical service.

被动语态:Key disciplines and key labs are emphasized in the process which resulted in the establishment of 5 national level disciplines, 18 provincial ones and 8 labs of ministerial importance.

在书面和非常正式的场合可用从句:That premium research is practiced as a strategy, that the guideline of long-term, concentrated, prioritized development are emphasized.

(三)替代词的使用

在我们阅读翻译作品时,常感文字表述不顺,很重要的一个原因是,英文替代词的使用要远多于汉语,其中包括代词、名词、助动词、系动词等。此时,我们应该注意依照目标语言的使用习惯进行转译。例如:

沈阳是个以制造业为经济基础的城市,……,沈阳还是个有着上千年历史的古城。

Shenyang is a manufacturing based industrial city…, it is also a thousand years old ancient city.

I prefer cars made in Germany to those made in Japan.

相比日本汽车,我更喜欢德国车。

另一种替代是用可表示其特点的名词替代。例如:

Both China and the United States are great countries in the world and their partnership will be contributive to world peace and development. The greatest development country and the greatest developing country will certainly play leverage in world affairs.

中美两个大国及其伙伴关系会对世界和平和发展作出巨大贡献,两国在世界事务中将起到举足轻重的作用。

注:英文表述中分别用表示各自特点的名词 the greatest developed country 和 the greatest developing country 替代各自的名称。这样的情况在英文中比比皆是。如提及中国时可用 the fastest growing economy; the most populous country in the world; the ancient oriental civilization 等。提到美国时可用 the most advance economy; the only superpower 等。

(四)三段式翻译

中文表述中常出现多谓语情况。例如:

大连地处辽东半岛南端,风光美丽宜人,是东北乃至东北亚地区重要的海港城市。

这种情况下,建议将次要谓语译为独立结构,另外两个谓语译为双谓语句子。翻译如下:

Situated on the south tip of Lidong Peninsula, Dalian is a city of pleasantry and a harbor city of regional importance in Northeast China, even in Northeast Asia.

(五)插入语

英文会使用很多插入语,与汉语相比这是较为独特的现象,在翻译中应该注意句子成分位置的变化,以达到更加地道的语言表达效果。例如:

Another impediment to archeological research, one of worldwide concern, was the increasing resistance to excavation of the remains of indigenous inhabitants.

令世界关注的另一个对考古研究的阻碍是人们对当地居民遗产的发掘的抵制。

Zookeepers know, to their despair, that many species of animals will not bread with just any other animal of their species.

令他们失望的是,动物饲养员知道很多动物并不随意与同类交配。

（六）句子成分转换

一些经验不足的译者往往进行字对字的翻译,费力不讨好,译出的语言文字不伦不类,有时甚至令人费解。实际上翻译是一个思想传递的过程,而非一味追求语言的绝对忠实。例如:

装备制造业是国家工业化、现代化的标志,也是国民经济的基础,是一个国家竞争力的体现。

Capacity of Equipment manufacturing indicates industrialization and modernization, underlies national economy and backs up national competitiveness.

上例中,将原文的宾语译成了谓语。

（七）填词、省略法

在翻译过程中,原则上不能随意加词,但为更好地表达,以便读者或听者更好地理解,翻译时也可添加词,前提是虽原文中未提及,但明显隐含其意。例如:

Without your help, my trip to China wouldn't have been such a pleasant one.

如果没有你的帮助,我的中国之行不会如此愉快。

有添,就有略,二者都是由文化差异、语言习惯造成的。如果不进行必要的处理,自然无法达到最佳翻译效果。例如:

会议讨论了环保问题。

Meeting discussed environmental protection.

上例中省略了"问题"。

二、功能对等翻译

（一）词汇层面的翻译

严格来讲,英汉词汇之间并非对应关系。对于汉语特色文化词语在英文文本中的翻译,其在功能上的对等是指汉语意义可用不同的英语表达方式来体现。因为译者在翻译过程中的首要目标应是使原文和译文处于内容和信息对等的关系,而非追求原文和译文是同一语言表达形式。例如:

直到 1953 年 12 月,第一版《新华字典》才终于杀青付梓。

It was not until December 1953 that the first edition of *Xinhua Dictionary* was finally available.

成语"杀青付梓"意为"写定著作,完成作品且书稿雕版印刷"。对于西方读者而言,这一个中国古代书籍的制作流程是较陌生的,如完全根据原意翻译未免过于啰唆生涩,所以在译文中,通过改变词汇形式进行处理,又根据英语表达习惯,对于流通的商品一般使用 available 表达,因而选择这一词语以实现原文和译文词汇层面上的对等。

总之,初学者得之,固以为得所依傍,实则未能解决问题,或仅在解决与不解决之间。

In a word, when beginners got it, they may take it for grounded that they can count on it, but in fact the problem still remain unsolved in their head, or only in-between.

根据功能对等论,译者不能苛求原文形式,所以句末的"或仅在解决与不解决之间"就没有必要死板地直译成"Or just between resolving and not resolving",应灵活地进行改变,译成符合英语读者逻辑思维和表达习惯的译文,所以用"in-between"一词代替,避免词语的多次使用造成句子的冗杂和拖沓。

（二）句子层面的翻译

奈达认为,在必要时翻译不应过分强调与原文完全对等,而应在充分理解原文的基础上,根据目的语读者的逻辑思维关系,及时、恰当地

改变原文的表达方式,使译文符合目标读者的逻辑思维和表达习惯。例如:

按理说,有这样一个专业的团队,凭借这样的敬业精神,编出一部高质量的字典指日可待,但事实却并非如此简单。

It's reasonable to say that with such a professional team and such dedication, the preparation of a high-quality dictionary was just around the corner, but the fact showed otherwise.

句中"但事实却并非如此简单",如按字面意思译为"But the truth was: it's not that simple"虽无错误,但根据句法对等原则,译者需明确句子中心及句子各层次之间的关系,进而能更加细微地厘清句子中所涉及的各种细节。在分析后便可知此句所表达的意思是要和"指日可待"形成对比,为更好地传递原文意思,译成"but the fact showed otherwise",不仅强调了原文目的,将"fact"作为主语后,句子也更显灵活生动,简明干练。

当送达终审者叶圣陶手中时,这位专家型的领导肯定"辞书社所编字典尚非敷衍之作,一义一例,均用心思,但还是感觉其普及性明显不够,唯不免偏于专家观点,以供一般人应用,或嫌其烦琐而不明快"。

When it was delivered to the final reviewer, Ye Shengtao, the expert leader affirmed that "The dictionary is not perfunctory, and each interpretation is specified, but still I feel that its popularity is obviously insufficient, only it is not biased to the expert's perspective, and suitable for the public, as well as not cumbersome yet crystal clear, it can be considered as a qualified one."

中文以意群划分句子,英文以结构划分句子。本句围绕字典的优劣进行阐述,单独成为一个分句,每个小句主语不停变化,从字典的普及性到专家再到普通民众,形容词也不停随之变化。根据"句法对等"的要求,目的语读者应该能像源语读者理解原文那样来理解译文。要实现这一点,就需在必要时改变原文形式和结构,确保译文在语法上、文体上无生硬表达,避免翻译腔。所以在翻译每个小句时添加连接词,如"but""and""as well as""yet"以连接成句,使译文既实现句意的完整,又保证结构的连贯。同时增译了"it can be considered as a qualified one",因前文中虽在提出"所编字典"的不足之处,但实际上也在传递一本合格字典应达到的要求,所以通过增译将原文更深层次的信息表达出来。

（三）语篇层面的翻译

在话语模式上，汉语表达偏含蓄委婉，注重铺垫，在语篇中主要采用断续分离和间接表达，更追求行文的节奏和韵律。[①] 但英语国家属于纵向思维模式，表达习惯思想开放，直接切入主题，语义关系一目了然。由于中西方文化的差异，便可在翻译过程中调整语序，使文章连贯一致，符合英语表达的特点。例如：

在"国语运动"推行 40 多年之后，以北京音为民族共同语，以白话文为书面表达文字，这些已经深入人心的成就第一次以字典的形式确认下来，并以更强大的影响力广为传播。

These achievements, after more than 40 years of the implementation of the National Language Movement, Beijing dialect was adopted as the national common language and vernacular Chinese as the written language, have been deeply rooted in people's hearts, confirmed in the form of a dictionary for the first time and widely spread with a much stronger and further influence.

语篇对等要求译者在翻译时注意整体结构，理解全文和各部分之间的联系，把握文章本意和细节，准确传递原文信息。这一部分属于全文总结部分，但这些句子所构成的语篇也为下文做了铺垫。由于英语中语义关系表达直截了当，更偏向于在表达时"先结果，后过程"，据此，便在译文中改变语序，将"These achievements"前置，通过同位语对其加以解释和补充，再用"with"的复合结构作为伴随状语衔接后续内容，将原文意思准确表达的同时也更符合英语表达习惯。

由于编撰者特别注重了"广收活语言"和"适合大众"，这部字典比较真实地反映了民间汉语言鲜活的状态，能够让广大民众携至街头巷尾、田间地头，实用且亲切。而在国民基础教育未能普及、文盲半文盲数量巨大的过去数十年里，一部《新华字典》无异于一所没有围墙的"学校"。它为这个民族整体文化素质的提升，作出了巨大贡献。

Because the editors paid special attention to "the wide acceptance of vivid language" and "suitable for the public", so this dictionary can truly reflect the lively state of the folk Chinese language, as it can

---

[①] 郭建中.翻译文化因素中的异化与归化[J].上海外国语大学学报,1998(2):8.

be carried by the general public to everywhere, and contained with practical kindness. In the past decades, when basic education was not widely popularized and the number of illiterate and semi-literate people was huge, a *Xinhua Dictionary* was no more than a school without walls, which has made great contributions to the improvement of the overall cultural quality of the nation.

功能对等首先注重的是对原意的完整传达,其次才是考虑译文与原文形式上的对等,即译文是否与原文的形式和顺序一致并非首要,而使译文能够准确地传达原文意思并且符合目标读者的表达习惯更为关键。在语篇结构上,英语注重语法结构,汉语注重语义表达。因此,在语篇翻译时,考虑到英语读者的阅读习惯,对部分篇章的结构和语序进行了调整,如将文中的最后两句话"而在国民教育……巨大贡献"进行合并后以更为流畅的行文结构进行陈述,同时,为达到英语表达的连贯性,用"as""with""which"等词引导小句以衔接上下文,以干练顺畅的语言进行翻译,体现英语表达的逻辑性和结构性。

第四节　中西翻译理论研究

一、中国翻译理论

(一)古代佛经翻译

1. 支谦与《菩萨本业经》的翻译

《佛说菩萨本业经》第一部分与《兜沙经》的内容相关,但这部分经文更简短,只约相当于《兜沙经》的三分之一。从时间上看,《佛说菩萨本业经》出自三国,《兜沙经》出自汉末,但是这部晚出的《佛说菩萨本业经》内容不仅没有丰富充实前者,反而丢掉了不少,这自然是因为支谦素有节译摘抄的做法,这一点已为梁僧祐《出三藏记集》所指出,可以从支谦的其他译本中看到。这个特点也反映在《本业经》的翻译上。两经在编排形式上有一个重要差别,那就是为经本分出了品目,这是支谦对佛教翻译的编辑。《本业经》分为三品,将其与《兜沙经》相关的内容列为第一部分,相当于"序品",其后又加上"愿行品"和"十地品"。这样,《本业经》就具有了概论或序言的性质,在此后出现的多种华严类经典中,这种情况就被延续下来,可见编辑对翻译形式的贡献。

《本业经》的第一部分和《兜沙经》一样,列举了菩萨名号。但是,为了对仗工整,支谦全部采用了意译的做法,用整饬的偈颂体把十位菩萨的名号译成了"敬首、觉首、宝首、慧首、德首、目首、明首、法首、智首、贤首",而没有采用原来支娄迦谶译文中所用的"文殊师利"这样的表述方法,这表现了支谦译经中删减取舍的做法居多。在《本业经》的第二部分"愿行品"中,支谦也采用了大部分的佛偈颂体,这些佛偈颂都是以敬首菩萨(即文殊菩萨)是回答为依据的,这为华严经的文殊菩萨信仰奠定了基础,虽然后世大部华严经更加崇尚普贤菩萨的实践品格,但早期华严经类以文殊为首的做法由此可见一斑。《菩萨本业经》对华严经大部的影响不一定比《兜沙经》更大,但这种翻译中分品目编辑的做法对后来的大部经影响不小。当然,这种做法在译经的固定格式开创方面应当有一定的意义,这种意义不只是《本业经》一部经中能够说明的,而是受到了支谦整体风格的影响。

支谦是汉末至三国时期著名的翻译者,在《高僧传·康僧会传》中提到,又名支越,字恭明,生卒年不详(约3世纪)。支谦是一位汉化的月氏人,他的祖父支法度率领月氏国几百人在汉灵帝时期移居中国。由于这样的功绩,被封了"帅善中郎将"这样的职位。有学者考证认为,这一官职很可能是以钱财捐的官职,这样支谦的祖父应当是一位商人。按照高僧传的记录,支谦跟随祖父来到洛阳,居住在洛阳的少数民族聚居地洛阳城西,这里在当时已经形成了月氏人社区,从上一部分支谶译经可以看出。后来,支谦受业于支谶门人支亮,深通梵典,从这一事实可以看出支谦跟着支亮所学习的应当是梵文典籍,当然应当包括西域所流传的其他术数,主要类似于谶纬之学,所以"天下博知,不出三支"的说法主要指的是支谦了解西域或者中原以外的事情。

从吴孙权黄武二年到孙亮建兴二年(224),约三十年间,支谦译出佛经《大明度无极经》《大阿弥陀经》等88部、118卷,创作了《赞菩萨连句梵呗》三契,其翻译以大乘"般若性空"为重点。

作为译者,支谦的语言能力极强,传说其通晓六国语言,同时,他有很好的文字修养。他在翻译实践上可能向支娄迦谶学习了。在翻译理论方面支谦有自己独到的看法,作为优婆塞的身份,使他在译经史上偏向于文学派。

支谦译经的原本大多是月氏移民从月氏故地携带至中土的。支谦的祖父到达洛阳时,正是东汉时期,他通过当时的关系被授予帅善中郎将的职位。按照考证,我们知道在东汉灵帝时期,政治腐败,卖官鬻爵。支谦的祖父应当是通过捐钱的方式获得这一官职的。从另一个侧面我可以推测支谦先祖这一代月氏族人是比较富有的商人阶层。他们一路从西域向洛阳迁移。

支谦迁移到洛阳已经形成了月氏移民群体。在支谦授业与支谶的门人支亮这一事实来看,当时支亮的社会声望应当是较高的。后来支谦从汉都洛阳"躲避战乱"到了吴国。当时躲避的战乱是曹操挟天子以令诸侯的做法。洛阳作为汉地都城一直被其他军阀所攻击。但是在当时,士大夫阶层对支谶支亮支谦的学识是非常认同的。可以看出支谶虽然翻译了不少大乘经典,但是他的翻译并没有得到人们的广泛接受,于是,支谦的翻译策略自然选择了审时度势的改变。

支谦译经是其迁居吴地后才开始的。支谦的学识在吴地受到了推崇,有记载他和韦曜等人共同辅佐吴国太子。韦曜是孙吴史官,字弘嗣。裴松之《三国志注》称其"本名昭,史为晋讳,改之"。相传韦曜独自撰写了《吴书》,所以从韦曜的地位与学识我们可以看出,支谦的博学多才自然不亚于韦曜。

支谦在这一时期在自己翻译经典的时候多采用文丽的办法,这一点与佛教传播是分不开的,虽然他在翻译论述中赞同别的译者保存佛经本质的做法,但是在自己的译经实践中却采取了多数是文丽的办法。所以后世道安对他的评价不高,认为他的翻译过于文丽。

2. 窥基大师与"糅译"

唐代僧才辈出,最著名的大译师当数玄奘。玄奘大师西行求经、归来译经,还培养了一批优秀的译经高僧,其中,后来成为玄奘大师所倡导的唯识宗的领导者窥基大师,正是其中之一。窥基大师开创了"糅译"方法,对佛典的翻译有着特殊的贡献。然而,中国翻译史上对这种翻译的方法关注甚少,对窥基大师本人作为译者的关注也与其地位大不相称。

窥基大师开创了中国翻译史上"糅译"的先河：当翻译的对象是特殊文本时，翻译的选择不再囿于文质之争，而是要有独立的见解，糅译方法不再停留在文本层面，而是主要关注翻译的目的。可见，"糅译"的提出具有开拓性的意义，跳出了译经文本忠实的层面。

糅译是在译场之外由窥基大师个人进行翻译的。玄奘大师为何会选择窥基大师一人译出这部作品呢？这就要从翻译的文本本身说起，《成唯识论》是译后的名称，并非原来文本的名称，实际上是十位论师的作品总集。玄奘西行印度，读到十大论师的作品，但其本人推崇备至的并不是所有论师，而是十大论师中护法论师的观点。西行取经时，玄奘大师迎回所有论师的文本，所以在翻译时产生了问题，如果全部译出，必然导致阅读者对唯识学产生异议，从开始翻译时玄奘大师的四大弟子们自己的态度就可以看出他们已经开始有了分歧。四位译者可谓是当时精通佛法者，其人尚且如此，何况其他读者。窥基大师正是看到了这一点才想到了"糅译"这样的方法。糅译的结果是在十种解释性论著之中有所权重和取舍，最终在阅读甄别各位论师的意见，将其他九大论师的观点作为护法论师观点的辅助而形成的翻译作品。通过这些记录我们可以看出"糅译"的特点与其在翻译史上的意义。

首先，糅译是由窥基大师首创的翻译方法，这种翻译方法关注更多的是原本的思想层面而不是文字细节。糅译方法是经典本地化的一种选择，这种方法不再停留在翻译的"文质"之争方面，而是更多关注本土读者的需求，表达自己对文本的理解。糅译方法同时不再以中国本土的思想对文本进行"格义"的方法翻译，也没有用"合本"的办法来比较相同的文本的不同翻译，而是将原文文本加工之后才进行的翻译，这种翻译的"不忠"反而受到了接纳。格义是第一种方法，即以本土固有的词汇和思想转借到译文中对原本进行阐释和翻译，这种方法的应用大多是在早期进行的。早期一方面是佛教传入时利用本土道教和玄学的哲学模态进行般若学的传播，一方面是用词选择上无法生造出更多的词汇进行比对。所以，格义是对译文进行的加工。

合本是将相同文本的不同译文放在一起进行比读与研究的办法。这种方法不是翻译的方法，但对翻译影响很大。正如我们在典籍翻译时需要参考多个原有的译本一样，这种关注译本的差异性的做法对译本的传播学习无疑起到了促进的作用。

　　佛教典籍从印度传入中土后,最初的翻译方法上,很多人应用了格义的翻译方法。中国人在理解和接受印度佛教的时候,利用中国原有的思想为媒介,对佛教的经典进行解释,这种方法所建立的佛教叫作格义佛教。对于翻译史来讲,格义方法主要是指在翻译中用道家术语和老庄思想解释原文的做法。

　　翻译方法上的格义是指以中国哲学原有的语汇来解释佛典中的意义。这种做法虽然利用借鉴了中国既成的术语系统,但是这些系统后来在佛典中的应用使之赋予了新的思想。比如"空"的概念,原本这一概念在道家术语中是用"无"在表述的,无为和空有。格义的方法关注的是译本最终的文字变化,是对译本进行了翻译时的借用。关注的是译本,对原文进行解释以后进行的翻译,这种翻译方法是不可避免的一种自然选择,一方面使得佛教在中国士大夫阶层受到了普遍的接受,另一方面格义对原文没有进行编辑。

　　"格义"和"合本"虽然是翻译中对译文的关注和学习,但没有以翻译的名义来叙述翻译的方法,也就是说,人们用"格义"和"合本"两个词的时候强调的是中国化的佛教,而非佛典的翻译。"糅译"的提出正式明确了翻译方法上的变通,即遇到特殊的文本时,可以对文本加工之后而进行再翻译,这种方法的提出自然是大胆的,因为在中国佛典翻译历程中一直以来是强调翻译原文的。

　　糅译是对原文的编辑。在认真学习原文之后,糅译的方法是对原文进行了认真学习,对原文有所取舍的做法是佛典翻译中首创。很多佛典因为原本的不同产生了义理上的分歧,所以有很多人西行取经,为的就是对原本的追求。所以糅译方法颠覆了对传统中"忠实"译文的概念,原本是可以杂糅而一新的。

　　糅译是在开创新译也就是在依托译场翻译的同时,发现译场的局限性而提出的翻译方法。译场从姚秦、鸠摩罗什开始创立,之后兴盛不衰。无论是慧远开创的私人译场,还是各个时期政权赞助的其他译场,在翻译方向上可能具有很大的优势,但是在特殊情况下未必能适应所有文本的翻译需求。

　　译场的作用是使翻译程序化,个人的翻译转变成集体翻译的时候,译出的文本带有的个人烙印较少。译场的第二个作用是质量保证,经过层层的审核,译本最终达到了既定的效果。译场的出经效率并不一定以速度来计算,有时候,一部经典的译出也许耗费了更长的时间,但是这种译法受到了大部分人的接受。糅译的方法说明,在翻译中利用译场可以重新考虑。译场的弊端是由于众人的意见较多,可能造成意见的不统一,在不同文本出现时,可能有不同的理解,尤其是对不同的论著,个人的理解难免不一致。译场中的很多人是从不同地方招来的,他们对经典的学习是有侧重点的。唯识论不是一家之言,而是很多人的言论,如果翻译的话很可能造成人们的不同理解。

糅译关注到了佛典翻译对象的特殊性。在佛典翻译的过程中很少有人关注到佛典文本本身的分类。事实上,佛典中经律论的文本具备了特殊的属性,佛所说的经在翻译时可以以"因循本旨"来传达,但"论"的翻译在选择上可能需要更多的自主性。

佛典翻译是中国翻译史上第一个高峰,佛典翻译的对象是佛教的典籍和文献,这些文献按照佛典类别来划分,佛教文献可以分为三类,即经、律、论藏。经是指佛所说的内容。律是指对僧团的规范性条款,或者叫作"毗尼"。另外一类是论藏,论藏指的是对佛教思想的阐释。由于经律论的内容和宗教效果各不相同,在翻译方面自然也有不同的选择。可以说,在翻译经藏的时候,很少有人对经藏本身进行质疑的,或者对经藏进行公然篡改的例子,没有人在宗教的神圣性方面产生疑问,或者没有人破除宗教的禁忌。在律藏方面,向来也有很多争议,尤其是佛教在最初传播开始后就分成了大小乘两个系统,在律藏方面本身就有了区别,最早的戒律所规定的僧尼规范都是有差异的,所以在中国律藏一直都是很不完善的,至少在佛教传入中国 200 年之后,律藏仍然在不断地完善之中。从佛教文献的原本来看,中国僧人发起了多次取经活动。他们的取经动机无非是对原本的不满。但是可以看出早期翻译佛教文献以经藏为主,介绍佛教的基本思想。僧团开始组建以后,翻译原本需求以律藏为主,在东晋时期对律藏的翻译达到了最高。唐代以来,随着人们对佛教思想的不断论述和争议,很多中国僧人对"印度人自己怎么看待佛教"这个问题产生了浓厚的兴趣。所以在南北朝的译经中我们看到了大量的论藏翻译,这些翻译与中国僧人自己撰写的"论"交相辉映。

总之,糅译是关注翻译目的的翻译方法、糅译是译场之外的翻译方便法门、糅译是关注原本本体的翻译方法。糅译在翻译的具体过程中应用了一些具体的翻译技巧,如汉译时存在省略、删除和添加、插入问题等,糅译的方法可以说主要关注的是文本原文的改写,这种方法更多是编译,或者可以说译后编辑的成分居多。

（二）林语堂的忠实、通顺、美的理论

　　随着时代的发展,翻译已经不是简单的文字符号间的转化,文化交流的重要性越来越受到关注。当获得较好的阅读感受,才有助于进一步地推进文化之间的深入交流。林语堂在英语文学的造诣,对中西文化交流及形成之后的翻译标准都是十分重要的。

　　《论翻译》是林语堂最为系统和全面论述其翻译理论的文章。该文章是 1933 年林语堂为《翻译论》所作的"序"。在此文中,林语堂提出了翻译的三条标准,即忠实、通顺和美。忠实的程度大致可分为直译、死译、意译和胡译四个等级;通顺的标准是将句子的意义摆在首位,然后才是准确地翻译字词的含义;美的标准指的是理想的翻译家应该将其工作当作一门艺术,翻译即艺术。提到林语堂的翻译标准,很容易让人联想到严复所提出的"信、达、雅"。二人都是 20 世纪中国著名的翻译家。

　　严复的"信"可以解释为译文要准确得当,不要随意地进行增译和减译,译文的意义不能偏离原文想要传递的信息。"达"指的是译文和原文属于两种不同的语言系统,译文可以不必拘泥于原文的形式,译者要使译文符合目的语的语言表达规则,达到通顺易懂的目的。"雅"指的是译文的语言要优雅得体。严复的翻译理论奠定了中国翻译理论的基础。可以说是 20 世纪最有影响力的翻译理论并一直被沿用至今。三个标准被认为是翻译理论的典范,对中国翻译界产生了深远的影响。林语堂对严复翻译观的发展,在于他对翻译的态度以及提出了翻译美学。

　　林语堂认为翻译是一门艺术,翻译艺术的创造要求译者具备三种能力。首先,译者需要深入理解原文的文本和内容;其次,需要具备相当的汉语水平,汉语表达流畅;最后,译者要进行足够的翻译训练,译者对翻译标准和操作的问题有合理的看法。

　　林语堂翻译理论的"忠实、通顺、美"可以理解为译者所担负的责任,即对原文负责,对读者负责,对艺术负责。林语堂所追求的翻译已不是仅仅局限于将源语言作品真切地传达给目的语读者,而是已经意识到读者在"翻译"这项活动中所占有的地位,将"译文"升华到"艺术品"的高度。他把严复的翻译理论从纯文本技巧提升到文学心理学的高度。而且,林语堂把"翻译美学"作为翻译的最终标准。他是中国第一个将美学思想融入翻译理论的翻译家,并且系统地总结和研究了"翻译美学"的原则。"翻译美学"的提出促进了中国翻译理论又前进了一步。

1. "忠实"标准

"忠实"摆放在林语堂翻译标准的首要位置,可见其重要性。"忠实"并不是简单的逐字翻译。译者只有将意群作为翻译的最小单位,译文才能准确传达意思。此外,译者和作者是完全不同的个体,在林语堂看来,绝对的忠实是不可能的。在"忠实"这一翻译标准中,林语堂也提到译者的理解能力对于传达源文本隐含意义至关重要。如果译者能达到这两个标准,就可以称之为"忠实"。"忠实"标准实际上所指代的意思便是"忠实于原文"。这条标准在许多翻译家的翻译理论中均有体现。比如,我国著名翻译家严复所提出"信""达""雅"中的"信"指的便是"忠实于原文";再如,西方语言学翻译理论代表人物之一尤金·奈达也曾提出:翻译可分为两种,分别是形式对等翻译和动态功能对等。其中的"翻译形式对等"要求译者以源语为中心,尽量再现原文形式和内容,实际上指的也是译文的"忠实"原则。

可见,"忠实"作为翻译中一条重要的原则,被国内外翻译理论家普遍接受。反观之,如果译文不能忠实于原文,那么其翻译的意义就无从谈起了。林语堂对《桃花源记》的翻译就是体现"忠实"的一个好例子。在对古文的翻译中,林语堂有着先天的优势。作为一个语言大家,他对古文的理解深刻而透彻。林语堂的中文造诣在无形中为他的翻译作品注入了新的活力。例如,"夹岸数百步"中的"步"字并非现代语言中走的步数,在古代代表的是一种量词。因此,林语堂将其翻译为"about a hundred yard",而不是根据字面意义翻译为"pace",保证了译文的准确性。"便舍船,从口入"中的"舍"也并非"舍弃"的含义。作者通过对原文的理解,将其翻译为"tied up his boat"十分准确到位。

又如,"黄发垂髫,并怡然自乐"根据其所指含义,将其翻译为"The old men and children appeared very happy and contented."恰到好处。既把原文的字面含义翻译出来了,同时又将文中人们的状态以"happy and contented"一词很好地复现在读者脑海中。再如,"乃不知有汉,无论魏、晋!"这句话中的历史朝代是中国文化中所特有的,林语堂采取对朝代发生的时间进行加注的方式,翻译为"the Han Dynasty (two centuries before to two centuries after Christ),the Wei (third century A.D.) and the Chin (third and fourth centuries)."可以有效地帮助不熟悉中国文化的目的语读者大致清楚朝代发生的时间。林语堂所指的

"忠实"并非逐字翻译的"死译"。

"忠实"并不是如表面含义一般,忠实于每一个字词的翻译,这样就会造成字字对译的死译,使文章晦涩难懂,丧失语言表达中的美,而是译者对原文进行深刻理解之后再进行翻译。林语堂认为译者对于原著并没有将每字每词都进行翻译的责任。此外,译者不但需要表达出原文的含义,而且还应该将文章背后所蕴含的意义准确地传递给读者,以达到传神的目的。以上处理方式体现出了译者对原文很好的理解,也体现出译者对于源语言文化的了解是非常有助于将其中的含义完整地传递给读者的。林语堂对《桃花源记》的翻译可以说是将"忠实"标准贯彻得十分淋漓尽致。

2."通顺"标准

"忠实"所要达到的内在标准便是"通顺"。所谓"通顺",即"翻译要遵循行文之心理"。也就是说,译者在翻译作品时,首先要透彻理解原文的意义,然后按照目的语读者的语言习惯将其翻译出来,但是又不能改变原文作者的行文心理,使翻译的文本不仅可以较为完整地表达出原作的含义,又使读者能够顺利地接收到原来的意境。

林语堂认为,翻译的另一项责任是保持译文的通顺。一方面,在翻译中,译者应该考虑目的语读者的心理,以满足目的语读者的需要。另一方面,译者应该考虑目的语读者的逻辑和阅读习惯。如果单词、语法或句子结构能够达到上述标准,翻译出来的译文就可以称为"通顺"。林语堂最为得意的译作之一当属《浮生六记》。全文透露着深情直率,叙述了夫妻之间的闺房之乐,也写出了夫妻间真诚以待的感情。对于书中的"陈芸"这一女子,他认为是"中国文学及中国历史上最可爱的人"。林语堂对该作品的翻译,将中国传统文化从西方人的语言角度介绍到西方国家,使其在世界上享有很高的声誉。

因此,由该部作品出发,来浅析一下林语堂所提出的"通顺"标准。《浮生六记》当中有这么一句话:异哉!李太白是知己,白乐天是启蒙师。"太白"是李白的字,而"乐天"是白居易的字。在处理此句的翻译时,林语堂并没有采取原文直译的方式,而是将其换成大众所熟知的名字"李白"和"白居易"。这样的处理手法,不仅表现出译者对原文的理解再翻译,同时也减少了目的语读者在阅读时可能会产生的疑惑。另外,在翻译名字时,并没有直接采取拼音的方式,而是考虑到英语的发音特点,将其音译为"Li Po"和"Po Chuyi",使阅读更加地"流畅通顺"。

此小说中还出现了很多带有中国传统特色的词汇,如果对中国传统文化没有一定的了解,在阅读译文时一定会产生很多的误解甚至是不解。林语堂在处理这方面的问题时,巧妙地采用了增译的方式,对原文中出现的带有中国传统文化特色的词汇加以解释,使读者能够顺利地阅读全文,并理解原文的含义。比如《浮生六记》中:是年七夕,芸设香烛瓜果,同拜天孙于我取轩中。此例中的"七夕""天孙""取轩",如果按照直译的方式直接采取拼音翻译出来也无伤大雅,但是林语堂为了使目的语读者能够了解和熟悉中国传统文化,减少阅读中的歧义,采用增译法对这些词汇加以解释。将"七夕"翻译为"On the seventh night of the seventh month of that year",将"天孙"翻译为"the Grandson of Heaven",将"取轩"翻译为"the Hall called 'After My Heart'"。该翻译方式避免了读者阅读到该处时,由于文化背景的不同而造成的阅读障碍,达到了"通顺"的标准。

3. "美"标准

林语堂是第一个将美学融入翻译的人。根据林语堂的翻译理论,美是最高的、最重要的标准,这是林语堂对翻译美学理论的最大贡献。在林语堂看来,翻译是一种艺术。对待翻译的态度应与对待艺术的态度一致。在文学翻译中,词语之间的美是需要注意的。但是美并没有一个统一的定义,因为美是建立在人们理解的基础上的,不同的人对美有不同的看法。"美"是林语堂所提出的最难达到的一条标准。

林语堂认为:翻译除了它本身所具有的作用之外,还应该兼顾"美"。理想的翻译家应当将翻译作为一种艺术,以艺术之心来对待翻译,使翻译成为美术的一种。较为有名的理论便是林语堂所提出的"五美论",包括音美、意美、形美、神美和气美。"意美、音美和形美"之间是相互依存的,"气美"和"神美"其实也是彼此紧密相连的,异中有同,同中有异,犹如宇宙间的阴阳两种力量,互依互存,其实也是对翻译生态学的一种诠释。

林语堂对宋代女词人李清照的作品——《声声慢》的翻译体现了其对于"美"的理解。首句七个叠词,林语堂采用"头韵"的方式,以"so+d"的结构"so dim、so dark、so dense、so dull、so damp、so dank、so dead!"将作者那种愁苦思绪表达出来。在品读时因"头韵"的缘故,可以很容易就体会到作者所要表现的"音美"。在译作中,林语堂没有将原作品进行过多的拆分,大致按照其词句进行翻译,使得译文的排列工整,错落有致,令读者赏心悦目,这就体现了其"形美"。在"意美"方面,更多地体现在词中对于景色的描写,比如"梧桐更兼细雨,到黄昏、点点滴滴。"译作"And the drizzle on the kola nut//Keeps on droning://Pit-a-pat,pit-a-pat!"。

林语堂在对本句进行翻译时,使用较为直白简练的方式,以象声词"Pit-apat,pit-a-pat!"来翻译"点点滴滴"所要表现的意境,瞬间就在读者脑中呈现出那雨景的凄凉。

二、西方翻译理论

（一）纽马克的交际翻译理论

交际翻译法更具有相对意义,并且具有归化、意译和地道翻译的优势。交际翻译以目的语读者和接受者为目标,在处理原文的时候,译者不仅只是复制原文本的语言文字,而是有较大自由度地去解释原文,调整文体,使目标语读者理解原文本的意思,真正做到保留原文本的功能并且努力使译文对目的语读者所产生的效果与原文对源语读者所产生的效果相同。

在翻译的过程中,译者不仅要做到忠实于原文,也要使译文符合目标语表达的习惯。作为译者,"首先要忠实原文作者,其次要忠实于原文语言,最后还要忠实于译文读者"。

（二）卡特福德的翻译转换理论

卡特福德在其专著《翻译的语言学理论》中提出"翻译转换"这一概念,"翻译转换"是指在将源语翻译成译语时脱离形式上的对应。

1. 层次转换

源语使用的一种语言层次在翻译为译语时,其等值成分使用的是不同的语言层次就可以称为层次转换。语言层次主要有四个:语法、音位、词汇、字形。在翻译过程中,语法到词汇和词汇到语法之间的转换是唯一可能发生的层次转换。

2. 范畴转换

范畴转换主要是在翻译过程中存在的等级变更,但这不是唯一的变更,除此之外,还有结构、类别、词语等的变更,是对原文形式对应的脱离。范畴转换主要可以分为结构转换、类别转换、单位转换和内部体系转换四种转换类型。

3. 结构转换

结构转换是在翻译过程中最常见的范畴转换。结构转换的表现主要是:一个句子中所含有句子成分的变化,如增加或者减少主语、状语等句子成分;一个句子中句子语序的变化,如定语由原句中的前置变成译文中的后置等情况。

4. 类别转换

类别转换是指在源语与译语中,其中的两个等值成分在进行翻译的过程中,两者的类别发生了转换。在大多数情况下,类别翻译具体表现为译语和源语中词汇的词形变化,比如说源语中的一个介宾短语在译语中转换成了一个动宾短语等。

5. 单位转换

单位转换往往也可以称为“级阶转换”。级阶可以分为词素、词、群、子句和句子。译语和源语在使用同一级阶的内容无法实现两者等值的情况下,译语可以选择更高一级或者几级的阶级来实现原本不能实现的等值。单位转换使得源语和译语不需要实现两者级阶的严格对应,源语和译语的词与词、子句与子句或者句子与句子之间不用严格的对应。

6. 内部体系转换

内部体系转换是指源语和译语存在形式相对应的结构,而在翻译为译语时,要在译语中选择一个不同的术语来与之对应,这就是内部体系转换。

（三）苏珊·巴斯奈特的文化翻译理论

苏珊·巴斯奈特是文化翻译学派的代表人物之一。1990年，她与安德烈·勒菲弗尔合编了《翻译、历史与文化》，探讨了文化翻译理论的具体内容。她建议翻译研究应该将翻译单位从传统的语篇转向文化。这一观点使得翻译研究不再局限于语言层面，而是在确保语义信息传递的同时，更加关注文化信息的传递。

巴斯奈特认为翻译的目的是通过打破语言障碍来传递信息。这里的"信息"既包含语义信息，也包含文化信息。翻译实际上是一种跨文化活动。在此过程中，译者在目的语中再现源语的文化内涵，最终目的是实现和促进文化交流。源语中的文化信息是翻译的重点，语言只是文化交流的载体，是译者在源语和目的语之间进行文化交流的形式。文化翻译观重视促进翻译中的文化交流与融合，有效地提高了译文的文化承载力，促进了文化多样性的发展。

（四）贾斯塔·霍尔兹·曼塔莉的翻译行为理论

曼塔莉综合了交际理论和行为理论的观点，提出了自己的翻译行为模式[1]，旨在为多种多样的专业翻译情景提供一个模式以及一些翻译原则。她将翻译解释为"为实现某种特定目的而设计的复杂行为"[2]，通称"翻译行为"，其目的在于克服文化与语言障碍传递信息。这些信息由经过专业培训的信息传递者发出。

曼塔莉认为，在翻译行为中，语言并不是内容和目标，而只是一种必要的交际工具。在她的理论中，语际翻译被定义为"始于原文的翻译行为，而且是涉及一系列角色和参与者的交际过程"[3]。由此，我们可以看出，在对翻译过程的理解和认识上，翻译行为理论与传统翻译理论有明显的差异。传统翻译认为翻译是由单一译者个人完成，但翻译行为理论则涵盖了译者以外其他人和机构的参与，认为翻译是一种"目的明确、

---

[1] 蒋芳婧.基于功能翻译理论的中央文献对外翻译研究——以《政府工作报告》日译为例[M].北京：中央编译出版社，2018.

[2] Nord,Christiane. Translating as a Purposeful Activity: Functionalist Approaches Explained[M].上海：上海外语教育出版社，2001.

[3] 同上.

结果导向的人类交际行为,主要目的是进行跨文化交流而传递信息"①。译者在这一过程中具有较大的自由度,能够根据目标文化的需要来决定如何更好地呈现译文。同时,译者自由度的增加也导致原文在翻译过程中的地位逐渐从核心向边缘转移。在她的理论中,分析原文只是为了理解其结构和功能,译者所关注的焦点或者重点在于译文接受者的需要。对于此观点,诺德(1991)认为曼塔莉无视原文,视功能高于一切,给予了译者太大的权力。曼塔莉将翻译分为文化交流、人际互动和文本处理三种形式,人际互动中包括了发起人、委托人、译者、原作者、目标文本接收者和目标文本使用者。

（五）凯瑟琳娜·赖斯的文本类型理论

文本类型理论是德国功能翻译理论学派代表人之一的凯瑟琳娜·赖斯,在根据德国心理学家卡尔·比勒(Karl Buhler)有关语言功能模式的基础上,将文本类型、语言功能和翻译方法联系起来所提出的。根据她的理论,文本类型可分为信息型文本(informative Text type)、表情型文本(expressive Text type)、感染型文本(operative Text type)。上述文本类型是按主体交际功能的不同进行的分类。此外,赖斯还将语篇体裁或文本种类按照语言特征或惯例常规分类,并提出了相应的翻译方法。其中,她认为信息型文本具有注重信息传达的特点,因此信息功能在文本中占据主导地位。这类文本主要用于向读者传递现实世界的事实和现象,需要译者使用简洁易懂的语言准确传达原文信息。根据赖斯的分类,此类文本包含参考用书、报告、讲座等。表情型文本重在传递作者的态度和情感,因此抒情功能占主导,其语言具有美学特征,译者应采用"仿效法"确保译文忠实于原文,此类文本包括诗歌、散文、戏剧、传记等,感染型文本侧重感染受众,以使其产生言外反应为目的,因此呼吁(诱导)功能占主导,其语言具有对话性质,译者应采用编译和等效方法确保译文与原文在产生效果方面相等,此类文本包括广告、竞选演讲等。

根据赖斯的观点,许多文本都不仅仅具有单一的功能,而是通常以一种功能为主,同时也具备其他几种功能,并且它们之间具有主次之

---

① 张美芳.翻译研究的功能途径[M].上海:上海外语教育出版社,2015.

分。赖斯(1977)[①]认为:"原文的主要功能决定了翻译方法,而翻译方法应该因文本类型的不同而异。"赖斯的文本类型理论的独特之处是将翻译置于核心地位,通过对文本类型、信息焦点、语言功能及特点、交际情景等方面的分析,为翻译策略提供理论依据,这也为弗米尔日后提出"目的论"提供了理论基础。

另外,需要注意的是,并不存在一种通用的翻译方法能够解决所有类型文本的翻译问题,因为策略和方法的选择会受到多种因素的影响。实际上,除文本类型外,翻译的目的、译文的读者群体和译入语文化等因素也会对译者的选择产生影响。因此,综合考虑多方因素是翻译过程中所必要的,只有如此才能选择最佳的翻译方法。

---

① Reiss. Trans lation Criticism, the potential and limitations[M].上海:上海外语教育出版社,2001:154.

第二章

英语生态翻译学理论阐释及应用探索

很多文本内容生动有趣，历史背景和民族文化知识丰富，致使在翻译文本时对译者的语言应用、表达能力要求很高。生态翻译学的三维转换理论从语言、文化以及交际等三个维度保障翻译译文达到文化交际传播的意图，因此译者在运用生态翻译理论指导文本翻译时能够基本达到语言运用准确，展现原文蕴藏的文化内涵，达到文化交流、人际交流的目的，起到文化传播的作用。本章就对英语生态翻译学理论及实践应用展开分析和探索。

第一节　生态与翻译

2001 年,胡庚申教授发表名为《翻译适应选择论初探》的论文,"翻译适应选择论"正式萌芽。2004 年,胡教授的译学专著《翻译适应选择论》正式出版,生态翻译学概念在此书中首次被提到。胡教授提出生态翻译学理论的哲学依据简要地概括为:翻译活动与生物界之间是互相联系的,翻译与语言互相联系,语言与文化互相联系,文化与人类互相联系,人类与生物界又互相联系,所以翻译活动和生物界之间是互相联系的,它是从生态系统角度来研究翻译,将达尔文"适者生存"的基本思想来解释翻译活动,且演化为翻译的"生存适应"。

2003 年胡教授在其著作《翻译适应选择论》中对"翻译生态环境"和"翻译"这样定义:"'翻译生态环境'是指原文、源语言和目标语言的世界,包括翻译的语言、交际、文化和社会方面,以及作者、客户和读者。围绕翻译活动,特别是'翻译生态环境',翻译在这里被定义为'译者适应翻译生态环境的选择活动'。"①

翻译适应选择论的基本翻译原则是多维度适应与适应性选择,具体来说就是译者在翻译的过程中原则上在翻译生态环境的不同层次不同方面上力求多维的适应,继而依次做出适应性的选择转换。

翻译方法可以分为语言维的适应选择转换、文化维的适应选择转换、交际维的适应选择转换。三种类型的翻译方法都可以灵活地适应并根据文本具体情况选择适应的翻译方法。

"翻译"相当于是译者适应翻译生态环境的选择活动,并且"适应"和"选择"都是以译者为中心主导,其中"适应"是译者对原文、源语和译语等翻译生态环境的适应,"选择"是译者对翻译生态环境适应程度的选择与译文最终行文的选择。可以看出,生态翻译理论强调在翻译过

---

① Hu,Gengshen. Translation as Adaptation and Selection[J]. Perspectives: Studies in Translatology,2003（4）: 284.

程中是以译者为中心的。

综上所述,可以看出生态翻译学强调遵循多维度的适应和适应性选择原则,翻译方法应该是语言、文化与交际三个维度之间的转化。

第二节 生态翻译理论阐释

一、生态翻译学的主要内容

(一)生态翻译环境

在生态翻译学中,通常将翻译比作是将作品从一种生态环境移植到另一种生态环境当中,译者则起到了维护生态平衡的作用。翻译生态环境指的是原文、源语和译文所呈现的"世界",即语言、交际、文化、社会,以及作者、读者、委托者等(即"翻译群落")互联互动的"整体"。

(二)适应与选择

生态翻译学理论中的适应与选择是借用和转译了达尔文生物进化论中的一个概念,将生态学理论转移到了生态翻译学理论当中。"翻译适应选择论"是一种"翻译即适应与选择"的翻译观,将翻译界定为"译者适应翻译生态环境的选择活动"[①]。翻译过程中的选择性适应和适应性选择的具体特征:一是"适应",译者对翻译生态环境的适应;二是"选择",译者以翻译生态环境的"身份"实施对译文的选择。简言之,译者为了达到翻译的目的,需对源语和译语进行适应选择,以便源语能够在译语这个新的生态环境中存活下来。

---

① 胡庚申.生态翻译学:建构与诠释[M].北京:商务印书馆,2013.

（三）三维转换

生态翻译学的翻译方法可谓之"多维"转换,其中主要落实在"三维"转换上,即在"多维度适应与适应性选择"的原则之下,相对地集中于语言维、文化维和交际维的适应性选择转换。所以在平衡翻译生态环境时需先从"三维"入手,但要明晰的是翻译过程中的适应与选择不仅限此"三维"。语言维的适应性选择是从语言形式出发,在源语和目的语的表达上找到平衡所进行的适应与选择;文化维的适应性选择是在注重语言表达的同时还应注意文化间的平衡,翻译本就是跨语言、跨文化的活动,所以在文化间搭起桥梁就可克服文化差异,进而实现信息的传递;交际维的适应性选择则从宏观出发,考量整体,注重整体的交际意图,译者则需通过适应与选择将源语所整体传达的情感在译语中体现,并被译文读者所认可接受。

二、生态翻译学理论应用

胡教授以自己丰富的翻译经验和对翻译理论的深入研究,借鉴达尔文"适者生存"的基本思想和中国传统的哲学思维,从而产出真正属于本土的翻译理论,吸引了国内外众多的专家学者对此进行研究探讨。2015 年 6 月,"第五届国际生态翻译学研讨会"对"生态翻译学理论"提交的相关论文总结道:随着生态翻译学的不断发展和成熟,其研究出现了跨学科趋势,其应用范围越来越广,涵盖面涉及史学、文学、翻译伦理学、应用翻译学、翻译教育、口译研究等。[①]

生态翻译学理论的应用尤以应用翻译学为甚,如湖南外贸职业学院商务外语学院副教授杨贝艺发表的文章《生态翻译学视角下湖南红色旅游外宣资料翻译策略研究》(杨贝艺,2022),从实现语言、文化和交际三个维度转换、加强对翻译人才的培养和管理以及适当的红色旅游外宣资料翻译方法选择等多个角度提出促进红色旅游外宣资料翻译质量提升的有效对策;西北工业大学外国语学院副教授薛红果发表的文章《生态翻译学视域下旅游景点公示语英译问题研究》(薛红果,2022),从生

① 陶友兰,边立红,马会娟等.东西方生态智慧交融的生态翻译学研究——"第五届国际生态翻译学研讨会"综述 [J].中国翻译,2016,37（02）:74-77.

35

态翻译学视角分析了一些公示语在语言维、文化维、交际维转化中的翻译错误或翻译不当案例并提出了改进措施……可见,生态翻译学理论的应用范围愈来愈深入和广泛,具有进一步走向世界被更多人熟知的潜力。

第三节　生态翻译理论的实践应用

一、生态翻译视角下的《琅琊榜》字幕翻译

随着我国国际交流不断深入,"一带一路"战略的贯彻与实施,向世界传播文化成了目前一项重要的使命,而影视输出在其中就起着极为重要的作用。

《琅琊榜》作为一部古装权谋剧,获得诸多重量级奖项,随着《琅琊榜》的大热,其也被海外网站翻译成不同的语言上映。因此,在研究中国古装剧走出国门方面,《琅琊榜》可谓一个重要样本。

我国学者对字幕翻译的研究起步较晚,还没有系统化,故从生态翻译学的角度对着重《琅琊榜》字幕中的对话翻译进行分析,或许可以为接下来的古装权谋剧的字幕翻译提供新的方向。

在国外,西方学者对此研究起步较早,最早对字幕翻译理论的研究可以追溯到 20 世纪 50 年代末到 20 世纪 60 年代初。在国内,随着时间的推移,越来越多的学者开始进行字幕翻译研究。张春柏教授(1998)认为视听语言具有大众性和即时性的特征。钱绍昌教授(2000)认为字幕具有倾听性、即时性、全面性、普及性和无注性等特点。这些学者提供了大量的视听翻译经验,为视听翻译的研究和发展奠定了基础,但系统的字幕翻译理论目前还没出现,仍有很大的发展空间。

在此期间,在影视翻译的研究上大多是从目的论、关联理论或是异化归化的角度进行分析,但胡庚申教授提出的生态翻译理论为翻译研究提供了新的方向。

在上述理论性研究的基础上,具有生态翻译学性质的应用型研究课题也相继展开。对《琅琊榜》的研究,主要有两方面:一方面是从文化

的角度进行研究,张靖(2016)指出,剧中所传递的价值观都成为中国文化形象乃至中国国家形象的一种外在表征。另一方面就是对《琅琊榜》的字幕翻译策略:韩笑(2017)在《〈琅琊榜〉英文字幕翻译策略浅谈》以《琅琊榜》为例,通过分析其语言特点及影视作品翻译的特点来探讨其字幕相应的英译策略,于斐燕(2019)在《从生态翻译学角度看〈琅琊榜〉字幕翻译》对 31 集的两个翻译版本进行三维分析,以及所采取的适应性策略。

(一)《琅琊榜》字幕翻译的三维适应性选择

1. 语言维度的适应性选择

《琅琊榜》语言独特,富有各类诗歌、谚语、成语等,因此,下面将从语言学的角度对字幕翻译进行分析。

"从官老爷到阶下囚,不哭才怪呢?"

"倒也有些不哭的"

"From bureaucrat to prisoner, of course they will cry."

"There are some that didn't cry."

这是两名狱警的对话。"不哭才怪呢?"虽用问句,但实际是肯定语气。如果采用字面翻译,那就是"it is strange that if they did not cry"。这样回译的话,就会发现意思改变了,无法表达原句的意思,容易造成误解,且过于冗长,违反了字幕的限制并且可能影响视觉效果。因此,翻译人员将结构改变为外国观众熟悉的另一种表达方式。"他们当然会哭"不仅能准确表达原意,还能强化了那些囚犯绝对哭的口气,一举两得,这也体现了语言维度上的适应性选择。

2. 文化层面的适应性选择

爱德华·霍尔(Edward T. Hall,1997)说,人类生活的任何方面都很难摆脱文化的影响和变化。因此,它需要译者注意文化差异。在翻译过程中,当翻译人员面对文化差异时,有必要作出适应性选择。例如:

麒麟才子 A Divine Talent

在中国,大家喜欢用"麒麟"的名字来给孩子命名,以显示孩子非常聪明。麒麟在西方人眼里也曾是智慧的象征,但他们称它为"独角兽"。

然而,随着时间的推移,一些西方人开始认为它是现代金钱拜物教的图腾,带着负面意味。因此,译者根据文化差异进行适应性选择,将其翻译成神圣的天才,以避免不必要的误解。"神圣天才"能够完全表达"麒麟才子"的内涵。在适应性选择的指导下,译者应进行最佳的适应性文化转换,避免文化冲突,保证信息的顺利传递。

3. 交际维度的适应性选择

该剧存在不少交际层面的话语,故从交际层面进行分析。例如:

你这嘴巴倒真甜。

You are good at sweet talking.

"你嘴巴真甜"形容人很会说话,可以把人哄得很开心,说这话的人也带着一股开心的意味。如果该句采用直译的翻译方法,则会变成"you mouth is so sweet",这样的译文并没有表达出真正的意思,也无法传达出说话人的欣喜,如此,其不但无法实现交际意图,还会造成误解。因此,译者进行适应性选择,采用意译,实现交际目的。"You are good at sweet talking"不仅能够表达真正的意思,还能帮助观众产生同样的感觉,实现交际意图。

(二)《琅琊榜》三维转换下的翻译策略

1. 语言维度的翻译策略

省译是指源语中一些不必要的信息在译语中被省略。此外,根据字幕的约束和特点,字幕翻译应力求简洁。因此,当译者需要在语言维度上进行选择性适应时,省译是一种合适的策略。例如:

明知是陷阱,是虎狼之穴,可是仍然要……

Knowing well that it's a trap, it's the tiger's den, and still wanting to rush in...

从译文中,可以看出"狼"被省略了。这个与"铜墙铁壁"的译文是一个道理,铜墙、铁壁二者意思一样,因此只译其中一个,而"虎"和"狼"在这都指代危险和可怕的事情,因此一些重复的东西可以进行删减,这样的翻译符合英语习惯。

2. 文化维度的翻译策略

归化是一种以目标文化为导向的翻译。它把一些包含文化差异的东西放入目的语中一些熟悉的意象中,有助于外国观众的理解。例如:

老夫虽姓素,可从来不吃素。

Though my surname is Su, but I am not someone you can mess with easily.

"吃素"在中文有两层意思:一是指不吃荤腥食物,二是比喻不好惹、厉害。根据语境该例则是第二层意思。第二层意思就涉及了文化差异,采用直译会造成误解,所以译者采用归化的翻译策略,将其译为"but I am not someone you can mess with easily"可以表达出说这话的人的自信和自大,实现源语的氛围和效果,实现中西文化的和谐。

3. 交际维度的翻译策略

(1)直译

直译就是保留原文内容和形式的翻译。此外,还应遵循忠实的原则,翻译要通顺。使用直译可以保留原语言的文化、风格等。例如:

夏江:我不过是擅长褪去人的皮肉,照出他们的真肺肠罢了。

I am just good at peeling the skin off people, and revealing their innards.

例中"褪去人的皮肉"和"照出他们的真肺肠"听起来就让人毛骨悚然,但是这话却被夏江轻轻松松地说出来,充分表明了这人的残酷,为了能让观众体会到同样的感受,译者选择直译,其中"peeling the skin"和"revealing their innards"就在目的语汇中展示出恶心的意象,让观众知道这人冷酷的一面。因此,为了实现适应性选择,可在交际维度上采用直译。

(2)意译

意译是根据原文大意进行翻译,不作逐字翻译。例如:

我倒要听听这宫里还能嚼出什么舌头来。

I'd like to hear what tripe can come out of those people.

"嚼舌头"在中文里表示胡说,搬弄是非,这是带有中国特色的语言。若采用直译,必会造成误解,面对这一情况,译者采用意译的翻译策略,将其译为"what tripe can come out of those people",其中"tripe"指的是废话、瞎写或瞎说的东西,能准确地表达原文的意思,实现其中的交际意味,也是译者适应性选择的结果。

译者在翻译过程中进行了三个维度的适应性选择,并根据三个维度的特性相应采用了省译、归化、直译、意译等翻译策略,来实现适应性选择和转换,最终使《琅琊榜》被外国观众所接受,在一定程度上促进了中国文化的传播。

总之,根据生态翻译学,选择性适应和适应性选择原则可以应用到古装剧的字幕翻译中。此外,从翻译原则出发,译者在翻译过程中应更全面地思考问题,选择合适的翻译策略来适应翻译生态环境。

二、生态翻译学视角下的汉语文化负载词翻译

目前,我国经济实力不断提高,国际影响力有所增强,在国际社会上已然塑造了一个负责任的大国形象。文化软实力也是国家实力的重要性,在积极吸收外来文化的同时,也需要坚守中华优秀传统文化,汲取文化内涵的精华,重视文化传播,强化人民群众文化自信。通过对各类文化作品进行翻译可以为文化交流提供重要帮助,在翻译工作中文化负载词翻译难度较大,且由于我国传统文化体系结构复杂,文化差异明显,具有多元化的特征,使文化负载词翻译成为相关领域所研究的重点。在汉语文化负载词翻译过程中应当坚持生态翻译学理论,在保证翻译准确性的同时将其中所蕴含的中国文化韵味传递给其他国家,充分发挥翻译工具的功能和作用。

(一)文化负载词

文化内容具有稳定性的特征,会受到地域因素、族群因素以及历史时期等多个要素的影响,各种文化会通过某种载体呈现,而语言是呈现文化的重要载体之一。通过对语言进行分析可以了解某种文化的核心要素,掌握文化现象以及文化内容,而词汇是语言构成的基本单位,其中承载着多种不同的文化要素,这一类语言即文化负载词。文化负载词属于词汇,在翻译领域具体指某一文化中的特有词汇以及术语,拥有排他性的特征,翻译难度较大,翻译行业将该类词汇的翻译工作作为重点

研究内容。文化负载词如果翻译质量较低很有可能会使相关人员的理解出现错误和偏差,引发文化冲突问题,一直以来是翻译难点,是考察翻译工作者个人能力的关键。

(二)汉语文化负载词英译的影响因素

汉语文化负载词包含着民族的各种思维模式,并且会受到地理环境、文化思想的影响,属于整体性思想观念,将自然以及人之间的关系形成了整体,因此在对其进行英译时会受到地区民众思维模式的影响。翻译工作者是负责汉语文化负载词翻译的主要人员,其思维模式和专业性是影响翻译效果的关键要素,如果其翻译导向存在区域性偏差,则所翻译出的词语,其语境效果也会有所差异。当前很多翻译人员在翻译活动中都更加重视针对词语以及句子进行翻译,没有认识到文化因素的影响,这使得翻译内容缺少文化意境,翻译效果也会有所偏差。翻译人员必须重视强化自身的文化意识,了解文化差异,在翻译过程中塑造文化意境,更加敏感地发现汉语文化负载词所存在的文化元素,打破以往翻译活动时存在的文化壁垒问题。直接翻译是最为常用的翻译模式,该种翻译方法是将字面意思直接用英语表达出来,但是该种方式会受到原文的限制,在文化差异的影响下其他国家的人员也无法对翻译内容有更加清晰的了解。因此,在翻译时必须针对直译内容进行再次创造,融入翻译工作者的个人文化情感,渗透文化底蕴,让汉语文化负载词翻译变得更加多元。

(三)生态翻译学视角下的汉语文化负载词英译原则

在生态翻译学的影响下文化负载词在翻译时需要确保翻译内容和原文含义相一致,翻译风格和译文相同,并且翻译内容流畅,可以为其他国家的人阅读活动的开展提供重要基础。汉语文化负载词英译时会利用各种不同方式呈现信息,将文化元素以及其他国家文化进行融合,从而形成翻译文化。文化负载词涉及类型较多,包括语言类、文化类、政治类等。作为翻译人员需要挑选合适的翻译方式,将词语中存在的核心词作为翻译工作核心,以此为基础对文化意境进行构建,加强目标读者对文化负载词的了解效果。在翻译时遵循功能等值原则,重视对文化负载词进行转化,使其可以在翻译内容中形成相同的语境效果,利用夸张排比的方式解决在英语翻译时所出现的文化差异问题。在保有文化负载词言语特色的基础上打破文化壁垒,提高信息传达合理性。汉语文化负载词普遍具有传神性的特征,直接翻译难以对该种意境进行合理塑造,应当通过舍弃成分的模式对某些词语舍弃,利用语义对等塑造文化意境,充分发挥意译策略的优势。但在舍弃时需要考虑到不同成分的影响,如果舍弃不合理很有可能会出现文化空缺问题,在这种情况下应当利用音译策略,以音译的形式将文化负载词展示出来,能够让词汇的文化信息性有所保留,也可以对语言结构进行丰富。在文化负载词进行转换时可以将特殊翻译设定为文化意象,提出具备汉语民族特色的词汇类型,让读者在阅读时能够充分发挥自身的想象对原文内容进行思考和处理。

(四)生态翻译学视角下的汉语文化负载词英译策略

汉语文化负载词是我国语言文化系统中不可或缺的重要资源,在跨文化交际活动中有着关键影响,在翻译工作中应当重点研究如何将词汇内的文化元素以更加逼真的方式传递给其他国家的读者。生态翻译学理论的提出为汉语文化负载词英译提供了有效参考,下面基于生态翻译学理论提出了具体的英译策略。

1. 转换语言维度

语言维度转换是翻译时所关注的重点,在翻译活动中应当对原作的内容进行分析,结合语言形式选择合适的转换模式,坚持适应性选择理念。翻译工作者首先应当对原文内容的词汇、语法、语义以及表达习惯等多类要素实施综合考虑,考虑完毕后从多个角度以及层次出发进行转换。汉语和英语分别属于不同的语系,前者为汉藏语系,后者为印欧语系,语系差异也使得两种语言在表达形式上产生了较大的差异。翻译工作者应当了解原文的语言生态环境,以此为基础选择文本表达模式,在保证可以准确传递原文意义的同时符合翻译目标语言的表达习惯。在翻译的过程中可以选择直接翻译的模式,如"众人拾柴火焰高"是体现团结力量的俗语,在翻译时可以将其翻译成"The fire burns high when everyone breathing wood to it."即当每一个人都拾起柴火时火焰便会变得越来越高,外国读者也能够精准地了解该种文化语境,感受原文所表达的文化意义。

在汉语体系中包括大量的成语,成语内容丰富,生动形象,具有深厚的文化内涵,在翻译的过程中如果单纯地使用直译方式,则很有可能会影响读者对于语言生态环境的理解程度。因此,在对成语进行翻译时可以优先选择意译方式,如"车水马龙"是指车如流水、马如流龙,主要是形容马路上车马很多,景象热闹,如果按照直译的方式翻译这一成语,会将其翻译成为"like running water and moving dragon"。龙在中西方文化中含义相差较大,在中国语境中龙是高贵和权力的代表,在西方龙则是邪恶以及暴力的体现,如果直接将其翻译成"dragon",会出现文化冲突,在翻译时通过意译方式可以将其翻译为"heavy traffic",可以让读者更好地了解交通热闹的景象。

2. 转换文化维度

转换文化维度具体是指了解语言所属的文化系统,感受文化生态的特点,在翻译时了解两种语言文化所包括的内涵,以文化内涵为基础对翻译方式进行调整。通过对文化维度进行转化可以让双方对于文化元素有更加清晰的了解,避免在文化传播过程中出现过大的差异。作为翻译工作者需要形成良好的文化意识,感受英语以及汉语文化差异和壁垒特点,努力克服翻译障碍,形成跨语言翻译模式,提高跨文化交际质量。例如,状元是我国在封建社会所得出的一个特定文化词语,状元只能被汉语文化系统中的群体所理解,即使某些群体了解语言的发音方式,但是也无法理解其内在的含义和特点。因此,在翻译时翻译工作者选择针对状元二字进行了解释,即"zhuangyuan, top scholar at the Imperial examination"。

"直到春暖花开的清明节,司马家的十九颗人头还悬挂在福生堂大门外的木架子上"是莫言作品中较为著名的一句话,在翻译时需要关注清明节这一节日,清明节是我国传统节日之一,是祭奠祖先的重要节日。在翻译时将其翻译为"The nineteen heads of the Sima family hung from a rack outside the Felicity Manor gate all the way up to Qingming, the day of ancestral worship in the warmth of spring, when flowers were in full bloom.",翻译通过注释的方式阐述了清明的节日习俗,而在这一特殊节日中司马家庭的人头仍然被挂在福生堂大门外,充分体现了作者的讽刺意味。

3.转换交际维度

交际维度具体是指在翻译过程中从交际意图角度出发进行分析,关注人与人之间的交际想法,从而让交际意图在文章中能够得以传达和呈现。翻译出的作品应当考虑到读者的认知以及文化知识了解度,尽可能地减少阅读难度。例如,瓷器追求纯净优雅的美,这在青花瓷中体现最为充分,青花瓷是我国所出产的一种瓷器品种,浓缩了优秀的民族文化,但是其中"青"字无法找到对应的翻译词语。在翻译过程中考虑到双方交际意图,翻译人员可以将其翻译成为"blue and white",可以形象地描绘出青花瓷蓝白相间的典雅特征,将纯白以及优雅青色进行结合可以带给读者良好的视觉效果,让翻译内容可读性有所提高。交际维度转换是生态翻译学理论所坚持的关键,翻译工作者必须充分考虑交际意识以及意图,以此来让译文成为文化传播的主要方式。

目前,全球发展速度不断加快,各国之间的文化沟通变得愈发频繁,为了能够避免外国文化在我国迅速传播、影响年轻一代价值观念,必须始终坚持文化自信以及文化意识,不断向其他国家传播优秀传统文化。英语是国家之间沟通所使用的主要语言工具,在生态翻译学理论下应当对文化负载词翻译模式进行调整,遵循三维转换原则,从语言维度、文化维度以及交际维度三个角度出发进行合理翻译,提升翻译质量,提高文化传播效果。在今后文化负载词翻译研究中应当重视对文化元素进行深入分析,了解在不同环境下文化元素所表达的特定意义,让英文翻译能够在传播原文意义的同时渗透文化元素,提高文化传播效果。

三、生态翻译学视角下新闻报道中的网络热词翻译

网络流行语在大环境下兴起,并逐渐形成了一套网络文化体系。生态翻译学研究方法是带有跨学科特征的研究方法,可以拓宽翻译工作者的翻译视角以及提供大量的翻译实践。下面通过对网络流行语的理解和翻译方法的研究,结合网络流行语在新闻报道中的优势和问题,旨在为其他翻译者提供启示。

（一）网络流行语的特点

网络流行语是网络语言的一种，反映一个时代内的热门话题或热门表达方式。网络流行语通常以文字、数字、字母的形式，传播速度快，具有很强的感染力和深远的影响力。网络流行语是在信息时代的背景下产生的新的语言体系，是一种极为特殊的语言，具有简洁性、幽默性等特点。

1. 简洁性

信息时代大背景之下，篇幅冗长乏味的信息往往很难抓住读者的眼球，网络流行语的出现很大程度上提高了人们的阅读兴趣，因为其内容大多简洁、精练。例如，"意满离"，实际要表达的意思是心满意足地离开，相似说法还有"满退评"，即满意地退出评论区，多表示因在评论区看到自己想要的吐槽而满意。再如，"妈见打"，形容妈妈见了一定会打的顽皮行为。这些词虽然简洁但并不妨碍读者的理解并且有一定的趣味性。还有一些其他方式的网络流行语，如汉语拼音缩写"永远的神""对不起""有一说一""阴阳怪气"等网络流行语，即"yyds""dbq""yysy""yygq"，就是通过每个字的汉语拼音首字母来表示的。网络语言在快节奏的社会生活下不断被催生。

2. 幽默性

网络流行语往往使用一些谐音来增添词语或句子的幽默性。例如，"就挺秃然的"，它将此处的"突然"改为"秃然"，让读者一下就有了画面感，顿觉搞笑。幽默的网络流行语更能增加其传播频率和范围。方言，即地方性语言，具有强烈的文化特征和色彩，随着网络流行语的广泛传播，方言的应用也为流行语的幽默性提供鉴赏意义。例如，在"扎心了，老铁"中"老铁"一词源于东北方言，表达的是一种亲密亲切的好友关系。"猴赛雷"猴赛雷是广东话"好厉害"的谐音，用来表示夸奖与赞美，也有崇拜的含义。网络流行语之所以如此容易形成，大多与汉语言文学、俗语以及地域语言文化等因素息息相关，网络语言的产生往往代表了某一时代的文化观念与文化特色。

（二）三维转换视角下新闻网络热词的英译

1. 语言维的适应性选择转换

语言维度的适应性选择转换，即译者在翻译过程中对语言形式的适应性选择转换，这种转换是在不同方面、不同层次上进行的。在翻译过程中，为了给受众带来简明准确的数据信息，译者需要准确地了解其特性，并从各种语言特性中进行选择。

（1）直译法

直译通常是指保留原文的内容，不改变原文的翻译方法。这种翻译的好处是可以准确传达原文文意，也可以留住原文的翻译风格，据统计有 70% 的文章都常采用直译的翻译方法。如国家新闻中，"保障和改善民生"翻译为 ensure the well-being of the people and improve their lives；"城乡公共就业服务体系"译为 urban and rural systems for providing public employment services。这些热词不需要用特殊的方法来进行翻译，直译即能传递准确的信息。一般而言，若翻译原文的文化影响不大的话，则使用直译法；当翻译原文具有较大的文化影响时且采用直译法无法准确传达信息时，往往采用意译法。

（2）意译法

意译法通常适用于中外文化差异较大的文本。例如，上文提到的"扎心了，老铁"，如果我们采用直译法将"老铁"译为 old iron，此翻译完全偏离了原文含义，读者读到这里一定会感到奇怪，而通过意译我们可以将其翻译为 old fellow，fellow 表示亲密的朋友，这样翻译就清晰易懂了。值得注意的是，意译法强调译文本和源文本的语义对等，也就是两个文本之间的语义平衡，这就需要译者在翻译时充分理解源文本的内涵和意义，用最精准且符合该国文化的语言传递给读者。例如，我们熟悉的"打酱油"，如果我们采取直译方法译出来是 buy soy sauce，读者一定会产生困惑，不知所云。翻译为 I'm just passing by，读者便会明白这是与自己无关的事，相当于"路过"。所以在当前网络流行语翻译中，需要运用生态翻译学理论，提高网络用语的环境适应性。

2. 文化维的适应性选择转换

文化层面的适应性选择和转换，即译者在翻译过程中注重对中英文双语文化内容的迁移表达与理解的演绎。通常情况下,译者会采用直译的方法传递给读者最易理解、最直接的信息。不过文化的不同带来的偏差在翻译过程中是必然会发生的情况,一旦出现不能适应原著表述的词汇或句型,在直译后添加注解不失为最好的方法。

3. 交际维的适应性选择转换

生态翻译学理论的视角下,交际维度的翻译策略指交际维度的适应性转换。译者在翻译过程中不仅要从语言层面和文化层面进行准确的表达和解析,还要注意新闻稿的交际层面,一定要传达出每一篇译文所要表达的交际意图。通过了解清楚作者的创作意图,准确地进行交际维度转换,使译文读者和原文读者达成一致的情感共鸣。

随着中国的科技进步与繁荣发展,与国际的交流和沟通愈发深入,一些火爆的热词流传到国外从而变成了约定俗成的用法,这种就可以直接采用音译法来实现交际意图。例如,2016年出现的一种极受群众追捧的互联网流行语“葛优瘫”,直接翻译为了 Ge Yo slouching。还有类似的表达如,“单身狗”译为 damn single,不仅发音相似,还可以准确表达出原文的意思。

在实际翻译中我们必须注意,关于三维转换这三种主要翻译方法的互相交织、互相包容、互相影响。所以,在实际的翻译过程中,不管译者选择哪种翻译方式,都必须结合三维转化理论,避免翻译中出现不符合中西方语言习惯的现象出现。

第三章

英语技术翻译学理论阐释及应用探索

托马斯·费里德曼（Thomas Friedman）在《世界是平的》一书中提到，当今世界已被新技术和跨国资本碾成一块没有边界的平地。在当今信息化时代的背景下，信息技术正深刻地影响着翻译活动的方方面面，翻译活动呈现出显著的变化：翻译的需求量越来越大，翻译的领域越来越广，翻译文本的类型越来越多，翻译周期越来越短，翻译的协作性越来越强。在追求效率的产业化时代，计算机翻译技术在现代翻译实践中的作用日益凸显。本章就具体论述英语技术翻译学的理论及相关应用。

第一节　技术与翻译

一、翻译技术的定义

因为翻译技术尚属新兴研究领域,关于翻译技术的定义,国内外许多学者(如 Melby、Kenny、Hutchins、张政、钱多秀、王华树等)对其进行了界定,仁者见仁,智者见智,尚未达成一致。笼统而言,可分为广义的定义与狭义的定义。

从广义上说,在翻译实际工作、翻译研究、翻译教学中使用的和可能使用的各种技术、工具、语料库、软件以及电子资源统称为翻译技术。换言之,翻译技术可以是某种技术、工具或软件,或是语料库,或是在线翻译网站或机器翻译系统,或是云平台,甚至是翻译教学设备等。也就是说,翻译技术既可用于译前准备,如编码处理与文字转换软件、可译资源提取工具、文字识别软件、项目任务分析与报价工具等;或译后,如自动化质量保证、翻译工作量统计、语言资产管理等;更可以用于翻译过程,如翻译记忆软件、语料自动对齐、术语管理软件、机器翻译、项目进度监控等。

从狭义上说,翻译技术一般要么指机器翻译技术,要么指计算机辅助翻译技术。机器翻译通常指以机器自动翻译为主,人工译后编辑为辅的翻译技术,但有时最狭义的机器翻译是指完全没有人类操作干预的情况下机器独立进行翻译的技术与工具,即使用计算机程序将文本从一种自然语言自动翻译成另一种自然语言的技术与工具。

机器翻译技术和计算机辅助翻译技术二者的区别在于翻译过程中是机器主导还是人工占主导,或者翻译过程中人工(译者)的参与程度或干预程度如何;前者为"人助机译"或"完全机译",而后者为"机助人译"。目前,翻译技术产业中的主要产品,如国外的 SDL Trados、MemoQ,以及国内的传神 TCAT、雅信 CAT、雪人 CAT 等工具均属于计算机辅助翻译技术。

二、翻译技术的发展历史

翻译技术的发展历史并不长,但发展迅速。从 1947 年至今的发展过程,可分为以下四个阶段。

(一)1947 年到 1983 年,萌芽期

翻译技术源于计算机的发明,始于机器翻译的研究。世界上第一台计算机 ENIAC 被发明的次年(1947 年),洛克菲勒基金会(Rockefeller Foundation)主席 Warren Weaver 和伦敦大学 Birkbeck 学院的 Andrew D. Booth 首次提出要使用最新发明的计算机来进行语言翻译。1949 年,Warren Weaver 写了一则备忘录,勾画了机器翻译的发展前景,史称"Weaver 备忘录"。1954 年,乔治敦大学的 Leon Dostert 和 IBM 的 Peter Sheridan 使用 IBM701 展示了俄语—英语的机器翻译,这一举动成为翻译技术历史上的一个里程碑。

但美国的自动语言处理咨询委员会(Automatic Language Processing Advisory Committee, ALPAC)于 1966 年发布了一篇题为《语言和机器:翻译与语言学中计算机》[①] 的报道,指出"有效的机器翻译前景不乐观"。由于机器翻译的费用是人工翻译的两倍,因此无法满足人们的需求。委员会建议终止机器翻译研究,因为"高品质的全自动机器翻译在很长一段时间内还无法实现,"而计算机辅助翻译效果更好、更快,也更廉价,因此机器翻译应向计算机辅助翻译转移,从而促成了计算机辅助翻译的诞生。

随后,到了 20 世纪 70 年代晚期到 80 年代之间,计算机辅助翻译的重要概念"翻译记忆"及其工具被发明,开始了计算机辅助翻译技术的探索。但由于受限于当时计算机硬件(如有限的储存空间)、双语数据库造价过高等因素,翻译记忆技术仍处于探索阶段。因此,在这个阶段尚未出现一个真正的商业化计算机辅助翻译系统,翻译技术也无法对翻译

① ALPAC (Automatic Language Processing Advisory Committee) (1966) Languages and Machines: Computers in Translation and Linguistics, A Report by the Automatic Language Processing Advisory Committee, Division of Behavioral Sciences, National Academy of Sciences, National Research Council, Washington, DC: National Academy of Sciences, National Research Council, 1966.

实操和翻译产业产生实质的影响。

（二）1984年到1993年，稳定发展期

1984年，第一批计算机辅助翻译公司成立，如德国的 Trados 和瑞士的 Star 集团。Trados GmbH 的创立被视作是计算机辅助翻译稳定发展时期的起点。随后，1988年 IBM 日本分公司推出了 ETOC 工具（实际上是一种改良版电子词典）。同年，TRADOS 公司发布了 TED，两年后，又发布了第一版的 MultiTerm，而其第一个商用系统 TRADOS 于1992年发行，标志着计算机辅助翻译系统商用化的开始，也标志着计算机辅助翻译技术的区域扩张的开始，因为在1992年不同国家（如英、美、德）均取得了计算机辅助翻译技术研发的突飞猛进。

（三）1993年到2003年，快速发展期

计算机辅助翻译技术的快速发展主要体现在以下方面。

1. 更多商用计算机辅助翻译系统的出现

1993年前，市面上只有三种商用计算机辅助翻译系统。在1993到2003的十年间，出现了约20个系统，包括了知名的 Déjà Vu、Eurolang Optimizer、Wordfisher、SDLX、ForeignDesk、Trans Suite 2000、雅信 CAT 等。这意味在这一时期，商用计算机辅助翻译系统有了六倍的增长。

2. 更多内置功能的开发

第一和第二阶段的计算机辅助翻译系统通常只配备基本组件，如翻译记忆工具、术语管理工具和翻译编辑器。第三阶段的 CAT 系统开发了更多的功能，并逐步将更多的组件集成到其系统中。在开发的所有新功能中，对齐、机器翻译和项目管理的工具最为重要。

3. 以 windows 操作系统为主导

1993年前，计算机辅助翻译系统不是基于 DOS 系统就是基于 OS/2 系统。在1993年，这些系统的 windows 版本被首次推出，之后成为主流。

4. 更多文本格式的支持

该时期的计算机辅助翻译系统可以借助过滤器或直接处理更多的文本格式,包括 Adobe InDesign、FrameMaker、HTML、Microsoft PowerPoint、Excel、Word、QuarkXPress 等格式,2003 年后甚至包括 PDF 格式。

5. 支持更多语种

理论上讲,翻译记忆工具应支持所有语种,但早期的计算机翻译辅助系统并不支持所有语种。例如,1992 年的 Translator Workbench Editor 只支持 5 种欧洲语言,如德语、英语、法语、意大利语和西班牙语。IBM 公司的 Translation Manager/ 2 能支持 19 种语言,包括中文、韩语和其他 OS/2 兼容字符代码集。这要归功于 Unicode 的公布与推广,为文本数据的处理、储存和交换提供了基础,使计算机辅助翻译系统得以逐渐解决语言处理中的问题。基于 Unicode 的翻译系统迅速出现,如 1999 年的 Transit 3.0,2000 年的 MultiTerm 和 WordFisher,2001 年的 Wordfast Classic 3.34 和 2002 年的 Tr–AID 2.0 和 MultiTrans 3。

6. 以 Trados 公司为市场引领者

Trados 公司作为计算机辅助翻译行业的鼻祖,在此阶段成长为市场的引领者。1994 年,公司开发了一系列的翻译软件,包括 windows 和 dos 版本的 Translator's Workbench、MultiTerm Pro、MultiTerm Lite 和 Multi Term Dictionary。它的翻译记忆技术和文本格式被广泛应用,成为行业最受欢迎产品。

(四)2004 年至今,全球发展期

技术的进步使计算机辅助翻译系统功能更加强大。在过去的十几年中,大部分老系统在升级的同时,将近 30 个新系统被推出。无论是从功能、操作系统还是价格上,都为消费者都提供了更多的选择。

此阶段最重要的变化是全球化,即除上述传统强国之外的其他国家也发展出了著名的计算机辅助翻译公司,推出了一些翻译软件。如匈牙利的 Kilgray 翻译技术公司推出的 MemoQ,日本的 Rozetta 公司推出

的 TraTool,波兰的 AidTrans 软件公司推出的 AidTrans Studio 1.00 等。此阶段还呈现出以下重要趋势。

1. 与 Windows 操作系统 和 Microsoft Office 软件的系统兼容性

在目前市场现有的 67 个计算机辅助翻译系统中,只有一个不是基于 windows 系统的。为了兼容,计算机辅助翻译系统必须与 windows 操作系统和微软 office 软件同步发展。以 2007 年 4 月发行的 Wordfast 5.51j 为例,在 windows Vista 发行的三个月后,该公司迅速推出了 wordfast 5.90v 版,以支持微软 office word 2007 和 2010。

2. 计算机辅助翻译系统中集成了其他工具

此阶段开发的系统集成了项目管理、拼写检查、质量保证和内容控制等功能。以 2011 年 9 月发布的 SDL Trados Studio 2011 为例,它具有适用于更多种语言的拼写检查功能,以及包含 PerfectMatch 2.0 工具,以跟踪源文档的更改。

3. 基于网络的或在线系统

由于信息技术的快速发展,此阶段的大部分计算机辅助翻译系统都是基于服务器、基于网络,甚至是基于云系统的。2012 年底,市场上共有 15 个基于云的,对个人和企业开发的计算机辅助翻译系统,如 Lingotek Collaborative Translation Platform,SDL World Server,以及 XTM Cloud。

4. 采用行业新格式标准

由于不同的计算机辅助翻译系统采用不同的格式(Déjà Vu X 采用 dvmdb 格式,而 SDL Trados Translator's Workbench 8.0 则采用 tmw 格式),因此不同的系统间的数据交换总存在困难。这些系统的格式无法相通,从而无法实现数据共享。本地化行业标准协会(LISA)在停止运营之前,一直致力于开发和促进数据交换标准的运用,它主导推广了 SRX、TMX、TBX 和 XLIFF 等数据交换标准。据预计,行业标准的统一是未来数据交换的发展方向之一。

第二节　翻译技术理论阐释

一、机器翻译和人工翻译的关系

随着科学技术的发展,机器翻译取得了显著的进步。在面对加急处理的文件以及原文中庞杂的信息时,人工翻译工作者很难做到在短时间内高质量地产出译文,此时机器翻译速度快、成本低等优势就能够体现出来了。另外,当原文涉及医疗、金融、科技等具有专业性的知识时,对译者各方面的知识储备要求很高,而译者的语言能力是有限的,因此翻译起来会比较吃力,而机器翻译基于庞大的语料库,能够快速且准确地对专业词汇做出翻译。

然而,机器翻译也仍然存在很多局限性。按照严复先生提出的"信达雅"的翻译要求和原则来看,目前机器翻译的水平基本上只能达到"信",在"达"和"雅"层面显然不能与人工翻译相提并论,这也是制约机器翻译发展的瓶颈。

人工翻译能够在理解的基础上进行翻译,会考虑到不同语言在习惯表达上的差异,能更准确地翻译双关语、隐喻、口号等,译后还需要进行检查、修改,以确保译文达到最高的准确率。充分认识机器翻译和人工翻译各自的优劣有助于我们更好地利用机器翻译。在翻译过程中,译者可以充分利用机器翻译的提示功能,借鉴和参考机器翻译的词汇、术语、句式或在机器翻译的基础上进行审查、修正、润色。机器翻译出现明显错误的地方,译者更需谨慎处理、反复推敲,从而做出准确清楚的表述。基于机器翻译提供的大数据情报,译者可以进行分析对比,呈现出更好的译文,这也就是我们所熟知的译后编辑。在译后编辑的过程中,译者可以利用机器翻译的回译核查功能,使用机器翻译对译文进行回译,对译文进行核查。人工修改后的译文,可以重新交给机器进行学习,充实语料库,进一步提高翻译质量。

不可否认,机器翻译正在不断地进步和发展,它的便捷性、高速度和低成本不可忽视。机器翻译的发展确实给翻译行业带来了一定的冲击，很多人在对机器翻译相关知识一知半解的情况下就对"机器翻译将取代人工翻译"的言论过于焦虑。作为语言学习者，应正确认识机器翻译，人机协同作业将成为行业的新趋势。虽然机器翻译存在很多局限性，缺少人类的内心情感与对语言的理解能力，翻译结果的可信度仍有待提高，但它能够在多个方面给译者提供一些有价值的参考，发挥提示、回译核查作用，进一步促进人工翻译的效率和质量，而人工翻译也为机器翻译提供了越来越多的语料，以促进机器翻译的进一步发展。

二、翻译技术的分类

按照不同的分类标准，翻译技术可以分成不同类别。

（一）按照人工（译者）的参与程度或干预程度划分

按照翻译过程中人工（译者）的参与程度或干预程度划分，翻译技术可分为：

（1）全自动机器翻译（fully automatic MT），又称作"无人工辅助的机器翻译"，或直接称之为"机器翻译"。在全自动机器翻译过程中，翻译引擎在完全没有人类操作干预的情况下进行独立翻译。全自动机器翻译有时被视作为"批处理"翻译系统，因为它把整个待译文本作为一个任务来处理。

（2）人工辅助的机器翻译（human assisted MT，HAMT），也称为"交互式机器翻译"，译者对机器翻译过程进行干预，以解决源语言文本中存在的歧义问题，或帮助机器选择最合适的目标语言单词或短语。

（3）机器辅助的人工翻译（machine assisted human translation，MAHT），计算机程序用于帮助译者进行翻译，主要的 MAHT 形式是计算机辅助翻译（CAT）。

（二）按照翻译技术的适用范围划分

按照翻译技术的适用范围（即为通用领域还是特定领域服务）划分，翻译技术可分为：

（1）通用翻译技术,指能用于翻译任何主题或行业领域中文本的通用系统。例如,它们可用于以某种外语获取网页所包含的各个领域信息的要点。

（2）定制或专用(Customized or Special-purpose)翻译技术,为某个特定区域或行业领域的用户提供特定行业领域、特定专业或特定话题的翻译。一般而言,定制或专用翻译技术比通用翻译技术的质量更高,更有效。

（三）按照翻译过程的运用阶段划分

基于翻译技术在翻译过程使用的阶段不同,也可对各种翻译技术进行分类。翻译过程可被分为三个部分:接收源语言文本、语言转换以及形成目标语言文本,因此翻译技术与工具也可被分为三类。

其一,源语言文本接收阶段所涉及的翻译技术与,包括术语库(Terminology Databases)、接收理解源语言文本所用的字典工具(Reception Dictionaries)、电子百科全书(Electronic Encyclopedia)、百科知识数据库(Knowledge Databases)以及文本分析工具(Text Analysis Tools)。

其二,语言转换阶段所涉及的翻译技术,包括翻译记忆库、本地化工具以及机器翻译。

其三,形成目标语言文本阶段所涉及的翻译技术,包括术语库(Terminology Databases)、形成目标语言文本所用的字典工具(Production Dictionaries)、电子文库(Electronic Archives)、自建语料库(DIY Corpora)以及翻译文库(Translation Archives)。

（四）按照系统架构或方法划分

按照机器翻译系统采用的系统架构或方法划分,机器翻译又可细分为基于规则的翻译(Rule-based MT, RBMT)和基于语料库的机器翻译(Corpus-based MT)。

基于规则的机器翻译系统基本上是基于各种语言规则来进行语言转换。虽然,基于语料库的机器翻译已经成为主流的机器翻译系统开发技术,但是在机器翻译的市场上,还是以传统的基于规则的机器翻译系统为主,大多数商业机器翻译系统仍然使用基于规则的开发技术。

其部分原因来自两种方法之间的主要差异:基于规则的系统往往更容易维护,因此可以通过更改系统正在使用的语言"规则"来修复以往翻译过程中重复出现的问题;但主要的缺点是它需要语言学专家通过多年的努力才能实现语言规则改进。

基于语料库的系统的优势在于它们可以更快地开发。只要收集并建立好了双语平行语料库,就很快(往往只需几天)就可以建立机器翻译系统。但是缺点在于,一旦它被启动并运行了,就不能轻易地对其进行微调。

正如表 3-1 所述,基于规则的机器翻译系统的开发和运行往往采取两种方法:直接方法和间接方法。在 20 世纪 80 年代之前开发的机器翻译系统主要是采用直接方法。它们根据双语词典所列出的词汇条目以及词语形态分析的基础上,将源语言的词语转换成目标语言的词语。它们所进行的翻译通常是逐字翻译,而不对源语言文本的句法结构或词与词之间的意义相关性进行过多详细分析,然后根据目标语言文本的形态和句法规则对目标文本进行一些基本的调整。这是机器翻译的最原始的方法,但一些商业机器翻译系统仍然在使用此方法。

直到 20 世纪 80 年代,在系统架构更加复杂的间接方法才成为机器翻译系统的主流框架。使用间接方法的机器翻译系统的翻译引擎首先分析源语言文本的句法结构,以识别单词结构(形态)和句子结构(语法),以及解决歧义(语义)问题,然后基于分析结果创建一个对源文本原始意义的抽象表征的中间文本,并基于此生成目标语言文本。根据中间文本的性质,可以将间接方法再细分为基于转换的方法(Transfer-based approach)和基于中间语言的方法(Interlingua approach)。

基于转移的机器翻译包括三个基本阶段:(1)对输入的源语言句子进行形态分析和句子结构分析,将其用一个仍然保留源文本深层结构特征的形式意义表示(句法树);(2)将源文本的句法树"转移"为符合目标语言深层结构特征的意义表示(句法树),以及(3)基于该句法树生成目标句子。当今大多数的主流商业大型机器翻译系统,包括 METAL,SYSTRAN 和 Logos,都采用这种方法。

基于中间语言的机器翻译则使用"中间语言",也称作"枢轴语言"(pivot language)来创建源文本意义的抽象表征。理想情况下,中间语言是一种独立于源语言和目标语言的意义表征。基于它,机器翻译系统可以产出各种不同语言的目标文本。因此,翻译过程包括两个基本阶段:首先,分析模块将源文本"转换"为中间语言;其次生成模块将中间语言表征转换为目标语言文本。

这种方法最明显的优点是,对于涉及多个语言对的翻译任务,不必为每个语言对创建转移表征(句法树)。但缺点包括:其一,中间语言用于为源语言提供从源语言的语法中抽象出来的语义表征,然而,找到独立于源语言以及目标语言的语义表征是一项极其困难的任务,通常涉及众多困难的抉择,如应采用何种语言作为中间语言(自然语言,人造语言或逻辑语言);其二,分析模块将源文本"转换"为中间语言的过程非常复杂,必须挖掘和分析源语言文本的语义层级;其三,生成模块将中间语言表征转换为目标语言文本的过程也非常复杂。

正如表3-1所述,基于语料库的机器翻译可以细分为基于统计的机器翻译和基于实例的机器翻译。在基于统计的机器翻译(SMT)中,双语平行语料库中的单词和短语(单词序列)被对齐,作为词—词配对和短语—短语配对的频率的"翻译模型"基础。具体涉及为每个源语言词汇选择目标语言中最可能对齐的词汇,以及基于单语"语言模型"确定所选词的最可能序列。根据其配对的层级深度,基于统计的机器翻译又可细分为基于词汇的、基于短语的、基于层次短语的以及基于语法的(串—树,树—串,树—树)。由于其翻译引擎是以语料库为基础的,因此构建高质量的双语文本语料库对于SMT的成功至关重要。因此,其优点在于:如能建立高质量的双语平行语料库,则机器翻译的质量就会比较高;另一优点就是非常容易建立机器翻译系统,在语言资源充足的时候,几个小时内就可以完成一种全新的机器翻译程序。但其缺点包括:一方面,人类既有的知识不容易加入机器翻译系统;另一方面,翻译过程不够直观,不易于理解、解释以及改进。

基于实例的机器翻译(EBMT)系统同样使用双语平行语料库作为其基础。它的原理是:翻译句子的时候参考句对齐语料库中最相近的原有翻译句子来处理,即将输入的源文本与语料库中的典型翻译实例进行比较,提取最接近的匹配,并将它们用作目标文本的模型,从而产生翻译。因此,翻译过程分三个阶段完成:第一步,匹配,即在平行语料库中查找与源文本句子匹配的实例;第二步,对齐,即决定相应翻译实例的哪些部分将被重用;第三步,重组,即将这些部分以符合句法(或语法)的方式组合在一起,产出目标语句子。此过程类似于基于翻译记忆库（TM）的翻译过程。根据转换的层级深度，基于实例的机器翻译又可细分为浅层的词汇级别转换、形态分析转换和词性转换，以及基于语法树的深层转换。

表 3-1 按照系统架构的机器翻译分类

类别名称	具体解释	
基于规则的机器翻译（Rule-based MT，RBMT）	基于规则的机器翻译系统基本上是基于各种语言规则来进行语言转换。此类机器翻译系统的开发和运行往往采取两种方法：	直接方法：基于转换方法
		间接方法：基于中间语言方法
基于语料库的机器翻译（Corpus-based MT）	直到 20 世纪 90 年代，研究人员才开始探索利用已翻译文本的语料库进行机器翻译，但已经成为未来发展的主流方向。基于语料库的机器翻译可以细分为两类：	基于统计的机器翻译
		基于实例的机器翻译
基于混合方法的机器翻译	SMT + EBMT：基于短语的、层次短语的统计机器翻译	
	EBMT + SMT：自动添加语义资源库，自动词族聚合	
	Transfer-based + SMT：自动学习规则，自动学习词典，规则添加统计概率信息	

鉴于不同系统架构方法各有优劣，目前，业界趋于混合使用以上系统架构方法来设计机器翻译系统，如 SMT + EBMT、EBMT + SMT 以及 Transfer-based + SMT。

第三节 翻译技术理论的实践应用

一、机器翻译的应用：以百度翻译和谷歌翻译对信息型文本翻译的对比研究为例

随着人工智能的发展，机器翻译在 21 世纪取得了较大的进步，准确度越来越高，应用也越来越广泛。下面主要探究机器翻译在语言最为规矩的信息型文本中的表现，选取发展较为迅速的百度翻译和谷歌翻译作为研究对象，对比和分析百度翻译和谷歌翻译在信息类文本英译汉和汉译英中的译文质量,并根据分析结果就译者在翻译信息类文本翻译时如何选择合适的机器翻译工具给出建议。

（一）信息型文本概述

英国著名的翻译家和翻译理论家彼得·纽马克(Peter Newmark)在 1988 年出版的《翻译教程》(*A Textbook of Translation*)中将常见的文本类型主要划分为三类,即表达型文本(expressive text)、信息型文本(informative text)、呼唤型文本(vocative text)[①]。

表达型文本强调语言的表达功能,往往有一些带有个人印记的词语和句型,以表明作者的态度、情感、价值取向等。此类文本主要包括：严肃性文学作品,如小说、散文等;权威性言论,如某些学科领域的权威人物撰写的学术著作等。信息型文本指传递信息和反映客观事实的文本,强调语言的信息功能,所以语言一般不带个人色彩,用的是传统的习语和比喻。此类文本主要包括教材、学术报告、论文等。呼唤型文本强调语言的呼唤功能,号召读者去思考、感受、行动。呼唤型文本主要包括宣传资料、广告等。

考虑到以上三种文本各自的语言特点,下面选用信息型文本进行分析。

（二）百度翻译和谷歌翻译实例分析

下面选用英文文本和中文文本各一篇,选取的英文文本是题为 *Consistency of Continuous Ambulatory Interstitial Glucose Monitoring Sensors* 的论文,中文文本是《动态葡萄糖监测系统产品风险管理报告》,均属于信息型文本。通过对比和分析百度翻译和谷歌翻译的译文,就译者在选用翻译机器时给出建议。

1. 英译汉实例分析

In clinical practice, CGM devices are frequently used in patients with labile diabetes in order to define patterns of interstitial glucose concentration, which changes continuously.

---

① Newmark P. *A Textbook of Translation*[M]. New York: Pearson Education, 1988.

百度翻译：在临床实践中，CGM 装置经常用于不稳定型糖尿病患者，以确定持续变化的间质葡萄糖浓度模式。

谷歌翻译：在临床实践中，CGM 设备经常用于不稳定型糖尿病患者，以定义组织间葡萄糖浓度的模式，该模式不断变化。

上例中，百度翻译和谷歌翻译在前半句翻译基本相同，区别在于后半句。在词汇层面，百度翻译将"define"翻译为"确定"，比谷歌翻译的"定义"更加合适。在句子结构上，百度翻译将"which changes continuously"提前，置于"间质葡萄糖浓度模式"之前，使句子结构更加紧凑和简洁。而谷歌翻译按原文结构翻译，句子意义不够明确，也不够紧凑简洁。因此，总体而言，百度翻译的译文优于谷歌翻译的译文，且百度翻译的译文基本可以直接使用而无需后续润色。

Healthy female and male volunteers（ages 18—55 years）were screened.Inclusion criteria were：（1）fasting glucose level < 5.5mmol/L and（2）body mass index（BMI）< 30kg/m2. Fasting glucose level was measured after 10-h of overnight fasting.

百度翻译：对健康男女志愿者（年龄 18—55 岁）进行筛选。入选标准为：（1）空腹血糖水平 <5.5mmol/L 和（2）体重指数（BMI）<30kg/m2。隔夜禁食 10 小时后测定空腹血糖水平。

谷歌翻译：筛选健康的男性和女性志愿者（18—55 岁）。纳入标准为：（1）空腹血糖水平 <5.5mmol/L 和（2）体重指数（BMI）<30kg/m2。空腹过夜 10 小时后，测量空腹血糖水平。

上例中，从词汇层面，百度翻译和谷歌翻译在细节上略有不同。百度翻译将 Inclusion criteria 译为"入选标准"，而谷歌翻译译为"纳入标准"，根据语境，百度翻译的译文更佳；百度翻译将"overnight fasting"译为"隔夜禁食"，而谷歌翻译译为"空腹过夜"，百度翻译提供的译文更学术。从句子结构来说，两者基本一致。因此总的来说，百度翻译的译文更佳，且基本无需修改便可使用。

When peroxide reacts with platinum inside the sensor, an electrical signal is generated and sent by wireless radiofrequency telemetry to the transmitter. The electrical signal is then converted into a glucose reading by a computer program.

百度翻译：当过氧化氢与传感器内的铂发生反应时，会产生一个电信号，并通过无线射频遥测发送到发射机。然后电信号被计算机程序转换成葡萄糖读数。

谷歌翻译：当过氧化物与传感器内的铂反应时，会产生电信号，并通过无线射频遥测技术将其发送到变送器。然后通过计算机程序将电信号转换为葡萄糖读数。

上例中，在词汇层面，百度翻译和谷歌翻译差不多。但在句子层面，百度翻译将"The electrical signal is then converted into a glucose reading by a computer program."译为"然后电信号被计算机程序转换成葡萄糖读数"，而谷歌翻译为"然后通过计算机程序将电信号转换为葡萄糖读数"。谷歌翻译将英文的被动语态转为汉语里更常见的主动语态，处理得更佳，稍加润色后便可使用。

Capillary blood glucose measurements derived from conventional glucose meters served as the reference standard.

百度翻译：以传统血糖仪测得的毛细血管血糖作为参考标准。

谷歌翻译：源自常规血糖仪的毛细管血糖测量值用作参考标准。

上例中，在词汇层面，百度翻译将这一句的难点词汇 derived from 译为"测得"，而谷歌翻译译为"源自"，显然百度翻译的译文正确。在句子结构上，百度翻译的结构为"以……作为参考标准"，而谷歌翻译为"……用作参考标准"，百度翻译的结构读起来更顺。因此，百度翻译的译文更佳，无需润色便可使用。

2. 汉译英实例分析

用于实时动态监测糖尿病患者或其他需要监测血糖变化的病症体内组织液的葡萄糖浓度。

百度翻译：It can be used for real-time dynamic monitoring of glucose concentration in tissue fluid of patients with diabetes or other diseases that need to monitor blood glucose changes.

谷歌翻译：It is used for real-time dynamic monitoring of the glucose concentration of the tissue fluid in diabetic patients or other diseases that need to monitor blood glucose changes.

上例中，在词汇层面，百度翻译和谷歌翻译的用词差不多。但在"糖尿病患者或其他需要监测血糖变化的病症"上，百度翻译处理成

"patients with diabetes or other diseases", 谷歌翻译处理成 "diabetic patients or other diseases", 从语境来看, 百度翻译的处理更佳, 意义也更准确, 稍加润色便可使用。

切勿忘记随身携带接收器, 尽量将接收器放置在身体的发射器位置同一侧, 人体是低功率电磁波的不良介质, 会截断数据传输。

百度翻译: Don't forget to carry the receiver with you. Try to place the receiver on the same side of the transmitter of the body. The human body is a bad medium of low-power electromagnetic wave, which will block data transmission.

谷歌翻译: Don't forget to carry the receiver with you. Try to place the receiver on the same side of the body as the transmitter. The human body is a bad medium for low-power electromagnetic waves, which will block data transmission.

上例中, 百度翻译和谷歌翻译的译文在词汇和结构上整体比较相似, 但在细节上略有不同。"将接收器放置在身体的发射器位置同一侧", 百度翻译为 "place the receiver on the same side of the transmitter of the body", 而谷歌翻译译为 "place the receiver on the same side of the body as the transmitter", 谷歌翻译的表述比百度翻译简洁和地道, 因此更佳, 且译文可直接使用。

数据系统的发射器和接收器在佩戴过程中, 如出现电量不足, 可能导致数据无法正常发送、接收或接收器无法正常显示。

百度翻译: During the wearing process of transmitter and receiver of data system, if the power is insufficient, the data can not be sent and received normally or the receiver can not display normally.

谷歌翻译: In the process of wearing the transmitter and receiver of the data system, if the battery is insufficient, it may cause the data to be unable to be sent or received normally or the receiver to be unable to display normally.

上例中, 百度翻译和谷歌翻译的译文在词汇和句法结构上整体比较接近。但在细节上, 谷歌翻译更佳。例如, "数据系统的发射器和接收器在佩戴过程中", 百度翻译译为 "During the wearing process of transmitter and receiver of data system", 谷歌翻译译为 "In the process of wearing the transmitter and receiver of the data system", "佩戴过程"

译为"In the process of wearing"比"During the wearing process of"更地道,和后文的衔接也更好。此外,"如出现电量不足,可能导致……",百度译为"if the power is insufficient, the data..."谷歌翻译译为"if the battery is insufficient, it may cause...",谷歌翻译的语义更加清楚,润色后可使用。

发射器和接收器在使用过程中,如外壳受到污染,可用酒精棉进行擦拭处理,确认晾干后,方可使用。

百度翻译: During the use of transmitter and receiver, if the shell is polluted, alcohol cotton can be used for wiping treatment, and the transmitter and receiver can be used only after they are confirmed to be dried.

谷歌翻译: During the use of the transmitter and receiver, if the shell is contaminated, wipe it with alcohol cotton and confirm that it is dry before use.

上例中,前半部分百度翻译和谷歌翻译区别不大,但百度翻译对"可用酒精棉进行擦拭处理,确认晾干后,方可使用"不当,"for wiping treatment"为中式英语,"the transmitter and receiver can be used..."为误译,实际上应该是"the shell can be...",相比之下,谷歌翻译的译文在词汇和句子层面均没问题,基本可以直接使用。

显然,在信息类文本的英译汉中,总体而言,百度翻译的译文质量更高:百度翻译的译文结构更加灵活、简洁,用词也更加地道和准确。一部分译文基本可以直接使用,一部分译文需要译者后期润色和调整后方可使用。在英译汉中,在处理结构较为简单、词汇没有歧义的句子时,机器翻译,不论是百度翻译还是谷歌翻译,所提供的译文均已达到较高的准确率,且可读性较高。但在词汇较难或句子结构较为复杂时,可能出现误译或漏译的情况,需要译者后期进行修改。

在信息类文本的汉译英中,总的来说,谷歌翻译的译文质量更高,表述更加简洁和地道,大部分译文在润色后可使用,一小部分译文需修改后方可使用。在汉译英时,不论是谷歌翻译还是百度翻译,在处理语义清晰、简洁的句子时,译文的质量较高;但在处理表述稍显啰唆的句子时不够灵活,译文需要修改后方可使用。

综上所述,在翻译信息类文本时,英译汉时建议选择百度翻译,因为百度翻译的译文不管在句子结构还是选词上更地道和符合中文的习惯,且出错率较小；汉译英时建议选择谷歌翻译，因为其提供的译文质量更高，表述更为简洁、地道。当然，由于"翻译本身的复杂性""自然语言的复杂性"和"机器自身的局限性"[①]，机器翻译在词汇和句法结构等方面仍存在着不足，需要人工翻译进行译后编辑，而选择合适的机器翻译可以提高机器翻译的译文质量，减少人工翻译的工作量。

二、语料库翻译的应用：以广西壮族自治区景观外宣翻译为例

广西壮族自治区地处边疆，拥有着丰富的人文自然景观和独特的地理位置，然而，由于各方面的原因，长久以来，广西的知名度不高，很少为外界所了解。在国家的战略部署中，广西是中国与东盟诸国相联系的桥头堡，是21世纪海上丝绸之路与丝绸之路经济带有机衔接的重要门户。随着中国—东盟自由贸易区的发展，广西已经成为中国"一带一路"发展战略中的重要一环。

加大广西的对外宣传力度，提高对外宣传质量，对促进广西经济发展，发挥广西的"桥头堡"作用，具有举足轻重的作用。因此，广西的对外宣传翻译研究引起了不少学者的兴趣。王永泰（2007）以"桂林山水甲天下"之英译为例，主张在外宣翻译时应体现语言的艺术美，提出旅游广告语的翻译中"简练、押韵、节律规整"三个适用原则。杨琳和刘怀平（2013）提出在广西边疆地区民俗文化的翻译中，译者应灵活采用多种翻译策略，彰显与传播标识民族身份的异质性语言。梁美清（2018）以广西三江侗族的旅游外宣文本为例，以文化翻译观作为理论指导，探讨了旅游文本的外宣翻译策略。

（一）广西外宣翻译中存在的问题

1. 宣传文本中的低级错误

由于广西为少数民族地区，英文教育的普遍水平还是比较弱，因此，在各种产品宣传手册公示语中存在着大量的英文拼写错误和语法错误。

公示语中的英文拼写错误比较普遍，如把最简单的"禁止吸烟"

[①] 张政.机器翻译难点所在[J].外语研究,2005,93（5）:59-62.

（No Smoking）中的"Smoking"误写作"Smaking"；"不可回收垃圾"（Unrecoverable Rubbish）中的"Rubbish"写成"Rubish"；"自行车停放处"（Bicycle Parking）翻译成"Parking Fog Biycle"。不仅"Bicycle"拼写错误，而且还莫名其妙地多了一个"Fog"等。

在各种产品宣传手册中，成段文字的语法错误也屡见不鲜，下文将用"纯正桂花糕"和"壮乡桂圆糕"的翻译例子加以说明。

"桂花糕采用传统工艺，加以科学方法精制而成。该产品具有桂花独特清香神怡的风味，口感醇香柔和，是居家旅游休闲自享馈赠亲友之佳品。"

"Sweet-scented osmanthus cake using traditional refining process, the product has a unique flavor of sweet osmanthus fragrance and pleasant. Delicate taste, mellow and refreshing, that is the entrance, ages, is the home of tourism and leisure to enjoy the gift of Jiapin relatives since. "

其中的第一句中"osmanthus cake"后跟了一个定语"using traditional refining process"，整个句子缺乏谓语动词。最后一句的表达更是错误连篇，不知所云，"居家旅游休闲"被翻译成了"the entrance, ages, is the home of tourism and leisure"。

壮乡桂圆糕采用桂林特产为主要原料，经过现代工艺精制而成，该产品具有清香、口感柔和的特点，老少皆宜，是居家旅游休闲自享，馈赠亲友之佳品。

Zhuangxing Logan Cake is made mainly from the specialty of Guilin with modern technology. The product is sweet and delicious. It is suitable for anyone, young or old, to take at home or on travelling ; and good to give relatives or friends as a gift.

此段的翻译中，首先，"Zhuang"本身就可以表示"壮"这个少数民族了，原译文用了拼音"Zhuangxiang"来表达，而且拼音还拼错了。划线的一整句话英语句法非常混乱，出现了缺乏主语、搭配不对等语法错误现象。

2. 专有名词翻译的规范性、统一性有待提高

广西民俗文化词的翻译存在着多个翻译版本。在文化领域，五色糯米饭是广西壮族地区的传统食物，因呈黑、红、黄、紫、白五种颜色而得名。单单是"五色糯米饭"一词，就有好几个不同的英译版本："Multi-colored Glutinous Rice""Five-color Glutinous Rice""Colored Sticky Rice"和"Five-color Steamed Sticky Rice"。糍粑是一种很有名的特色小吃,主要食材就是糯米,先将糯米蒸熟,放入石臼中捶打至黏稠状,蘸上芝麻糖汁等即可食用。糍粑的英文版本有两个:"Ciba Cake"和"glutinous rice cake"。龟苓膏是家喻户晓的一种药膳,一般呈膏状,有清热祛湿、凉血解毒等功效,老少皆宜。这个民俗文化词的翻译版本有以下四个版本:"Guiling Jelly""Tortoise Jelly""turtle jelly"和"guilinggao"。风雨桥是侗族的又一大特色,因为行人过往可以避风雨,所以故命名为风雨桥。"风雨桥"英译版本有:"Wind and Rain Bridge""Wind Rain bridge"和"Fengyu Bridge"三种。三月三是广西多个民族的传统节日,每年农历三月三都会盛大举办庆祝,其主要形式为山歌对唱等。"三月三"英译版本有"March 3rd Festival""Sanyuesan Festival"和"Double third Festival"。

表 3-2　广西民俗文化词的多个英译版本

广西民俗文化词	英译版本
五色糯米饭	Five-color Glutinous Rice
	Multi-colored Glutinous Rice
花炮节	Fireworks Festival
	Firecracker Festival
	Firecracker-Grabbing Festival
百家宴	Feast Entertaining a Hundred Families
	Banquet for Hundreds
背带	Strap
	Babycarrier
	Baby-carrying Bag
糍粑	Ciba cake
	Glutinous rice cake
风雨桥	Fengyu Bridge
	Wind-and-Rain Bridge
花婆	Huapo
	Flower God

广西民俗文化词	英译版本
干栏民居	Stilt House
	Pile-dwelling House
	House on Stilts
三月三	March 3rd Festival
	Sanyuesan Festival
	Double Third Festival
侗族花炮节	Dong Nationality Fireworks Festival
	Dong Ethnic Group's Firecracker Festival
	Firecracker-Grabbing Festival of Dong Ethnic Group

在经济领域,乱译的现象也不少见。例如,在第 12 届中国东盟博览会中,我们发现许多参展小企业的英文名翻译存在不规范的现象。

3. 宣传文本中跨文化意识的缺失

莫红利和金美兰(2009)提出,在旅游宣传文本的翻译中,有四种意识是译者必须重视的,包括"读者意识,文本意识,跨语篇意识和跨文化意识"。宣传文本中的低级错误稍加注意即可避免,但由于跨文化意识缺失而造成的译文硬伤往往被忽视。英汉两种语言属于不同的语言结构体系,在文化、思维模式和修辞习惯上存在着极大的差异,英汉宣传文本在内容、语言表现及行文结构上也有所区别。这一点,如译者缺乏对两种文化中不同审美和修辞习惯的了解,在翻译过程中缺乏跨文化交际的意识,往往造成译文文本生搬硬套,而无法达到有效交际的目的。

中文宣传文本喜欢引经据典,高频使用描述性套话,辞藻华丽,讲究工整对仗,多用排比结构,整体更具渲染性和号召力。句子各成分之间的逻辑关系靠上下文和事理顺序来显示。

英文宣传文本整体语气正式而平和,使用明显的形式标记来表现逻辑关系,在行文上具有形式化和逻辑严谨的特点。让我们来看以下例句:

寒山峰绿茶千年来享有"醒目茶""耳灵茶"美称。其茶依峻峨之高山而植,托天擎之雾露为养。培以富硒之天然沃土,育就了色翠味香,回甘无限的天然云雾茶。吟寒山峰绿茶能消脂、降三高、抗辐射、增免疫、防癌、化瘀、通心脑、畅血脉、益寿年。绿茶之王？寒山峰也。

Hanshan mount green tea famous as refresh tea, quick eared tea for a thousand of years. The green tea planted in a cloud and mist's high mountain, grow with the rich natural selenium fertile soil. And the natural green tea taste sweet. Often drink green tea has good effect on disappear fat, lowering blood pressure, Glu, hyperlipidemia, radiation resisting and immune increasing, cancer prevention, blood stasis removing, cardio-cerebral, life prolonging.

中文原文使用了大量对称工整的语句来描述茶叶，如"依峻峨之高山而植，托天擎之雾露为养"和"色翠味香，回甘无限"，同时，给茶叶赋予了一堆的保健功效"消脂、降三高、抗辐射、增免疫、防癌、化瘀、通心脑、畅血脉、益寿年"，作为中文的茶叶宣传，本无可厚非，但作为英文宣传文本，此处的信息有夸大茶叶功效之嫌。茶叶变成了无所不能的"神药"，这样的修辞偏好，如原封翻译过去，翻译效果并不佳。原翻译不仅错漏百出，多处语法错误，同时也忽略了中英文修辞偏好的不同，无法有效传达信息，达到使用英文有效宣传推广茶叶的功能。

"王城景区由明靖江王城和独秀峰组成。王城为全国重点文物保护单位。位于桂林市中心，著名的独秀峰就屹立在王城的正中位置。远顺帝妥懽帖睦尔继位前曾在独秀峰前的大圆寺修行。朱元璋称帝封藩时，将其侄孙朱守谦封藩于桂林，称靖江王。王城就是靖江王的王府。"

"Solitary Beauty Peak & Prince City Scenic Area consists of Jingjiang Prince City and the Solitary Beauty Peak, which is the national key cultural relics protection unit. It is located in the center of Guilin city and the Solitary Beauty Peak is in the middle of scenic area. An emperor in Yuan Dynasty was living under the peak and the Emperor Zhu Yuanzhang of Ming Dynasty granted his grandson Zhu Shouqian as a feudal vassal under the name of 'Jingjiang' and placed his mansions here. Then this area became the Jingjiang Prince City."

在这句话中，译员将"靖江王城"翻译为"The Prince City"，将导致文化上的误解，"Prince"是王子的意思，"Prince's City"则表示"王子居住的宫殿"。但是中国历史上的"藩王"不一定是皇帝的儿子，战场上的英雄也可以被授予"藩王"的头衔。"City"是"城市"的意思。因此，这个翻译带有文化上的误导。

我们再来看看另外一个译文的例子：

"独秀峰素有'南天一柱'的美誉，史称桂林第一峰，是靖江王府后花园里的天然靠山。山峰突兀而起，形如刀削斧砍，周围众山环绕，孤峰傲立，有如帝王之尊。登山306级可达峰顶，是鸟瞰桂林全景的最佳观景台。"

"The solitary peak, which backs up the prince city, is praised as "Southern Sky Pillar" and regarded as the No.1 peak in Guilin."

此段中文文字来自桂林名胜独秀峰的景点介绍，中文中称"独秀峰"为"靖江王府后花园里的天然靠山"，此句涉及中国的风水理念，"山峰突兀而起，形如刀削斧砍，周围众山环绕，孤峰傲立，有如帝王之尊"也涉及了文化理念，在中国的封建王朝中，帝王具有至高无上的地位，"高处不胜寒"，往往无法拥有真正的亲朋好友，以至于成为"孤家寡人"。因此中文文本把独秀峰比喻成了古代的帝王，来形容它山形的"突兀而起"。这种文化信息在翻译中很难处理，译者在英翻中的过程中做了简化，但简化得有些过度了，仅仅保留了中文景点介绍中的第一句，其他信息统统丢失。

广西对外宣传文本的来源多为本地资讯，部分信息带有浓厚的民族特色。译者必须应该提高自身的理解力和表达力，具备广博的背景文化知识，对源语言与目的语言的文化差异和修辞偏好有所了解，才能够跨越语言和文化障碍，避免跨文化交际上的误解和歪曲，从而使译文获得良好的宣传功能。

（二）平行文本语料库的建设与应用

由于文化的多元性，广西外宣文本的英译尤其复杂。广西对外宣传资料的英译具有大量少数民族文化特有词汇，在汉语和英语中都无对等词语，如红喜、白喜、哭嫁等。无少数民族文化知识背景的译者手中若可参考的文本，无法在翻译中处理相关词汇，即使翻译出来，由于译文版本的不统一，也会让混淆读者的认知。译者水平的参差不齐，也造成译者对外宣材料的翻译望而生畏，即使翻译，译文翻译的质量也不高，无法达到良好的宣传效果。因此，我们应该建立英汉平行语料库，给广西的外宣译者提供一个可靠的翻译参考工具。借助语料库完成的译文，在专业术语的统一性和准确性方面比仅仅使用词典等传统的参考资源效率更高,译文质量也更好。

平行语料库由大量的平行文本(parallel text)组成,通常是两种或多种语言放在一起,原文和译文对齐放置。双语平行语料库中主要分为两种类型,翻译语料库(translation corpus)和对比语料库(comparable corpus)。翻译语料库广泛由一种源语言文本及其他语言的翻译文本构成,广泛应用于机器翻译或机辅翻译,译者可以在翻译过程中对句子进行拆分、合并、删除或重新排列。翻译语料库也可以借助大量的目标语言文本,通过电脑程序自动生成翻译文本。而对比语料库所收录的文本都是同种题材和内容,但不是互相翻译的关系,对比语料库更多地运用于语言学的对比研究,通常会运用到注释,如对广告语篇或演讲语篇的内容进行注释或是词性标注。

广西外宣平行语料库应该同时包括翻译平行语料库和对比平行语料库这两种类型。

广西外宣平行语料库可以为译者提供可靠的参考系统,提高其译品的质量。中英双语平行语料库是由中文源语文本及其具有词、句或段级平行对应关系的英文文本组成,可以为译者提供词、短语或语句的对译样例。译者在遇到翻译困难的时候,可通过语料库查询相关的内容辅助翻译,能有效提高翻译的速度和翻译的质量。相对于传统的翻译参考工具来说,平行语料库检索功能强大,语料更新快、针对性强,而且可供译者在不同语境下同时使用,能对英汉双语搭配、英汉对译等进行全面搜查,因而具备更全面的应用价值。

广西外宣语料库的建设,包括了语料库设计、中英双语语料的选取、语料的收集整理、语料的标注和检索等步骤。广西外宣语料库的设计,根据外宣材料的特点分为政治、经济和民俗文化三个子库,每个子库又分为词库、句库和语篇库。

广西外宣中英语料搜集选取包括收集中国东盟博览会的产品手册、政府官网和旅游景点的对外宣传资料,收集有代表性且质量高的英汉语篇,将选取材料保存为电子文本文档格式。语料库使用 XML 标记语言,将中英文语料配对放在一起,进行标注和人工的文本对齐。语料库的检索软件可使用 "Concordance" 或 "Antcon",这些软件既能够分析和处理文本,方便地查看关键字的具体语境,也可以生成词表、词频表、词语搭配,进行各种数据统计。随着广西外宣中英文语料库的规模不断扩大,其使用价值会不断扩大,语料库还可以把少数民族语言和使用较多的日语、德语等也包括进来，为更多的译者提供便利，为不断提高广西外宣翻译的质量提供保障。

（三）平行文本的修辞对比对外宣翻译的启示

何为外宣翻译？最直观的理解是中国对外宣传材料的翻译。在全球化的背景下，中国需要走向世界，世界需要了解中国，翻译是向其他国家介绍和传播中国的桥梁。外宣的途径包括互联网、传统媒体、各类会议，而外宣的对象主要是境外读者。外宣质量的好坏直接影响到一个国家或一个地区的形象，从而影响到该地区获得投资的机会。

在外宣翻译的过程中，平行文本的应用可让译者详细学习原语言文本的修辞偏好，给译者提供语言支撑和参考，帮助译者产出功能等效的翻译。平行文本的比较可验证不同语言如何表达相同的事实材料。在表达原始文本的内容时，翻译要根据目标语言（即原始英文文本）的规范来表达，以使翻译的组织策略符合读者对目标语言的愿景，并达到与原文预期的交际目的相似的目的。英汉宣传平行文本的比较给广西外宣研究带来了以下启示：

在广西外宣翻译中，译者必须具备"受众意识"。从翻译和翻译的角度来看，"受众意识"是指译者在翻译和翻译过程中的自我意识，并以读者（听众）身份来关注和理解自己的翻译活动。无论在翻译的哪个阶段，翻译的"受众"都是值得关注的重要因素。实际上，"受众"应该成为翻译行为的焦点因为翻译的目的是影响受众。这一目的的实现有赖于"受众"对翻译的认可。因此，外宣翻译必须考虑受众的需求，兴趣、信念、价值、价值、阅读和视听习惯，对翻译内容和修辞加以选择，使得译文具备更强的文化适应性。中文宣传材料常出现的套话和官话，与国外观众习惯于简介具体的话语习惯大不相同，如果我们不进行相应的改动，就会影响译文的传播效果。平行文本比较和分析有助于最大限度地提高译文与英语的融合程度，满足目标受众的阅读期望，阅读习惯和文化需求。通过平行文本的比较和分析，译者可调整文本顺序，使语篇更符合目标读者的阅读习惯；可借鉴平行文本中的术语，来提高译文表达的规范性；还可以借鉴平行文本的文化规范来对不合适对外宣传的文本内容进行删减。因此，平行文本的比较对外宣翻译有着重要的指导作用。

在广西外宣翻译中,译者必须具备跨语篇意识和跨文化意识。平行文本的修辞对比结果表明,英汉两种语言的修辞习惯相差甚远,因此,在外宣翻译中,译者必须把如何在实现跨语篇和跨文化的交际的因素考虑在内。面对东盟国家的外宣翻译,必须把东盟国家的文化背景考虑在内。也就是说,在面对东盟国家的广西外宣翻译中,译者应考虑东盟各国的文化背景,如果不了解相关国家的政治、经济和文化特点,译文会因为跨文化交流上的障碍,无法达到应有的交际功能。

由于历史原因,东盟国家很多都曾经是殖民地,英语在东盟国家占有极其重要的地位,在东盟十国中,新加坡、菲律宾、马来西亚和文莱都把英语作为官方语言使用,其他国家的英文教育普及率也极高。但是东盟国家的英文与英美国家的英语并不完全相同,经过近百年来与当地语言文化的接触和融合,东盟英语的地域特征显著。中国东盟商务区的规划与建设,使广西获得了积极珍贵的发展机遇。在这一背景下,如何宣传广西,扩大广西在东盟地区的国际影响力,是广西的外宣翻译必须考虑的因素。

(四)外宣翻译策略的使用

在翻译的过程中,由于源语言与目标语言的语用修辞和政治文化差异,译者应该利用适当的增补、删减和转换等翻译策略对宣传文本中的信息进行适当的加工,以实现对外宣传的预期效果。

1. 增译法

在广西的对外宣传文本中,难免会出现一些地方性民族、文化特色的词汇,如民俗文化词或地方特色词汇。这些词汇对于缺乏背景文化知识的英文读者来说是难以理解的。因此,在将这些地方文化负载词翻译成英文时,应使用增译补充的方法,来填补文化差异所致的认知空白,达到良好的宣传效果。例如:

打籽绣是古老的制绣基本针法之一。俗称"结子绣""环籽绣",民间叫"打疙瘩"。打籽绣的方法是用丝线缠针缠绕圈形成颗粒状,绣一针成一籽,构成点状纹样,多用于表现花蕊、眼睛等,装饰性很强,具有画龙点睛的效果。

"Daio (mode) stitch, one of the earliest stiches in embroidery, is also known as Jiezi stitch, Huanzi stitch and Dageda (making node). The method is to wind silk thread on needles to make nodes and form a dotted pattern for decorating stamen or eyes, and can produce an impressive effect."

此例子表述的少数民族的刺绣方法,即使是中国人,对此了解也不多,单纯把刺绣的方法翻译成拼音,信息量是不足的,因此,"making node"被加注在拼音之后,以帮助读者理解原文的意思。

"1968 年建港,1993 年建市,下辖港口区、防城区、上思县、东兴市,总面积 6222 平方公里,总人口约 100 万人,有汉、壮、瑶、京等 21 个民族,是京族的唯一聚居地、北部湾海洋文化的重要发祥地之一。"

"The port was constructed in 1968, and the year 1993 witnessed the establishment of the Fangchenggang City. With Gangkou District, Fangcheng District, Shangsi County and Dongxing City under its jurisdiction, Fangchenggang has a total population of about 1 million, including 21 ethnic groups such as Han, Zhuang, Yao and Jing, covering an area of 6,222 square kilometers. It is the only settlement of the Jing people—the mainstay in Vietnam and accounting for 80% of Vietnam population—and one of the important birthplaces of the marine culture of Beibu Gulf."

在翻译这段话时,译者采取增译补充,对原文中一带而过的京族进行了补充说明,增加了关于京族的背景知识。考虑到目标语读者头脑中对京族可能没有任何概念,可能完全不了解,北部湾是京族在中国的唯一聚居地,增加了对京族的解释说明,京族是越南的主体民族,占到了越南总人口的 80%,这样能使读者对北部湾民族人口构成有更好的了解,更深刻的认识,以达到北部湾外宣文章有效传播的目的。

"它拥有世界唯一的国家级金花茶自然保护区,拥有多种国家重点保护动植物,森林面积近 500 万亩,森林覆盖率 98% 以上,生长着中国南方最好的热带雨林,有 1890 多种植物种类,空气负氧离子含量每立方厘米高达 8.9 万个,享有"华南第一天然氧吧""中国氧都"的美誉,是发展生态农业,生态旅游,健康养生的不可多得之地。"

"It boasts the only National Nature Reserve for Golden Camellia in the world, various kinds of wildlife and plant under state protection, and the best-preserved tropical rain forest in south China with more than 1,890 plant species, an area of about 5 million mu (333 thousand hectares) and a forest coverage of over 98%. It enjoys the reputation of 'The Best Natural Oxygen Bar in South China', and 'Capital of Oxygen in China', since the content of negative oxygen ions in the air is as high as 89,000 per cubic centimeter here. All these make Fangchenggang city a rare place for developing eco-agriculture, eco-tourism, and health preservation. "

在这段话的翻译中,译者增加了对"5 million mu"的注释。"亩"是中国市制土地面积单位,来源于中国夏、商、周的井田制度所实施的井田模型,面积单位"亩"没有国际通用符号,英文读者无法从中获得相应的面积信息,因此,译者用国际通用的面积单"公顷"进行了换算,方便读者了解金花茶自然保护区有多大。

2. 删减法

"删减法"指的是从受众角度出发,对译文进行一些不必要信息的删减,减轻受众信息的阅读负担的翻译方法。由于英汉两种语言在词汇、语法和文化修辞上的差异,一些在汉语中很自然的表达翻译成英文后,会显得内容重复、文字累赘,因此,译者需要在不破坏原文精神的前提下,省去不必要的信息及其成分,使译文更加简洁和通顺。

"每年的金秋,五洲四海的宾朋乘着歌声的翅膀款款而来,与中国南方美丽的城市——绿城南宁相约一年一度的世界民歌盛会,汇聚一起同台献技、倾心交流,民族的、现代的、世界的文化之流在这里汇集、交融,共同演绎出一首世界欢歌。"

"Folk singers from outside Guangxi as well as from other countries are invited to the Folk Song Arts Festival. Singers show their own folk songs as well as get inspiration from others. They perform on the same stage, exchange views and skills, and share their merry songs that flow with ethnic, modern, and global cultures. "

上例是关于南宁国际民歌节的介绍。在中文文本中使用了浓厚而华丽的修辞手段,"五洲四海的宾朋"在翻译的过程中被简化成"Folk singers from outside Guangxi",来自外地的宾客,而"乘着歌声的翅膀款款而来,与中国南方美丽的城市——绿城南宁相约一年一度的世界民歌盛会,"省去了所有的描绘性修辞,只留下了"来"的信息,翻译成"are invited to the Folk Song Arts Festival"。中文的原文部分具有浓重的汉语修辞特征,文体重修辞,文字华丽而煽情,非常符合中国读者的审美习惯。但对于英语受众而言,过度的描述性修辞会使得文章过于花哨和浮夸,而且会让读者抓不到文章的主要信息。因此,在翻译的过程中需要进行"删减"。

"防城港市依山傍海,拥有靓丽的颜值和良好的空气,这里海湾多,半岛多,绿树多,三岛三湾环绕港城,海湾、江湖、岛屿、丘陵、田园、海上红树林等元素浑然天成,城市各项建筑布局有序,错落有致。"

"Adjacent to mountain and sea, Fangchenggang city has many bays, peninsulas, and trees, which results in its remarkable scenery and good air quality. Buildings are set up in its well-planned layout, surrounded by three islands and three bays, and decorated with natural bays, rivers, lakes, islands, hills, bucolic sites, and mangroves. "

上例中,"城市各项建筑布局有序,错落有致"的信息有所重叠,而且"错落有致"是中国独特的东方审美风格,这个信息即使翻译成英文,也无法让英文读者获得相应的美感。因此,在不影响整句话理解的基础上,作者把信息简化成了"well-planned layout"。

"八桂之南、边海之交、邕江之畔、绿城之中。广西大学坐落于风景如画的广西首府南宁,是广西办学历史最悠久、规模最大的综合性大学,是广西唯一的国家"211工程"建设学校,世界一流学科建设高校,教育部和广西壮族自治区人民政府'部区合建'高校。"

"Guangxi University, established in 1928, is a regional comprehensive university with the longest history and largest scale. Being the only National 211-Project Key Construction University in Guangxi and the co-administrative university by both the national Ministry of Education and Guangxi Zhuang Autonomous Region, it has also been selected as a construction university within 'First-class Discipline Project' and 'National Plan to Promote the Comprehensive Strength of Midwest Colleges and Universities'. "

在上例的第一句"八桂之南、边海之交、邕江之畔、绿城之中"点明了广西大学的地理位置,其中地域性的词汇"八桂""边海""邕江""绿城"可以为中文读者所理解,但对于缺乏广西地域文化背景的英文读者来说,这些信息毫无意义,广西大学的具体方位也不是读者关心的信息。因此,译者选择了将此句省略,不在英文译文中呈现。这就是外宣翻译中"删减法"使用的一个具体例子。

3. 调整法

外宣翻译本质上是一种跨文化交际活动,交际的成功与否取决于是否"方便目的语读者接受"。简单地说,外宣译文要赢得读者,就得让英文读者喜欢读、愿意读,这样才能实现对信息的传播。如果译者不顾英汉两种语言行文习惯的不同,一味地机械翻译,就会译出不通顺流畅、翻译腔浓厚的文本。

"歌圩日,小伙子和姑娘们都穿节日盛装,男携礼物,女揣绣球,成群结队前往。有的抬着刘三姐神像绕行歌圩一周,才开始对歌。有的则由姑娘们搭起五彩绣棚,待小伙子到来,边对歌、边审度对方人品、才华。"

"On the day of song fair, the young men and young women dress in festive costumes. Young men bring gifts while the females bring embroidery balls to come to the song fair in flocks. Then they will judge the young men from the side of character and talents while singing songs."

此句子描述了青年男女在歌圩中所做的事情,中文句子"有的抬着刘三姐神像绕行歌圩一周,才开始对歌。有的则由姑娘们搭起五彩绣棚",在这个句子中并没有详细说明小伙子做什么而姑娘做了什么,但依据逻辑,应该是男子从事更重的体力活,因此,英文译文被调整为"Young men fetch the statue of Liu Sanjie to walk around for a time before they start to sing songs. Young women set up colorful embroidered sheds and wait for young men' comings."更清晰地展示信息的逻辑。

"总面积378平方公里,总人口近17万人。港口区三面环海,南濒北部湾,东邻粤港澳,西与越南隔海相望,是中国内地进出东盟各国最重要的中转基地和大西南最便捷的出海通道;是国家批准实施的《广西北部湾经济区发展规划》中重点建设的临海临港重要工业区;港口区拥有绵延300多公里的原生态海岸线,是旅游休闲的黄金地带。"

"The Gangkou District is a prime area for tourism and entertainment, which has a total area of 378 square kilometers, a primary coastline of over 300 kilometers and a total population of 170,000. Surrounded by sea on three sides, with the Beibu Gulf in the south, Guangdong, Hong Kong and Macao in the East, it lies off the west of Vietnam, playing as not only the most important gateway for China's inland area to enter ASEAN, but the most convenient sea passage in southwest China. It is an industrial zone adjacent to the sea and port and high on the agenda of Guangxi Beibu Gulf Economic Zone Development Scheme issued by the state."

中文的宣传文本往往"形散神不散",句子之间的连接不需要功能词,句子间靠共同的主题黏合在一起,最重要的信息往往出现在段落的尾部。英语语法比较严谨,重视句子之间形式上的配合,各个句子、段落通常用一些功能词和一些特定的短语进行连接,句子之间必须有严谨的逻辑关系,重要信息往往在段落开头就明确提出。在上例中,中文段落中最重要的信息为港口区是"旅游休闲的黄金地带"。因此,在把该段文字翻译成英文的时候,译者把最后一句的信息与第一句进行了合并,使得英文段落的信息重点更突出,逻辑更清楚。

另外,由于语言使用上的习惯,广西外宣材料的中文版本会大量使用一些中国特色词汇,如在《广西防城港市投资指南》中就出现了"全国双拥模范城""中国白鹭之乡""中国金花茶之乡""中国长寿之乡""中国十大最关爱民生城市""中国科学发展城镇化质量示范城市"等具有中国特色的荣誉称号来形容防城港的发展状况。这些词汇在汉语语境下使用十分自然,也很容易为中文读者所理解,但如果在英文版本中不加变通地直译过去,很容易让英语受众难以理解,甚至造成误解,不利于达成良好的外宣效果。

第四章

英语语用翻译学理论阐释及应用探索

　　语用学是一门系统性学科，是语言学的一个重要分支，主要是对语言的运用与理解展开分析。近些年，作为语言学分支的语用学发展十分迅速，对人们的日常语言运用起到了重要的引导作用。因此，很多学者对语用学给予了关注。随着语言学与翻译研究的深入，很多学者开始从语用学角度对翻译展开研究，以开拓新的研究视角。

第一节　语用与翻译

一、语用学的内涵

胡壮麟在将语用学引入中国时采用了这样的定义:"语用学是一种研究符号和符号使用者之间的关系的理论。"[①]索振羽认为"语用学研究在不同语境中话语意义的恰当表达和准确理解"[②]。钱冠连的窄式语用学特别重视语言符号之外的因素对语言使用的影响。

综合以上观点,语用学是研究语言的实际运用和理解的学科,主要关注语言符号以外的因素对人们使用和理解语言的影响,以此帮助人们获得语言符号本身无法提供的信息。

语用学成为独立的学科以来,语言学学者不断发展完善语用学理论。语用学进入中国后,我国语言学家尝试将汉语作为语用学研究的语料,将中国文化作为语用学研究的背景,开始了本土文化背景下的汉语语用学研究,并取得了诸多有益进展。

(一)会话含义理论

会话是一种社会交往。它是由发话者和受话者积极参与并相互协作而产生的。会话分析的基本目标是要弄明白发话者想要表达什么,而受话者又是怎样理解他的意思并做出反应的。

格赖斯认为合作原则的目的并不是判断说话人的话语是否符合合作原则及其准则,而是当说话人并没有遵守或者部分遵守合作原则及其准则时,听话人可以根据说话人的字面含义推断出说话人话语中隐藏的

---

① 胡壮麟.语用学[J].国外语言学,1980(03):1-10.
② 索振羽.语用学教程[M].北京:北京大学出版社,2014.

真实含义。①

因此,在合作原则的基础上,格赖斯提出了会话含义(Conversational Implicature)概念。会话含义推理是指一种在会话双方达成合意的前提下,结合语境和背景知识进行推理的方法。②

(二)言语行为理论

言语行为理论是语用学的重要组成部分,一直以来,都是语用学关注的重点。英国著名哲学家和语言学家奥斯汀(John L. Austin)于20世纪50年代末首先提出了"言语行为"(Speech Act)概念。根据奥斯汀关于"言语行为"概念的观点可知,人们说出话语本身就是一种行为,说话实际上就是行使某种行为。

在奥斯汀之后,塞尔进一步发展和丰富了言语行为理论。塞尔认为,如人类许多别的社会活动一样,使用语言是一种受规则制约的有意图的行为。语言交际的最小单位并非句子、词汇等语言单位,而是言语行为。语言的形式和功能并不是一一对应的,一种句式可以同时具备几种功能,同样地,某种功能的实现也不是仅依赖于一种句式实现。在一些语境中,听话人不能仅按照词项的字面意义理解。因此,塞尔认为这种通过实施一种言语行为来间接地实施另一种言语行为的结构,就是间接言语行为。塞尔将间接言语行为分为规约性间接言语行为和非规约性间接言语行为,规约性间接行为指的是对"字面意义"作一般性推断即可了解到交际者真实意图的言语行为,这类间接言语行为已经成为在社会中惯常使用的标准格式。对规约性间接言语行为的应用,主要出于对听话人的礼貌③。与规约性间接言语行为相比,非规约性间接言语行为对交际语境(前后文、所处场合、交际对象等)以及交际双方共知基础有着更强的依赖性。在交际双方没有构建一定的共知基础的情况下,交际任务往往会以失败告终。

---

① 冉永平. 从古典 Grice 会话含意理论到新 Grice 会话含意理论 [J]. 重庆大学学报(社会科学版),1998(2):75.
② 齐建英. 论一般法律会话含义推理及其有效性 [J]. 法学论坛,2016(2):130-137.
③ 柳海涛. 社会的语言结构—塞尔社会哲学研究 [D]. 湖北:华中科技大学,2009.

（三）附着符号

附着符号是干涉人的言语活动的重要因素，包括伴随物、面相身势、声气息三个方面，是钱冠连"语用学三带一理论"中重要的组成部分。他把附着符号定义为"一切伴随着人、附着于人的符号，如声、气、息、面部符号、身势符号、伴随的物理符号（物体）"①。附着符号是不同于语言符号的一种符号系统，它往往伴随语言符号出现在人类交际中，对话语意义进行影响，从而辅助语言或者代表语言干涉人们交际。

一方面，运用语言符号时必定产生语调、气息、形象姿势等动态的行为变化，这些行为活动具有语言符号本身无法提供的额外内容，使语言符号产生超载意义。另一方面，话语承载着人的思维意识和情感，但思维和情感是内隐的，且语言符号表意又存在局限，并不能完全传达"意"的内容，因此就需要借助其他符号来补充语言不能或不方便传递的信息。这些辅助符号是基于人的心理基础，它们是人类内在情感的体现。语言符号在使用中才会产生动态的附着符号，剧本中人物进行交际同样会产生动态的附着符号，这些附着符号会成为剧中角色表达内心的"第二语言"，教师和学生通过附着符号探析人物心理状态、思想情感，可以更好地揣摩和推演剧本。

（四）目的—意图原则

目的—意图原则是其他语用原则和语用策略的基础。目的—意图原则包括两个方面："目的"指的是言语交际的总目标，"意图"指的是为完成交际总目标而分解在各个话轮里的小意向。说话人在进行交际时不是漫无目的的，交际的参与者都对各自的谈话目的有清晰的认识，并在交谈时有意指引话题方向、选择恰当的语用策略，以达成交际目的。为此，格赖斯和利奇分别提出了合作原则和礼貌原则作为语用的基本原则，但想要解答所有语用现象，势必需要"不合作""不礼貌"的参与，这样用合作原则解释"不合作"现象实则多此一举。语言运用中实际只要遵循一个目的—意图原则就可以成功完成交际。因为"目的—

---

① 钱冠连.汉语文化语用学[M].北京：清华大学出版社，1997.

意图是最高利益"①,明确了交际目的,谈话双方就必须采用合作或不合作、礼貌或不礼貌的方式确保谈话维持下去,因此合作与礼貌更像是在遵守目的—意图原则基础上,为达到更好的交际效果而采用的一种交际手段或交际策略,目的—意图原则才是语用中最基本的原则。此外,目的—意图原则与言语行为理论关系密切。该理论认为人的言语行为"都是由于一定的目的而发,并服务于一定的目的"②。人们通过实施言语行为来达到某种目的,话语往往伴随着说话人某种强烈的心理意向。

（五）指示语

指示语是表示指示信息的词语,"是指在语言结构中某些要素对参与会话的人、事物以及会话时间、空间等信息的指称、指引、反映"③,包括人称指示语、时间指示语、地点指示语、社交指示语等。指示语与语境联系非常紧密,是"连接语言系统与语境的桥梁"④,指示词语代表的语义不能完全依靠静态的语义学分析确定,必须在具体的语境中理解其准确的含义。语言是外部世界的表现形式,事物从立体的现实世界进入单维的语言世界时,空间维度受到压缩,必然需要某个替代物补偿这种空间差值,这个连接物就是指示语,因此,指示语可以起到沟通两个世界的作用。人称指示语是人们交际时的相互称呼语,是人物间相互关系的客观反映。时间指示语和方位指示语分别是人们交际时用来定位时间和方位的词语,时间指示的参照点是说话人说话的那一刻,方位指示的参照点是说话人所提及的人或事物。社交指示语是从指示的功能角度进行分类出来的指示语,说话人对指示语的选择经常会受到社会因素的影响,这时指示语就具备了社交功能,被称为"社交指示语"。

二、语用与翻译研究的融合

在翻译中当形式等值、语义等值和语用等值不能同时获得时,要实现交际目标,要使有效翻译成为可能,译者需要决定何种等值应该被优

---

① 钱冠连.汉语文化语用学[M].北京:清华大学出版社,2020.
② 温仁百.试论篇章的以言行事行为结构[J].外语教学,2002（06）:33-39.
③ 何自然,冉永平.新编语用学概论[M].北京:北京大学出版社,1990.
④ 陈新仁.汉语语用学教程[M].广州:暨南大学出版社,2017.

先选择以完成有效的翻译,语用翻译是很好的选择,因为它将人类纳入考察的视野而能够从多变的语境中掌握动态的整体语言系统。通过阐释语境理论,分析语境视角下英汉语用翻译策略的运用对翻译的过程和结果能起到促进作用,以便能更好实现英汉语言之间的交际目标。

语境是语用学的一个重要概念,语用学研究的意义不是由静态语言系统自身生成的,而是由交际情景下的参与者传达和操纵的动态交际现象。纽马克指出:"语境在所有翻译中都是最重要的因素,其重要性大于任何法规、任何理论、任何基本词义。"

纽马克关于语境的说法可理解为翻译离不开语境,因为语境中的语用意义是动态的,不是孤立的;语用意义也可以被看作是语言形式和交际行为参与者之间的关系,语用意义实质上是指语境中的意图。

语境因素是翻译研究不可忽视的,因为语境差异因文化习惯的不同而带来的思维习惯以及理解方式上的不同,人们借助语境达到交流的目的,翻译时会因为语境明显地影响具体词语的选择和安排。

格赖斯(Grice,1975)语用翻译的意义理论以及利奇(Leech,1983)关于语用语言学的观点都认为,要理解说话人的意图,听话人首先必须正确识别和理解语言的基本意思和规约意义。根据语用翻译的观点,译者往往要考虑包括文化、源语文本、译文发起者的要求、译者动机以及读者在内的各种宏观语用因素和指示语、会话含义、言语行为、礼貌和关联等微观语用因素。实现语用上的等效翻译,可采取不同的语用翻译策略,如转换翻译、套译以及语用含意的全面嵌入译法等。

第二节　语用翻译理论阐释

一、转换翻译

转换翻译是把一些非人称主语转换成汉语的状语以再现句子的逻辑意义。还有一些情况下,根据上下文的语用意义,将某种状语从句转换成其他类型的状语从句。因此,当语言语境因素,如从语法意义、语义意义等方面无法传递源语所表达的真实逻辑意义时,就应优先考虑语用

因素,即语用意义,如翻译目的、翻译动机和译入语读者等因素,从而准确传递语用意义,实现交际意图。例如:

英语的定语从句转换为汉语的状语从句:

In a dispute between two states with which one is friendly, try not to get involved.

当两国发生争端时,如与两国都友好, 则力避卷入。

该例的定语从句含有表条件的状语意义,即"如与两国都友好",为了使汉语译文更为流畅通顺、更合逻辑,翻译时根据其实际语用意义,将原文转换成汉语的条件状语从句。

I could not recognize him who had changed so much in the past ten years.

我几乎认不出他了,因为在过去十年中,他变得太多了。

该例的定语从句的实际语义是"在过去十年中,他变得太多了",表原因。译文处理时优先考虑其实际语用意义,译为原因状语从句。

英语的非人称主语转换成汉语的状语:

除了一些定语从句含有状语意义,根据语境分别用不同含义的状语从句来翻译。然而,主语通常作为动作的执行者,或谓语所陈述的对象,在某些英语句子中的非人称主语也含有状语意义,其功能相当于状语,翻译时也要根据语境,用状语形式来翻译,以实现其实际交际效果。例如:

To translate this ideal into reality requires hard work.

要把这种理想变为现实,我们得辛勤劳动。

该例的主语含有目的意义,翻译时转换成表目的的状语符合原句的逻辑意义,常见于不定式做主语的句子。

This field witnessed a battle.

这片土地上曾打过仗。

该例的主语是地点,谓语是"见证",句子主语含有状语意义,这句话相当于"A battle was fought in this field."遵循汉语表达习惯及其语境,主语转换成表地点的状语,译文读起来通顺自然。

状语从句类型转换:

充分考虑到语言语境因素,如篇章内部上下文的环境,如词、短语、语段或篇章的前后关系,在翻译某种状语从句将他转成其他类型的状语从句,使译文更加符合汉语习惯。例如:

We cant stop the job until we have the approval from the authority concerned.

如果没有相关当局的批准，我们就不能开始这项工作。

该例的实际语境意义是"没有……的话，就不能……"将 until 引导的时间状语从句转译成条件状语从句是基于汉语语境的考量。

Something further must be down to the amplified signals before that can be sent to the transmitting antenna.

对于放大了的信号，必须做进一步的处理后，才能把它们传送到发射天线上去。

该例将"before"引导的时间状语从句转译为条件状语从句"必须……才……"，符合句子的语境意义，更为连贯。

以上的英语定语从句、非人称主语及状语从句类型等的转换译例，充分说明语用翻译策略的运用对翻译的交际效果产生积极影响，能更好地实现原句实际语言交际目的，是加强语气效果的有效途径。

二、对译

对译中弥补文化差异，采用本国语言文字中已有的词汇套用之，弥补语境中的文化差异。中英文里面有一类习语，可以完全套用，传达相同的意思，同时又存在于源语和目的语之间。例如：

Love me，love my dog.

爱屋及乌

该例如果直译成"爱我的话，也爱我的狗。"这样的译法读起来甚是拗口，中文语境里有习语与之十分相像，那就是爱屋及乌，套译过来，十分贴切，不仅能准确地传达出所要表达的意思，还能彰显两国语言文化的共同精华。要注意的是，套译法的应用也不是随心所欲的，应慎防对文化语境差异的估计不足而导致的误译。

三、关联翻译

（一）关联翻译国内外研究

1. 关联翻译理论国外研究现状

20 世纪 80 年代，随着关联翻译理论的提出，学界开始从交际与认知的新视角对认知语用学进行研究。20 世纪 90 年代，关联翻译理论将关联理论与翻译研究结合，突破了原本孤立、静止的文本内部研究，学界对翻译研究从三个方面开拓了全新视角，极大地拓宽了翻译研究的领域。

首先，对关联翻译理论推理模式进行的研究。斯珀伯（Dan Sperber）与威尔逊（Deiedre Wilson）的《关联：交际与认知》（*Relevance*: *Communication and Cognition*，1986）认为，交际方式似乎比交际内容更为重要。为此，在交际过程中，为了译语交际成功，译者必须关注源语作品的交际推理线索，提出人类进行交际的大脑机制中最为关键的是人们进行推理的能力。在明示—推理交际中，受众必须具有推理线索。格特（E. A. Gutt）的《翻译与关联：认知与语境》（*Translation and Relevance*: *Cognition and Context*，1991）一书中提出人的大脑是翻译的研究对象，翻译的过程就是一个推理的过程。

其次，关于关联翻译理论认知语境的研究著述颇丰。逻辑学创始人亚里士多德（Aristotle）最早进行语境的研究，但他并没有对语境进行概念性定义。19 世纪初始，英国人类学家马林诺夫斯基（B. K. Malinowski）首次提出了语境的定义，他将语境分为情境语境、话语语境、文化语境三种类型。随着对语境的动态研究，一些学者发现，静态研究语境很难解释语言交际中的某些现象。20 世纪 90 年代，丹麦语用学家迈（J. L. Mey）在《语用学引论》（*Pragmatics*: *An Introduction*）中首先正式提出"动态语境"概念。格特（E. A. Gutt）在《翻译与关联：认知与语境》（*Translation and Relevance*: *Cognition and Context*，2000）中提出语境是用来诠释该话语的一连串前提。交际双方周围外部环境的某一部分与关联理论中提出的语境概念不同，而关联翻译理论中提到的语境是指交际双方"关于世界假设的一部分"，即认知语境（cognitive context）。

最后,对关联翻译理论解释力的研究。外国学者对关联翻译理论的解释力以及是否能够解释众多翻译现象存在诸多不同见解。20 世纪 90 年代,马尔姆卡尔(Kristen Malmkjaer)在《格特的翻译与关联:认知与语境》(*Translation and Relevance:Cognition and Context by E.A.Gutt*, 1992)认为关联翻译理论并没有对文学翻译提出具体的指导方法。福塞特(Percy Fawcett)的《翻译与语言:语言学理论阐释》(*Translation and Language:Linguistic Theories Explained*, 1997)认为翻译中的许多现象只能通过语言学进行阐释。

21 世纪初期,格特(E. A. Gutt)的《翻译与关联:认知与语境》(*Translation and Relevance:Cognition and Context*, 2000)说道,对"关联理论可以解释一切翻译现象"持反对意见的学者没有区别开解释理论与描写理论,关联翻译理论目的在于解释理论,揭示作者如何把一种语言的意图传达给另一种语言的接收者,解释在这一过程中人脑如何使交际成为可能,导致交际成功或失败的因素以及导致成功或失败的方式等,因而得到关联翻译理论可以解释一切翻译现象的结论。奈达(E. A. Nida)在《语言与文化:翻译中的语境》(*Language and Culture:Context in Translating*, 2001)首先肯定了"关联理论为研究语言提供了一种独特的角度",之后提出仅依靠关联原则难以解释所有复杂的语言现象。

综上所述,翻译的过程就是一个推理过程,大脑推理机制是翻译的研究对象。学者从关联翻译理论的推理模式,认知语境以及翻译解释力等进行系统研究后表明,关联翻译理论的解释力极强,可以为众多翻译现象提供解释。

2. 关联翻译理论国内研究现状

关联翻译理论引入我国较晚,最早将关联理论引入的是沈家煊、何自然等语言学家。1944 年,林克难首次将关联翻译理论介绍给我国学者,但起初没有得到译界的重视,直到赵彦春文章的发表,引发了学者的广泛兴趣。[①]1997 年和 2001 年何自然在广州组织创办了两次全国性的关联理论研讨会,对该理论展开了广泛而深入的探讨,极大地推动了我国关于关联理论和关联翻译理论的研究。

---

① 林克难 . 关联翻译理论简介 [J]. 中国翻译,1994(04):6.

首先,关联翻译理论解释力的研究。赵彦春在《关联理论对翻译的解释力》(1999)认为关联翻译理论可以积极地指导翻译活动、解释翻译现象。王斌的《关联理论对翻译解释的局限性》(2000)认为关联翻译理论对人类语言交际的某些本质问题进行了解释,但在解释文化缺省的翻译问题时具有局限性。

其次,学者对关联翻译理论策略展开讨论。孟建钢在《关于翻译原则二重性的最佳关联性解释》(2002)对归化、异化等翻译策略进行了讨论,并指出最佳关联性理论可以很好地解释归化和异化原则在实践中的应用以及归化与异化的对立统一性;张春柏在《直接翻译——关联翻译理论的一个重要概念》(2003)系统地研究了直接翻译,提出直接翻译和间接翻译的概念和释义,辩证地分析解释了众多翻译现象;林克难在《隐性翻译不是翻译吗——兼与张春柏先生商榷》(2004)认为:隐性翻译也是众多翻译中一支。王建国在《论翻译文学中译者与读者的义务——关联理论观》(2005)解释了译者和读者的义务,提出交际能否成功译者和译文读者都有义务的观点,并在《回译与翻译研究——英汉对比之间的关系研究》(2005)对回译与英汉对比研究的关系作出了新的解释。

再次,关联翻译理论推理模式的研究成果丰硕。赵彦春在《关联理论对翻译的解释力》(1999)提出了一价译元和二价译元推理模式。宋旭和杨自俭在《译者的原文理解过程探讨》(2003)提出了译者对原文的理解,需要进行推导,并对译者在翻译理解过程中大脑机制的运作状态进行了探讨,译者运用大脑推理机制理解翻译过程,判断推理作者的明示行为,从而得出作者的交际信息意图。李寅和罗选民在《关联与翻译》(2004)提出了综合推理模式,并指出译者进行翻译时应注意翻译过程中关联性的体现层次和关联度的对应。在综合推理模式框架下,其指出译者推理原文作者话语的关联性所体现的层次,与在译文中进行推理的层次相同。

最后,关联翻译理论在翻译实践中的应用极为广泛。以"关联翻译理论"作为关键词在中国知网进行搜索,2005年至今,相关文章呈逐年递长趋势,其中硕士论文304篇,博士论文2篇,期刊论文338篇,由此可以看出关联翻译理论越来越受到译界的重视。李艺在硕士论文《关联理论视角下的幽默话语翻译》(2008)中以美国情景喜剧《老友记》中的幽默话语翻译为例,从关联翻译理论角度探讨英语中幽默语的汉译过程,研究幽默翻译中相互关联的翻译原则和方法。郭乔在硕士论文《关联理论指导下美剧字幕翻译的明示处理》(2009)以美剧《绝望的主妇》为例,以关联翻译理论为指导,分析明示在字幕翻译中的体现。韦敏在硕士论文《关联理论视角下网络热词的翻译》(2011)中,通过对所选网络热词译例的关联理论分析,探讨网络热词翻译的策略及方法。吴静在硕士论文《关联翻译理论视角下中国〈政府工作报告〉的特色政治术语英译研究》(2014)中,分析了2010年至2013年《政府工作报告》的中国特色政治术语英译翻译策略,证实关联翻译理论应用于政治文献翻译实践确实可行。高倩倩在硕士论文《关联翻译理论视角下 The Spirent 2021 5G Report 汉译实践报告》(2022)运用关联翻译理论对5G 相关文本汉译进行了深入的研究。

由此可见,关联翻译理论在幽默话语、字幕翻译、网络热词、政治词汇的翻译等方面广泛应用,对文学作品的翻译实践批评具有指导作用。

(二)关联翻译理论的内容

1. 最佳关联性

格特指出:"最佳关联性的期望是人类交际活动的关键。也就是说,听话者希望说话者以最低的加工成本获得足够的语境效果。"他假设读者不必付出不必要的处理努力来充分获得上下文语境。最佳关联指的是,听话者在理解话语时用恰当的处理努力来获得足够的语境效果[①]。

译者努力追求的目标是实现最佳关联,这也是翻译研究的原则和标准。译者有责任使原作者的意图符合译文读者的期盼。译者必须在原文的词句或作者的交际线索中反映作者的意图。换句话说,为了理解作者想通过这些句子向读者传达什么假设,这些假设的确定需要明确译者的意图、目标群体的认知环境,同时还要了解原作者想向读者传达的目标读者的潜在情境中是否存在情境假设。在这种情况下,选择所需的语境是否费力,语境效果与处理努力是否相符合。

由此可见,关联理论制约着译文意图传达给译文读者的信息以及表

---

① 孟建钢.关于翻译原则二重性的最佳关联性解释[J].中国翻译,2002(05):27.

达方式。译文试图解释应与译文读者有着足够关联性的部分,也就是能够产生同原文相似的语境效果。同时,译文的表述应既能使原文作者期待,让译文读者理解原文的交际意图而又不花费不必要的处理努力。根据斯珀伯和威尔逊的理论,由关联性决定话语是否连贯,通过推理所获得的语境效果来判断关联性是否存在。关联程度受两个因素影响,所获得语境效果和处理话语时所付出的努力:同等条件下,语境效果越大,关联性越强;同等条件下,所付出的处理努力越小,关联性越强。

2. 认知语境

传统的语境观认为,语境包括语言习惯、文化背景、上下文语境、交际场景等,上述一系列因素是传统的语用推理的重要依据,知识因素与具体语境的综合推理过程是语用推理,而由于交际双方语言知识储备差异,文化背景不同可能会引起推理障碍,进而导致交际失败。关联理论认为,语用推理是译语接收者关于具体语境心理表征假设而非具体的客观现状,因此(认知)语境具有个体差异性。①

在语言交际中,处理新信息的认知语境以概念表征的形式将对世界的假设储存在听话者大脑中。在语言交际过程中,对话语的理解构成听话者认知语境的一系列假设,语言信息建立的新假设和此前已经被处理的旧假设结合和运算构成了话语的理解。运用关联原则指导推理,听话者以新旧假设为前提推导说话者的意图。

翻译是一种存在于两种语言之间的推理过程,由于原文作者不同于译文读者的认知环境,因此翻译是一个复杂的过程。因此,翻译是一个双重推理过程,翻译活动涉及三个文本:交际的双方由原文作者和译者构成,原文作者向译者输入文本——译者运用关联翻译理论进行推理,形成图示文本——交际的双方又由译者和译语接受者构成——译者将图示文本传递给译语接受者,生成译语文本,就此交际完成。②

① 陈开举.认知语境、互明、关联、明示、意图——关联理论基础 [J].外语教学,2002(01):30.
② 赵彦春.关联理论对翻译的解释力 [J].现代外语,1999(3):280.

一般来说,译文读者对原语言背景文化知识了解甚少,则根据字面意义译文读者很难推断词语的隐含意义。为有效地达成交际,译者就要采用间接翻译的翻译策略。根据格特的说法,为得到与原文交际意图达到最佳关联的译文,译者可对原文的内容和形式进行适当的增、删、改。改变的是外在语言形态,而不改变原文基本内容。换句话说,原文字面意义有所改变,实际意义即原作者交际意图不变。

源语读者是原文作者所面对的受众,而译者的受众是译文读者。关联理论认为,由逻辑、词汇和百科知识组成每个主体的认知结构,由此造成了每个主体认知语境不同。不同民族之间的认知环境存在显著差异,可能引起翻译过程中的差异性,译者作为原作者和译文读者之间沟通的媒介,需要借助关联翻译理论,选择合适的翻译策略,促成两者交际的成功,努力找到原文与译文之间的最佳关联,实现原文作者与译文读者的最佳交际效果。

关联翻译理论的基本目的是保持翻译与原文之间的最佳联系。翻译是一种交际行为。成功的翻译意味着作者的意图和读者的期望在认知上与原文相似。译者总是根据原作者的交际目的和译文读者的期望进行选择:译者寻求原文和现有语境之间的最佳相关性,然后利用目标语言的优势,将这种最佳相关性忠实地传达给译文读者,作者的交际目标的实现与译文读者的认知期待的达成相联系。

第三节　语用翻译理论的实践应用

一、品牌的语用翻译

广告是一种特殊文体,据雅各布森(Roman Jaeobson)对语言功能的分类,语言有六种功能:所指功能、诗学功能、感情功能、意动功能、交感功能和元语言功能。品牌与广告不仅具有所指功能,而且有很强的意动功能,通过言语的表达来说服或影响他人做出消费行为。为了达到更好的意动功能,广告各显神通,品牌名称更是异彩纷呈,可以说精彩的品牌是镶嵌在广告这顶皇冠上的宝石。翻译时如何使品牌在译入语中也能成功发挥原来品牌的效用？在这类翻译中应注意英汉两种语言的差异与两种文化对翻译的影响，采取多种方法结合，以避免语用失误，收到较好广告效果。

（一）中英文品牌的共通之处

1. 产品特性和功能

品牌广告的设计往往别出心裁，大都注重对产品特性和功能的描述，但其中也存在一些共性的东西，如负载文化信息。

"Boeing"译名"波音"形容飞机如音速般迅捷，体现了飞机作为交通工具最显著的优点。电脑品牌"联想"电脑作为信息传输与信息整合的功能，其译名"Lenovo"由"legend"和"innovation"两个词融合而成，"innovation"体现了电子产品发展迅速，不断创新的特点。

2. 品牌名称常常负载文化信息

语言与文化密不可分，不同语言往往反映了不同的文化传承、不同民族的地域特色，历史积淀以及民族心理。品牌名称于简洁语言中常常富含文化色彩。如女鞋"Daphne"就源于希腊神话，相传林泽仙女"Daphne"长得十分美丽，她为躲避阿波罗的追求最后化为月桂树。用貌美脱俗且品质高洁的仙女的名字作为女鞋品牌，使得"Daphne"品牌给人一种超凡脱俗的高贵感觉，中文名也沿用了仙女名字"达芙妮"。美国化妆品品牌 Revlon 取自创办者"Charles Revson"的姓"Revson"和合伙人 C.Laehman 的首字母"L"，中译名"露华浓"在谐音音译的同时引用典故，诗仙李白描写杨贵妃的名诗《清平调三章》："云想衣裳花想容，春风拂槛露华浓。"杨贵妃是中国古代四大美女之一，其倾国倾城，雍容华贵历来为人称颂，"露华浓"这个译名使其品牌平添文化底蕴与历史厚重感。汽车商标 BMW 由德国巴伐利亚汽车公司 Bayerishe MotorenWerke 的三个首字母缩略而成的，中译名由 BMW 谐音音译为"宝马"，同时援引著名词人辛弃疾《青玉案·元夕》中的"宝马雕车香满路"，宝马良驹向来为名将所有，"宝马"这个词使人联想到英雄与宝马交相辉映，暗含了对购买者的崇高赞誉，同时也彰显了宝马汽车如宝马般风驰电掣的良好性能。

品牌名称的翻译常常与文化因素密不可分,因此,一些品牌名称的翻译也会随着文化因素的变化而有所变化。法国香水"Christian Dior"有一个"Poison"系列,这个充满冲击力的名字试图以其新奇另类的语言凸显其产品的特色——致命的诱惑力。该香水最初进入中国市场的时候中文译名为"百爱神",而在如今这个多元文化的时代,彰显自我个性成为年轻人的口号,"Poison"直译为"毒药",反而体现出原品牌名称的强烈冲击力。

(二)品牌名称体现民族文化的差异

品牌名称往往体现民族文化与民族心理、审美情趣的差异。例如,国外许多品牌名称多以产品创始人的名字命名,体现了西方文化中"individualism"的影响。中文的品牌名称则注重优美的联想意义。

1. 英文品牌多以创始人的名字命名

例如,著名时装与香水品牌 CHANEL 以创始人"二十世纪时装女王"Coco Chanel 的名字命名,化妆品品牌 Arden 以创始人 Elizabeth Arden 的名字命名,类似的还有化妆品香水品牌 Christian Dior 和 Estee Lauder,化妆品 ANNA SUI 和婚纱香水品牌 VERA WANG 都是华裔美国设计师的名字命名。西方文化中个性是极其重要的价值观念,个人潜能的发挥,个人的志趣爱好,常常是至高无上的。在这种强调个体取向和个人意识的文化中,以人名或姓氏作为品牌名称,显示了对产品创始人设计师的纪念之情,体现他们的个人价值。译这些品牌的时候,就按照原名译为人名,同时尽量选用形容女性婀娜多姿的字眼。

2. 中文品牌重联想意义

广告往往言近而旨远,中文品牌更重视联想意义,成功的广告多以其美好的联想意义,优美的意境来打动消费者的心。比如化妆品、日用品品牌的名称汉译时就要尽量选用柔美的词语,符合女性审美标准以获得女性的青睐。如强生中国出产 CLEAN & CLEAR 使用了头韵法,且都是响亮音节,读起来清脆响亮,印象深刻,"CLEAN"和"CLEAR"这两个词也点出了化妆品的特性,正好与它专治青春痘这一功能相合,中译名音译为"可伶可俐",发音与原品牌名相似而且整齐匀称,朗朗上口,同时该产品的消费对象主要是青春少女,用了"伶""俐"这样的字眼,正描摹出少女聪明伶俐、乖巧可人的形象,因而这个中译名深受消费者喜爱。

品牌翻译尤其是化妆品品牌翻译中存在着大量的美化词语现象,频繁使用描写女性美貌、高贵的词语,产生优美联想意义,例如 Maybellion(美宝莲)、Pantene(潘婷)、Estee Lauder(雅诗兰黛)、Neutrogena(露得清)、OLAY(玉兰油)、AVON(雅芳)、ITALINA(伊泰莲娜)。

莲、兰这些词语在中国文化中不仅是美丽的象征更是品质高洁的象征,黛、露、伊人等更是古代诗歌中常出现的意象,这些词语的使用都给产品带来优美的联想,成功达到品牌的促销效果。不同产品对应不同的联想意义,其品牌的翻译也不同。比如 Dove 这个品牌既作糖果巧克力又作洗涤用品的品牌名,在翻译时就根据产品种类不同而区别对待,作为巧克力的品牌时突出其入口即溶的特点,译为德芙,洗涤用品时突出其芳香宜人的特点,译为"多芬",两个都是音译,却因联想意义不同而在选词时各有侧重。

基于以上分析,品牌的翻译涉及多种因素,没有明显规律可循,在翻译时应综合考虑多种因素,融合多种方法,以达到促销的语用效果。如果忽略了某一方面则会导致品牌在译入语中的语用失误现象。以中国建行银行卡龙卡为例,直译成"Dragon Card",由于文化差异,东西方对龙的看法大相径庭,本来象征富贵财富尊贵的"龙"对应为"Dragon"会给英文读者以邪恶意义的联想,因此龙卡的英文译名绕开这个陷阱而用拼音译为"Long Card"。在品牌的翻译中应注意英汉两种语言的差异与两种文化对翻译的影响,采取音译、意译、直译多种方法结合,综合使用谐音、双关、美化词语、引用典故等多种修辞手段,同时兼顾广告用语语言凝练的特点,以收到较好语用效果,避免语用失误。

二、语用翻译理论在英文动画电影片名翻译中的体现

电影片名本身简短精练,寥寥数字却可以体现整部电影的精髓。对比动画电影片名的源语言和目标语文本时,会发现片名翻译中常用某些高频词,多见四字格、五字格,且译者大多数选择用意译、增译等翻译技巧。而这类型的翻译和目标语文化语境及动画电影的特定语域息息相关。

动画电影作为重要的一种电影分类,深受观众喜爱,我国每年引进多部英文动画电影,许多影片都获得口碑和票房的双丰收,有的甚至在国内产生了现象级效应。这不仅和影片本身好坏有关,更离不开片方的前期宣传。片名就像一部电影的名片,经常出现在影片的宣传海报上,帮助观众形成对一部电影的最初印象,在前期宣传中扮演了重要角色。在进入目标语市场时,译者面对的是影片内容本身——情景语境与接收方文化——文化语境。"语义在于语境",因此译者在翻译英文动画电影片名时,会考虑到其通俗易懂、老少皆宜的特点,并多采用贴近目标语文化的翻译策略。

这里选取了 26 部国内引进的热门英文动画影片,通过对比中英文片名,可以发现大部分片名并未紧跟源文本,更为重要的是,许多中文片名在格式、选词甚至字数上有相似之处。

（一）片名与语用翻译的关系

1. 语境的三维层面

韩礼德将情景因素归纳为三个部分:语场(field)、语旨(tenor)和语式(mode)。语场是指发生了什么,指语言发生的环境或围绕的话题;语旨是指谁参与,参与者之间的关系及其身份;语式是指语言交流的形式,如口头还是书面。电影片名所涵盖的语域与影片语境相关联。尽管多数英文片名简洁短促,多选取人名、地名等,长度常见 1—3 个单词,但片名是一部影片的题眼,语义背后的含义往往象征了影片主题,片名与整部影片的语域密不可分。另一方面,引进一部国外影片时,译制方也会考虑目标语的文化语境。动画电影的受众作为信息接收方参与其中,也是整个语域的组成部分。语式上,由于大部分动画电影属于流行文化范畴,片名对语言的正式性和书面性的要求并不高,有时甚至为拉近与接收方的距离,采用更口语的表达方式。因此,片名翻译不仅会突出影片的主旨,还会尽量采用贴近目标语文化、便于接收方理解接受的翻译策略。

2. 最佳关联性

"关联性理论认为,任何话语都是有关联的,理解话语的过程就是寻找关联的过程。"所以,译者可以不拘泥于源文本本身的语境,而是借助更大的语境寻找话语的关联,让接收方不付出过多认知努力就能获取最佳语境效果。成功的译文是源文本作者的意图和目标语接收方的期待在认知环境相关方面与原文取得最佳关联,帮助译文读者更好地理解源文本的意图。电影作为一种文化交际活动,片名翻译也承担了传递信息的使命。在这一过程中,译者既要充分利用认知语境中的各种信息知识,彻底理解影片含义,找出其中包含的最佳关联,更要考虑到影片受众的认知能力和接受能力,达到最佳关联性,求得最佳语境效果。

(二)动画电影片名中的高频词现象

1.常见高频词

不同于其他类型电影,动画电影片名在选词上不忌讳重复,一些词汇经常出现,如"总动员""××队""环游记""奇缘"等。以出现次数较多的"总动员"和"××队"为例,含有"总动员"词缀的片名就有《海底总动员》(*Finding Nemo*)、《超人总动员》(*The Incredibles*)、《玩具总动员》(*Toy Story*)、《赛车总动员》(*Cars*)等,而以"队"为后缀的片名有《头脑特工队》(*Inside Out*)、《超能陆战队》(*Big Hero* 6)等。尽管片名类似,这些电影却都各自独立。

一是高频词背后的商业成因。片名套用"影片关键词"+"总动员"或"××队"公式的动画电影如雨后春笋,并在中国取得不俗的成绩。译者套用这个公式意在借助之前"总动员""××队"电影的热度,取得与之前热门电影的关联度,达到吸引更多目标语受众的目的。

二是从语域角度分析片名中的高频词。片名翻译中特定词汇反复出现的现象不仅仅是商业因素造成的,而语场作为语域的重要组成部分,对应语言的概念意义。后缀相同或类似的中文片名,其影片的剧情或主题也有类似之处。试比较几部"总动员"电影,首先,影片内容均可概括为以主角为代表的、身份背景或属性接近的同一类型人物,齐心协力完成某一特殊使命。以"语场"分析这类电影,主题概念本身就有共通之处。查询"总动员"在《现代汉语词典》中的释义,可指"为完成某项重要事务而动员全部力量",与这类型电影的主题十分契合。其次,"总动员""陆战队""特工队"易让人联想到新奇热闹、激动人心的场景,尤为受青少年、儿童青睐。动画片名的信息接收方很大比例是儿童。从语旨与语式来看,选择此类词更贴近接收方,方便向他们传递交际意义。最后,"关键词"+特定词缀的片名翻译方式,接收方能快速理解电影的语篇意义,即影片的"主题",进而产生兴趣。再以《飞屋环游记》(*Up*)和《寻梦环游记》(*Coco*)为例,两部影片都采用了"环游记"来结尾。众所周知,"记"是中国古文的一种体裁,可叙事、议论、抒情,如柳宗元的《永州八记》、范仲淹的《岳阳楼记》、欧阳修的《醉翁亭记》,明清小说名中也多出现,如《西游记》《石头记》等。在中国文化语境下,"记"象征着一段或离奇或曲折的故事。

上述两部影片中,译者跳出了原英文片名语义的束缚,从更大的语境阐释影片,选用中国特色的词汇表达,使片名增添了几分诗意。影片语境下译者对翻译技巧的选择直译在片名翻译中运用较少在 26 部动画电影中,只有 3 部影片片名是从英文片名直译而来——《狮子王》(*The Lion King*)、《功夫熊猫》(*Kung Fu Panda*)与《僵尸新娘》(*Corpse Bride*)。组成这一类片名的单词大多与影片主题或主人公有直接关联性,译者通过直译便可取得与影片的关联,并使目标语接收方取得和源语言接收方一样的效果。但大部分译者在处理动画片名翻译时,并不刻意追求与原片名语义的完全对等,而是会运用意译、增译、阐释等翻译技巧,进行译文的再创造。

3. 意译片名与影片语境的关联性

《头脑特工队》的英文片——Inside Out,字面理解是由内而外。但如果受众了解"Inside"还有"within mind"的意思,可能会联想到这部影片与人类内心活动有关。电影的主角恰是五种拟人化的常见情绪,讲述了居住在人类脑海中的五种情绪如何陪伴、帮助自己的宿主成长的故事。翻译成"由内而外"甚至"脑中内外"都不能和影片本身形成较好的关联。因为"Out"在英语中不仅表示方向,还有"外出行动"的意味。剧情中五种情绪人物原本只在大脑中枢的控制室内活动,但片中他们走出控制室开始了一系列冒险故事。影片的关键词和团队协作、冒险任务相关。原片名 Inside Out 正暗含"脑内情绪向外释放"的意思,既矛盾又双关,非常巧妙。片名不仅向受众传递了影片的关键信息,"Inside"和"out"语义上的反差还为影片营造了极佳的戏剧效果。

但以上成功交际都是基于创作者预设接收方能够理解源文本的暗

含,如果将片名直译成中文,却不能完全传递原片名带给受众的信息和效果。在失去预设的情况下,为了更大程度完成影片的交际意义,译者选择将片名的暗含显化,翻译成"头脑特工队",尽管没有译出源文本的修辞效果,却更契合于整部影片的语境,也较好地完成了和目标语受众的交际任务。

类似片名还有《海底总动员》(*Finding Nemo*)、《疯狂原始人》(*The Croods*)、《寻梦环游记》(*Coco*)、《飞屋环游记》(*Up*),如将中文片名和原片名比较,可能会认为相去甚远或全然不相关。但如果将视角上升至影片语境层面,片名和电影的关联性便大大提高。片名翻译中另一个常用技巧是增译。不少片名翻译会在原片名语义基础上进行增译,例如,《小鹿斑比》(*Bambi*)、《机器人瓦力》(*WALL-E*)、《里约大冒险》(*Rio*),这一类片名翻译通常是在原文的基础上,增加影片的关键词,类似于汉语的修饰语,或将片名作为修饰语,后接主题。

以《机器人瓦力》为例,原片名 WALL-E 全称"Waste Allocation Load Lifters-Earth"。WALL-E 既是主角机器人的名字,又是型号缩写。原片名中的大写字母和连字符容易让人联想到片名应该是某种型号的缩写,如果再配合海报提供的语境,信息接收方会将海报上的机器人与片名联系,进而推理出这是机器人型号。如直译原片名为《瓦力》,不容易让受众把"瓦力"和机器人联系起来。所以为了帮助目标语受众最终接收到与源语言受众一样的信息,译者采取增译来完善信息,实现受众快速接收到影片主人公的名字与身份。这类信息的补充,有助于接收方理解影片内容。

(三)从电影语境与文化语境看片名字格数

动画电影中,四字格、五字格的中文片名占据大多数。26 部影片中,四字格片名有 8 部,约占三分之一,五字格多达 15 部,是总数的 60%。汉语讲究韵律美,而片名也经常出现在大众日常对话中,更需译文朗朗上口、铿锵有力。汉语四字格、五字格可追溯至《诗经》,骈文也多采用四字句,以求声与形的美感。四字格构型短小,具有高度的概括力,至今仍具有极强的生命力。举几个四字格动画电影片名为例,《驯龙高手》(*How to Train Your Dragon*)、《魔发奇缘》(*Tangled*)、《功夫熊猫》(*Kung Fu Panda*)。除《功夫熊猫》(*Kung Fu Panda*)外,另两个片名译者都采取意译,尽管源语言文本中"How to Train Your Dragon"是 5个单词,"Tangled"只有 1 个单词,译者却都选择了四字格片名。另一个有意思的现象是,片名的英语词数也有趋向性。在 26 部动画电影中,片名单词数为 1 的有 11 个(42%),2 个单词的片名有 9 个(35%)。从侧面反映了即使在源语言文化内,简短的电影片名也更受欢迎。在电影的特殊语境中,片名需充分践行"浓缩即是精华"。四字格、五字格片名不但简洁,也极具汉语意象美。

因此,尽管四字格、五字格片名在句法和语义层面上和源语言文本可能并不完全对等,不过在中国文化语境下,四字格的电影片名更加凝练,方便观众接受认知与互相交流,这也和追求简洁的英文片名有较大关联。

在动画电影片名的翻译中,译者的视角往往从影片的语境出发,趋向于尽量通过片名与影片、目标语文化语境的关联性,缩小目标语接收方和影片的距离。因此,尽管动画电影片名中源语言和目标语语义上的不关联或较少关联,但语篇层面上两者却实现了关联性,这为其他电影类型的片名翻译提供了一定参考作用。

第五章

英语文化翻译学理论阐释及应用探索

众所周知,语言与文化的关系是十分密切的,人们在研究不同语言的过程中需要利用翻译这一重要的媒介工具。在长期的翻译实践过程中,人们积累了丰富的经验,并形成了一定的翻译理论体系。对翻译理论知识的把握,有助译者夯实自己的理论知识,进而在翻译实践中更加得心应手。本章重点从文化层面探讨翻译学的相关内容。

第一节　文化与翻译

一、文化的定义、分类与特征

"文化"（culture）这一词语意味着什么呢？它有多种意义。例如，人们认为那些能读会写的人，那些懂得艺术、音乐和文学的人是"文化人"。不同人对文化的理解有不同方式，每一种方式都或多或少有助于我们理解某个过程、事件或关系。遇到陌生人时，第一个被问的问题通常是："你来自哪里？"这主要是想了解这个人长大的地方或者是想知道这个人之前住在什么地方。我们下意识地认为在同一地方长大或生活的人说同样的语言，有很多相同的价值观，用相似的方式交流。换句话说，他们被认为具有相同的文化。有时我们甚至会认为文化是商品或产品，如玩具、食品、电影、视频和音乐，并且可以在国际上自由进出口，这些对"文化"印象式的理解不一而足。

实际上，在我国的古代文献中"文化"两个字是分开出现的，"文"的本来意思为各种颜色交错，"物相杂，故曰文"，"天文"指自然规律，"人文"指人伦社会规范；"化"的本意是改变、变化之意。《说文解字》将"化"释为"教行也"，即改变人类原始蒙昧状态以及进行各种教化活动。从汉代开始，"文"与"化"连缀出现，"文化"与"武力"相对应，是动词，具有"文治教化"之意。

英文单词"culture"，源于拉丁文动词"cultura"，含有耕种、居住、加工、留心、照料等多种意思。随着时间的推移，"culture"含义逐步深化，由对树木、作物等的培育引申为对人类心灵及情操的培养，从人类的生产活动，逐渐引向人类的精神领域。19世纪中叶以来，"文化"一词开始具有现代意义，并且随着人类学、社会学等人文学科的兴起，成了这些学科的重要术语。

（一）文化的定义

自从进入近代研究视野，"文化"这一概念在中外学术界不同学科领域曾出现上百种甚至更多的定义。美国描写语言学家爱德华·萨丕尔（Edward Sapir，1921）定义文化为一个社会的行为和思想。理查德·本尼迪克特（Richard Benedict，1930）认为真正把人们凝聚在一起的是他们的文化、共同的思想和标准。

美国人类文化学家爱德华·霍尔（Edward T. Hall，1959）提出："文化是人类的媒介。人类生活的方方面面都受到文化的影响和改变。这意味着人的个性，表达方式（包括情感的表现），思考方式，行为方式，解决问题模式，所居住城市的规划和布局，交通系统的运行和调度，以及经济和行政系统如何组建和运行都受到文化的制约。"

柯恩（R. Kohls，1979）认为文化是指特定人群的总体生活方式。它包括一群人想的、说的、做的和制造的一切。文化学家罗伯逊（I. Robertson，1981）的观点是每个社会的文化都是独特的，包含了其他社会所没有的规范和价值观的组合。

荷兰学者吉尔特·霍夫斯塔德（G. Hofstede）在2001年提到"我认为文化是将一个群体或一类人与另一个群体或一类人区分开来的思想上的集体程序。'思想'代表了头、心和手——也就是说，它代表了思考、感觉和行动，以及对信念、态度和技能的影响。"

我国人类学家费孝通先生写道："文化的深处时常并不是在典章制度之中，而是在人们洒扫应对的日常起居之间。一举手，一投足，看似那样自然，不做作，可是事实上却完全没有任意之处，可说是都受着一套从潜移默化中得来的价值体系所控制。在什么场合之下，应当怎样举止，文化替我们早就安排好，不必我们临事考虑，犹豫未决的。愈是基本的价值，我们就愈是不假思索。行为是最不经意的，也就是最深入的文化表现。"

文化定义的多元化说明文化确实是一个庞大且不易把握的概念，虽然各有侧重，这些解读和界定都解释了文化的一个或几个层面。

（二）文化的分类

由于文化的多样性和复杂性，很难给文化下一个明确清晰的定义，对文化的分类也是众说纷纭、不尽相同。我们从一个侧面来看文化的分类，文化也可以理解为满足人类需求的一种特殊方式。所有人都有一定的基本需求，如每个人都需要吃饭和交朋友等等。

心理学家亚伯拉罕·马斯洛（Abraham Maslow，1908—1970）认为，人都有五种基本需求：

第一，生理需求。这是我们赖以生存的基本需求，包括食物、水、空气、休息、衣服、住所以及一切维持生命所必需的东西，这些需求是第一位的。

第二，安全需求。首先，我们得活下去，然后我们得保证安全。安全需求有两种，身体安全的需求和心理安全的需求。

第三，归属感需求。一旦我们活着并且安全了，我们就会尝试去满足我们的社交需求。与他人在一起并被他人接受的需求，以及属于一个或多个群体的需求，如，对陪伴的需要和对爱和情感的需要是普遍的。

第四，尊重需求。这是对认可、尊重和声誉的需求，包括自尊，以及对他人的尊重。努力实现、完成和掌握人和事务，往往是为了获得他人对自己的尊重和关注。

第五，自我实现的需求。人的最高需要是实现自我，充分发挥自己的潜力，成为自己可能成为的人。很少有人能完全满足这种需求，部分原因是我们太忙于满足较低层次的需求。

根据马斯洛的理论，人们按上述的顺序满足这些需求。如果把这些需求从低到高比作金字塔的话，人们在攀登金字塔时总是先翻过第一步才能爬上第二步，通过第二层才能到达第三层，以此类推。尽管人类的基本需求是相同的，但世界各地的人们满足这些需求的方式各不相同。每种文化都为其人群提供了许多满足人类特定需求的选择。

人类需求的这五个层次，文化的分类在一定程度上也契合这几个层次。美国翻译理论家尤金·奈达（Eugene Nida）将文化分为生态文化、物质文化、社会文化、宗教文化和语言文化；英国学者彼得·纽马克（Peter Newmark）则把文化分为生态类、物质文化、社会文化、组织类、手势与习惯等几类。我国学者陈宏薇将文化分为三类，分别是物质文化、机构文化与精神文化。中外研究者根据不同的标准提出了自己对于文化的分类，既有共时、历时的分类，也有学科视角的分类，这几种分类方式均有可借鉴之处。

另一个形象的类比将文化比为冰山，认为每种不同的文化就像一个独立的巨大冰山,可以分为两部分:水平面以上的文化和水平面以下的文化。水平面以上的文化仅占整体文化的小部分,约十分之一,但它更可见,有形且易于随时间变化,因此更容易被人们注意到。水平面以下的文化是无形的,并且难以随时间变化。它占了整个文化的大部分,约十分之九,但要吸引人们的注意力并不容易。水平面以上的文化部分主要是实物及人们的显现行为,如食物、衣着、节日、面部表情等诸如此类人们的说话习惯和生活方式,也包含文学作品、音乐、舞蹈等艺术的外在表现形式。水平面以下的文化包含信念、价值观、思维模式、规范与态度等,是构成人的行为的主体。尽管看不到水平面以下的部分,但它完全支撑了水线以上的部分,并影响了整个人类的各个方面。

二、文化翻译的因素

（一）文化翻译的语言因素

语言与文化密切相关,文化对语言有着重要的影响。文化不同,其影响下的语言也不尽相同。

中国传统哲学观是"天人合一"。中国"天人合一"的思想必然导致集体主义取向、他人利益取向和以天下为己任的大公无私精神。儒家思想（Confucianism）是集体主义文化的思想根基。汉语文化中更重视一个人是某个集体中的人（a group member）这个概念,所有"个人"被看作整个社会网中的一部分,不强调平等的规则,而是强调对群体的忠诚。集体主义者对他直接隶属的组织承担责任,如果不能完成这些责任和任务,他们就感到丢脸。集体主义者对自己群体内的人很关心,甚至达到舍己救人牺牲自我的地步,对群体外的人可能会很强硬。集体主义文化把"自我肯定"（self assertiveness）的行为看作窘迫的,认为突出自我会破坏集体的和谐（harmony）。集体主义文化中强调互相帮助和对集体负责。任何个人的事都要在集体的协助下完成,一个人的事也是大家的事,朋友之间对个人事务要参与和关心。与集体主义（collectivism）和利他主义（altruism）相伴随的是无私的奉献精神（spirit of utter devotion）。当国家、社会和他人的利益与个人利益相冲突时,传统道德价值观往往教育我们要舍弃个人利益,以国家、集体和他人利益为重,把国家、社会和他人的利益放在个人利益之上。这种无私奉献公而忘私的精神一直受到社会推崇,受到民众敬仰。

西方哲学观自古倾向于把人与大自然对立起来,即天人相分,强调人与大自然抗争的力量。所以,西方重个人主义、个性发展与自我表现。西方的个体主义思想的哲学根基是自由主义(liberalism),它的基本主张是每个人都能做出合理的选择(make well-reasoned choices),有权依照平等和不干涉的原则(equality and non-interference)去过自己的生活,只要不触犯别人的权利,不触犯法律和规章制度,他们有权利追求个人的兴趣和爱好,一个好的公民是守法(law-abiding)和讲究平等的人(egalitarian)。在个人主义高度发达的社会中,它的成员逐渐学会并擅长表达自己的独特性(uniqueness)和自信心(self-confidence and assertiveness),表达个人的思想和情感,对于不同意见公开讨论,这些都是人们看重的交流方式。他们不害怕别人的关注(attention),因为这种关注才能证明他们的独特性。

英汉语言有各自的特点。英语句子有严谨的句子结构。无论句子结构多么复杂,最终都能归结为五种基本句型中的一种(主语+谓语/主语+系词+表语/主语+谓语+宾语/主语+谓语+间宾+直宾/主语+谓语+宾语+宾补)。英语句子结构形式规范;不管句型如何变化,是倒装句、反义疑问句还是 there be 句型,学习者都可以从中找到规律。英语句子还采用不定式、现在分词、过去分词,引导词以及连词等手段使句子简繁交替,长短交错,句子形式不至于流散。汉语句子没有严谨的句子结构,主语、谓语、宾语等句子成分都是可有可无,形容词、介词短语、数量词等都可以成为句子的主语。一个字"走",也可以成为一个句子,因其主语为谈话双方所共知,所以不用明示其主语。汉语句子不受句子形式的约束,可以直接把几个动词、几个句子连接在一起,不需要任何连接词,只要达到交际的语用目的即可,句子形式呈流散型。英汉两种语言的区别概括如下:

	法治	→	句法结构严谨（句法结构完整）
	刚性结构	→	形式规范　（有规律可循）
英语	显性	→	运用关联词来体现句子的逻辑关系（形合）
	语法型	→	主谓一致、虚拟语气等语法规则（语法生硬，没有弹性）
	主体性	→	句式有逻辑次序，句子重心
	聚焦型	→	用各种手段使句子从形式上聚焦在一起（象一串葡萄）
	人治	→	没有严谨的句法结构，可以根据具体情况而定
	柔性	→	结构形式多样，比较灵活
汉语	隐性	→	很少用到，甚至可以不用任何形式的连接手段（意合）
	语用型	→	只要达到交际目的即可，以功能意义为主
	平面性	→	长短句混合交错，并列存在
	流散型	→	句子似断似连，组成流水句

综上所述,英语是以形寓意,汉语则是以神统法。下面就从形合意合、句子重心位置方面进行具体阐释。

1.意合与形合

意合(parataxis)即词与词、句与句的从属关系的连接不用借助连词或其他语言形式手段来实现,而是借助词语或句子所含意义的逻辑关系来实现,句子似断似连,组成流水句,语篇连贯呈隐性。中国的唐诗、宋词在建构语篇情境时,采用的就是意合。

"形合"(hypotaxis)常常借助各种连接手段(连词、介词、非限定性动词、动词短语等)来表达句与句之间的逻辑关系,句子结构严谨,连接关系清楚。句与句、段落与段落之间彼此关联、相得益彰,像摆在我们面前的一串串葡萄。

（1）意合语言

汉语中很少用到甚至不用任何形式的连接手段,而比较重视逻辑顺序。通常借助词语或句子所含意义的逻辑关系来实现句子的连接。因此汉语是一种意合语言。句与句之间的连接又称"隐性"(implicitness/covertness)连接。汉语句子可以是意连形不连,即句子之间的逻辑关系是隐含的,不一定用连接词。这无论是在中国的唐诗、宋词、元曲等古文作品中,还是在现代文作品以及翻译中都体现得淋漓尽致。

苏轼的《水调歌头》：

明月几时有？把酒问青天。不知天上宫阙、今夕是何年？我欲乘风归去,唯恐琼楼玉宇,高处不胜寒。起舞弄清影,何似在人间？转朱阁,低绮户,照无眠。不应有恨、何事长向别时圆？人有悲欢离合,月有阴晴圆缺,此事古难全。但愿人长久,千里共婵娟。

全词言简意赅,没有借助任何连接手段,而是完全借助隐含的意义上的逻辑关系,完成了整个语篇意义的建构,以月抒情,表达了词人在政治上的失意,同时也表达了他毫不悲观的性格。

在现代文中这样的例子也比比皆是,下面就是一例:

到冬天,草黄了,花也完了,天上却散下花来,于是满山就铺上了一层耀眼的雪花。

可以看出汉语句子的分句与分句之间,或者短语与短语之间,在意思上有联系,但用很少的关联词连接每个分句或短语。英语中也有意合结构,但这种情况很少,句句间可以使用分号连接。

(2)形合语言

英语有严谨的句子结构,句型有规律可循(倒装句、反义疑问句、祈使句、疑问句以及 there be 句型等),语法严格而没有弹性(主谓一致、虚拟语气、情态动词用法、冠词、介词、代词、名词的格和数、时态及语态等),常常借助各种连接手段(连词、副词、关联词、引导词、介词短语、非谓语动词、动词短语等)来表达句与句之间的逻辑关系,因此英语是一种重"形合"语言,其语篇建构采用的是"显性"(explicitness/overtness)原则。例如:

So far shipment is moving as planned and containers are currently en route to Malaysia where they will be transshipped to ocean vessel bound for Denmark.

到目前为止,货运按计划进行中。集装箱货物正在驶往马来西亚的途中,在那里将被转为海运,开往丹麦。

英语中有时需要用"and"把词与词、句与句连接起来,构成并列关系。如果"and"删掉,就违背了英语的严谨的句法规则,此句也就变成了病句。在汉语翻译中,"and"不必翻译出来,句子的意义表达也很清晰。

在复合句的表达上,英汉两种语言存在着形合与意合的不同,即在句与句之间的连接成分是否保留上二者有本质区别。英语以形合见长,汉语以意合见长。通过对上面英汉句子的对比,我们可以看出英译汉的过程中一些连接词的省译可以使译文更具汉语意合的特点,反之亦然。也就是说在进行两种语言的翻译时,要考虑到这两种语言的特点,做必要的衔接连贯手段的增添或删减。

2. 句子重心

中国人和西方人截然不同的逻辑思维方式,导致了两种语言句子结构重心(focus of sentence)的差异。英语重视主语,主语决定了词语及句型的选择。主语可以是人也可以是物。西方人还经常使用被动语态来突出主语的重要性。汉语重话题,开篇提出话题,再循序渐进,往往按照事情的发展顺序,由事实到结论或由因到果进行论述,所以在汉语中多使用主动语态。英语重结构,句子比较长,有主句有从句,主句在前从句在后,甚至于从句中还可以再包含一套主从复合句,句子变得错综复杂。每个句子就像一串葡萄,一个主干支撑着所有的葡萄粒。主句就是主干,通常放在句子的最前面。汉语重语义,句子越精练越好,只要达到表意功能即可。

英语句子的重心应该在前,而汉语句子的重心应该在后。这点在翻译中所起的作用是不言而喻的。在翻译过程中,为了突出对方的重要地位,经常使用被动句,把对方放在主语的位置上。为了让对方迅速了解信函的目的,开篇就要点明写作意图,然后再作解释说明。与此同时,必须弄清楚整个句子的句法结构,找到句子的主干以及分清句子中各成分之间的语法关系,即找出句子的主干,弄清句子的主句,再找从句和其他修饰限定,把重要信息放在主句中。例如:

我们打交道以来,您总是按期结算货款的。可是您 L89452 号发票的货款至今未结。我们想您是否遇到什么困难了。

Please let me know if you meet any difficulty. Your L89452 invoice is not paid for the purchase price. Since we have been working with you, you are always on time。

汉语句子开篇提出话题,然后再说明所发生的事情,最后说明信函的目的,句子重心在后。英语句子则不同,开篇就说明了信函的目的,而且以对方为主,表示对对方的尊重,句子重心在前。

我公司在出口贸易中接受信用证付款,这是历来的习惯做法,贵公司大概早已知道。现贵公司既提出分期付款的要求,经考虑改为 50%货款用信用证支付;余下的 50% 部分用承兑交单 60 天远期汇票付清。

Your request for payment in installments, with 50% of the payment by credit card, and the remaining by D/A 60 days' sight draft, has been granted despite the fact that it's an established practice for our company to accept L/C in our export trade as you probably already know.

汉语由几个短句构成,先谈规则,再谈按照对方要求所做的改动(即最终结果)。英语句子仅仅用了一句话,借助介词短语、状语从句、方式状语从句等把所有的信息都涵盖了。句子错综复杂,理清句子结构显得尤为重要。句子中最重要的信息被放在了句首,也是句子的主干。为了达到这一目的,句子用物作主语,并使用了被动语态,突出了主句。主句 "Your request for payment in installments has been granted" 才是句子的重心。

The J. Paul Getty Museum seeks to inspire curiosity about, and enjoyment and understanding of, the visual arts by collecting, exhibiting and interpreting works of art of outstanding quality and historical importance. To fulfill this mission, the Museum continues to build its collections through purchase and gifts, and develops programs of exhibitions, publications, scholarly research, public education, and the performing arts that engage our diverse local and international audiences.

J. 保罗·盖蒂博物馆通过购买或接受赠品来扩大其收藏,开办展览项目,出版作品等方式进行学术研究,开展公共教育,通过表演活动吸引当地观众和国际观众。J. 保罗·盖蒂博物馆这样做的目的是通过收集、展览以及诠释高质量的、杰出的、具有历史意义的艺术品,来激发人们对视觉艺术的好奇心,促进人们对艺术品的理解和欣赏。

相比较而言,英语总是能"直戳要害",开门见山地点出句子的重点和主题。我们平时阅读双语文章,有时候遇到汉语读不太懂的句段,反而看对应的英语翻译会觉得豁然开朗,大致原因也是要归功于英语的直观性了。

(二)文化翻译的文化因素

1. 螺旋形思维模式

中国人的思维模式是螺旋式的流散型思维模式。整个思维过程按事物发展的顺序,时间顺序,或因果关系排列,绕圈向前发展,把做出的判断或推理的结果以总结的方式安排在结尾。也就是先说事实、理由,

再得出结论。行文如行云流水,洋洋洒洒,形散而神聚。例如:

昨晚,我厂发生了火灾,虽然最终扑灭,但是部分货物还是受损严重,其中有本打算周末发往您处的沙滩帐篷。我厂将尽快赶制一批帐篷,望您方将收货日期延长至下月底。

汉语思维:A fire broke out in our warehouse last night. Though it was put out soon, part of the stock was seriously damaged, including the tents which had been intended to send to you this weekend. We will try hard to produce a new consignment, and we hope that you can extend delivery to the end of next month.

英语思维:We will be grateful if you could extend delivery of the tents to the end of next month. A fire broke out in our warehouse last night, and destroyed part of the stock which we had intended to ship this weekend. We are trying hard to produce a new consignment to replace the damaged ones.

我们试着从买方看到汉语思维译本可能做出的反应的角度来分析一下,括号内为买方的可能反应。A fire broke out in our warehouse last night. (Oh, sorry to hear about that. 仓库着火,深感同情。) Though it was put out soon, part of the stock was seriously damaged, (still, sorry to hear about that. 库存损失严重,还是深感同情。) including the tents which had been intended to send to you this weekend. (What! 什么? 我们买的帐篷也烧了? 惊愕!) We will try hard to produce a new consignment, (oh, yeah? 你们在赶做我们的货啊?) and we hope that you can extend delivery to the end of next month. (Why don't you say it at first? 要推迟交货日期到下月末,哎呀怎么不早说呀!)。相比而言,英文思维译本显然就比汉语思维译本好多了。开篇就先把与买方息息相关的内容做了阐述,态度也会显得比较诚恳(We will be grateful if),不像汉语思维译文,会有推诿之嫌,引起对方的不快。在翻译中,不能按照汉语的思维方式来翻译。否则,会导致交际失败,甚至影响贸易的顺利进行。

2. 直线型思维模式

在思维方式上,西方人理性思维发达,具有严密的逻辑性和科学性,是直线型思维模式。他们往往以直线推进的方式,进行严密的逻辑分析。在语言表达上表现为先论述中心思想，表明观点，而后再对背景、事件起因、经过、结果等分点阐述说明。在建构语篇时，他们也习惯于开篇就直接点题，先说主要信息再补充说明辅助信息。在翻译过程中，应该按照西方人的思维模式：先点题，再阐述具体信息；结果放前，原因放后；先中心思想，后具体细节信息；先主要信息，后次要信息或辅助信息。例如：

You will receive an itemized statement on the thirtieth of each month, as the enclosed credit agreement specifies.

按照附件中的信用卡使用协议，每月 30 日收到详细账单。

英语思维方式是先主要信息（receive an itemized statement），后辅助信息（as the enclosed credit agreement specifies）；汉语思维方式是把主要信息放在后面（即每月 30 日收到详细账单）。

We will open the L/C as soon as we are informed of the number of your Export License.

我们收到你方的出口许可证号，就开信用证。

英语思维方式是先目的（open the L/C），再提条件（we are informed of the numberof your Export License）。汉语思维方式是先提条件（收到你方的出口许可证号），再说明要达到的目的（开信用证）。

第二节　文化翻译理论阐释

一、英汉文化翻译的原则

（一）目的原则

目的论认为，所有的翻译活动都应该以目的原则为行动指南，即在目的语的语境和文化中，翻译行为应该朝着满足目的语读者需求的方向发展。翻译目的在整个翻译过程中起着决定性的作用。同时，翻译的过程并不是只有一个目的。翻译目的可分为三类：（1）译者的经济目的

（如养家糊口）；（2）翻译的交际目的（如给读者的启示）；（3）特定翻译策略和方法的目的，如直译以保持源语的特点。因此，在翻译之前，译者首先要确定文本的翻译语境和目的，然后根据翻译目的选择相应的翻译方法。

（二）连贯原则

连贯原则认为，译文必须符合语内连贯，译文文本内及其与目的语文化之间的关系，译文所具有的可接受性和可读性，应使受众理解并在译入语文化及使用译文的交际语境中有意义。诺德认为，如果目的要求与语内连贯不一致，语内连贯的概念就不再起作用。

（三）忠实原则

忠实原则要求译者对翻译过程中的各方参与者负责（目标语读者和原文作者），忠实于原文作者是忠实原则的核心所在，在此基础上，在译文的翻译目的与作者本意之间进行适当的调和。好的翻译应该以交际目的和忠诚的翻译原则为基础。

二、英汉文化翻译的策略

（一）直译

直译是一种保留原文内容和形式的方法。一次成功的翻译应该保持译文的可读性，并在此基础上尽量再现原文的内容和源语言的文化内涵。用目的语中最恰当、最贴切的词语直接翻译源语所指内容，不仅可以帮助读者直接理解原文的字面意思，感受源语文化，同时也有助于源语文化的传播，最大限度地保持地方特色。

朵菊下，龟背纹外，黄色菱形纹内填绿、红色方棋纹。

Under the chrysanthemum, outside the turtle-back patterns, yellow argyles are filled with green and red checker patterns.

"龟背纹"是一种中国民间装饰图案,呈连续六边形,因其形状酷似龟背而得名。同时,中国古代认为龟可以预知好运和厄运,也是长寿和吉祥的象征。作为壮锦的一种图案,龟背纹被赋予了吉祥的含义,具有健康长寿的希望之意。龟背的象征有着悠久的历史和独特的中国特色。因此,直接将其翻译为 turtle-back patterns,以保留其原本的文化内涵。

（二）音译加注

音译加注可用于在目的语中难以找到语义对应和文化对等的文化空缺词翻译。音译加注不仅保留了源语的发音和文化特征,而且传达了源语的含义和文化内涵,避免了因文化意象错位而导致的交际失败。

壮族人信奉"花婆",其又被称为"花王圣母",是专门掌管人间生殖的大神。

Zhuang people believe in "Huapo", who is also called "Hua Wang Sheng Mu". She is the god in charge of human reproduction.

Annotation：Huapo is a flower goddess of Zhuang people.

"花婆"和"花王圣母"是文化名称。文化名称不仅具有名称的指称功能,还包含文化内容和背景语义。由于文化发展的特殊性,文化名称的翻译在目的语中没有对应的词。因此,可以采用音译。"花婆"是壮族民间的花神。由于汉英文化的差异,无法找到意义完全对等的词语。这两个词都是具有传统文化特征的文化负载词,读者并不熟悉。采用音译加注的方法可以在保留壮族文化特色的同时,也能让读者理解其中的含义。

因为她的母亲断言她命里克夫克子,所以没人敢娶她。

Her mother asserted that she was destined to kefu and kezi, so no one dared to marry her.

Annotation：Kefu and kezi：a superstition in China's feudal society, which believed that if a woman is destined to kefu and kezi, her fate will be harmful to her husband and children.

众所周知,文化和语言是相互影响的。翻译不仅是两种语言的转换,也是两种文化的交流。文化差异的转化,尤其是对于外国翻译和少数民族文化的传播,一直是翻译的难点。因为少数民族在长期的发展过程中形成了独特的文化,其中包含了大量的文化负载词。文化负载词是指在一定的文化背景下具有特殊含义的词语。从文化交际的角度来看,它也可以理解为翻译中的词汇空缺,即在源语和目的语之间没有对应的词语表达相同的内涵。"克"是中国一种迷信文化,认为人生来就有可能与某人的生肖、五行、父母或丈夫格格不入的命运。在中国古代,人们认为一个女人的面相或命运中如果有不利于丈夫或孩子的因素,就叫作"克夫"或"克子"。这里的"克"一词反映了文化内涵。在翻译时,在保证其传播中国文化的同时,也要考虑其可接受性,以便不同文化背景的目标读者能够理解和接受。作者采用音译加注的方法,可以为目的语读者创造特定的文化语境,减少陌生语境造成的隔阂感,加深对中国文化的接受度。

(三)意译

根据文化翻译理论,翻译不仅要停留在语码重组和语言结构转换的过程中,还要注重原语文化与目的语文化的平等交流,从而使源语文化和目的语文化在功能上尽可能对等。翻译文化类文本时,译者应准确再现源语文本的含义、风格和表达方式,深刻理解和正确把握源语文本所承载的文化信息和文化内涵,并在目的语中完整再现。意译是指摒弃源语字面意义的表达形式,把握深层文化内涵,利用目的语与源语文化的对等词汇传递源语文化信息的翻译方法。在翻译过程中,意译可以更好地以目的语读者可以接受的方式传达文本中的文化。

从此百鸟飞翔,百兽欢乐。

From then on, birds and animals were happy and harmonious.

在词典和翻译软件中,"兽"被翻译为"beast"。在西方国家,"beast"代表的是危险而凶猛的动物。在柯林斯词典中,"beast"指的是"大型、危险或不寻常的动物"。原文所要表达的是动物们披上布罗陀染色的彩线后快乐与宁静的气氛。如果"兽"被翻译成"beast",会破坏原文所创造的文化环境。同时,"百鸟飞翔"只是为了表达出"百兽欢乐"的气氛,不必在译文中逐字翻译。因此,将其翻译为"birds and animals were happy and harmonious"。

第三节　文化翻译理论的实践应用

　　由于地理环境和历史进程不同,中西方人的价值观大不相同。中国传统文化崇奉以儒家仁爱思想为核心的道德规范体系,讲求和谐有序,追求个人全面的道德修养提高和人生境界提升,集体主义文化、家族为本、重义轻利是中国人价值观中的核心内容。西方的个体主义思想的哲学根基是自由主义,以个体为本的个体主义文化和个人主义价值取向强调个人奋斗、追求财富合法化,使财富成为社会合理的资本,在发展市场经济模式上推崇私利。中西方不同价值取向对作为人们信息交流的工具——语言产生了很大的影响。在中西方跨文化交流中,我们应该注意到中西方习语、典故、动植物、颜色、数字词的联想意义都存在明显差异,值得总结和归纳,而这些语言背后的文化渊源值得我们进一步探讨分析。

一、习语文化的翻译实践

　　习语语言是文化的载体,习语又是语言的精华。习语一词的含义甚广,一般指那些常用在一起,具有特定形式的词组,其蕴含的意义往往不能从词组中单个词的意思推测而得。习语通常包括成语、俗语、格言、歇后语、谚语、俚语、行话等。其表现形式音节优美,音律协调,或含蓄幽默,或严肃典雅,言简意赅,形象生动,妙趣横生,给人一种美的享受。习语是语言的精华,它带有浓厚的民族色彩和鲜明的文化内涵。

(一)习语文化

　　习语的产生与人们的劳动和生活密切相关。英国是一个岛国,历史上航海业曾一度领先世界。汉民族在亚洲大陆生活繁衍,人们的生活离不开土地,比喻花钱浪费、大手大脚,英语是"spend money like water",而汉语是"挥金如土"。英语中有许多关于船和水的习语,在汉语中没有完全相同的对应习语,如"to rest on one's oars"(暂时歇一歇),"to keep one's head above water"(奋力图存)等。

英汉习俗差异是多方面的,最典型的莫过于在对狗这种动物的态度上。狗在汉语中是一种卑微的动物,汉语中与狗有关的习语大都含有贬义:"狐朋狗友""狗急跳墙""狼心狗肺""狗腿子"等。在西方英语国家,狗被认为是人类最忠诚的朋友,英语中有关狗的习语除了一部分因受其他语言的影响而含有贬义外,大部分都没有贬义。在英语习语中,常以狗的形象来比喻人的行为,如"You are a lucky dog"(你是一个幸运儿),"Every dog has his day"(凡人皆有得意日)等。与此相反,中国人十分喜爱猫,用"馋猫"比喻人贪嘴,常有亲昵的成分,而在西方文化中,"猫"被用来比喻"包藏祸心的女人"。

与宗教信仰有关的习语也大量地出在英汉语言中。佛教传入中国已有一千多年的历史,很多人信奉有"佛主",因此与"佛"有关的习语很多,如"借花献佛""临时抱佛脚"等。在西方许多国家,特别是在英美,人们信奉基督教,相关的习语如"God helps those who help themselves"(天道酬勤)。

汉民族自古擅长形象思维,从造字、构词到写诗无不体现形象性。例如,"把钱花在刀刃上"(Maintain expenditures in some areas while reducing them in others, and spend our money where it counts the most),"走后门"(backdoor deals),"菜篮子"(vegetable basket, non-staple food supply)等,这些具有浓郁中国特色的词汇极大地增强了阅读效果。对于这类词汇的处理,必须剖析其实际意义,灵活地在译语中选择词汇,才能为读者呈现出符合英语习惯、表现中国特色的佳作。例如:

"半拉子"工程

the project stopped midway.

"半拉子"是国内典型的时俗习语,形象生动。但若照字直译却会让读者莫名其妙。这里,其实际指称的是"只进行到一半的,未完成的"的意思,应采用意译的方法,将其完美地再现。

我们发挥投资"四两拨千斤"的作用。

We by means of well-leveraged investment.

"四两拨千斤"这种汉语中常用的通俗表达在英语中却没有对应的用法,本句意为我们要运用少量的投资起到抛砖引玉的作用,带动更大的投资,所以应舍弃汉语形象而把四两拨千斤译为"well-leveraged"。

这类习语翻译还有以下各例:

情人眼里出西施。

Beauty lies in the lover's eyes.

不到黄河心不死。

not stop until one reaches one's goal.

拆东墙补西墙。

rob Peter to pay Paul.

功夫不负有心人。

Everything comes to him who waits.

(二)习语文化的翻译方法

1. 英汉习语的翻译

在翻译活动中,我们会碰到大量"习语类"或"中国传统文化类"的翻译内容。这对于任何一名翻译人员来说都是一个挑战。习语类的语言具有以下特点:

(1)言简意赅。习语,无论在英语还是汉语中都是语言精华。

(2)意义深刻。例如,成语包含深刻的人生哲理,能起到警醒和建议作用。

(3)广为流传。比如我们可以通过使用成语,用较少的文字来阐述复杂深奥的语义,达到事半功倍的效果。

英语中"idiom"一词,包含了汉语中的成语、俗语、谚语、歇后语等特色语言。中文将"idiom"一词译成"习语",这个词几乎是为 idiom 特意创造的汉语词汇。

由于习语的特殊性,我们在翻译时必定要用相对比较特殊的方式来翻译,以便让读者 / 听者感受到这个"表达法"的特别之处。英译汉时,我们作为母语为汉语的使用者,能够更自如地用比较考究的方式将英文习语译成中文,如直译法,即英文习语可以找到与之意思契合的汉语。比如:

Love me love my dog.

爱屋及乌。

Great minds think alike.

英雄所见略同。

Man proposes, God disposes.

尽人事听天命。

即便是英文的一些习语无法找到非常合适的成语,我们也能轻松地以某种方式将其译成"短小精悍"的汉语文本。

(1)押韵法

英语有压头韵(alliteration)和压尾韵(rhyme)两种押韵,请看例子:

①压头韵

压头韵是两个单词或两个词组的首字母相同,可以是元音也可以是辅音字母。例如:

bread and butter 基本生活所需

cut and carve 精练

forgivc and forget 不念旧恶

friend and foe 敌友

safe and sound 平安无事

time and tide 岁月

facts and figures 事实数据

beauty and beast 美女与野兽

fame and fortune 名利

sense and sensibility 理智与情感

下面是1912年美国沃伦哈丁在共和党大会上讲话的节选:

Progress is not proclamation nor palaver. It is not pretense nor play on prejudice. It is not personal pronouns, nor perennial pronouncement. It is not the perturbation of people's passion-wrought, no promise proposed.

进步既不是宣言书也不是空话;既不是伪善也不是玩弄偏见;不代表某个个体,也不是长年的口头承诺;它不惧怕人们激情燃烧,也不仅仅是简单的承诺。

我们看到其中用了大量的压头韵单词来增加说话的韵律和力量。

再来看一则交通安全警示语：

Careless cars cutting corners create confusion.

Crossing centerlines.

Countless collisions cost coffins.

Copy?

Continue cautiously!

Comply?

Cool.

莽撞司机抄近路，引发交通混乱。

不遵守规则，造成无数伤亡。

醒醒吧，还是安全驾驶吧！

明白？

棒棒哒！

大量字母 C 开头单词的使用形成了压头韵，从而使得这段交通警示变得更加有趣且朗朗上口。

再来欣赏一则沃特尼啤酒的广告词：

What we want is Watney's.

我们都要沃特尼。

并不出彩的一句广告词，但因用了压头韵的技法使其变得不俗气且能够产生共鸣。

②压尾韵

压尾韵的原则是结尾元音相同。请看例子：

Once I had a strange nightmare,

I dreamt of an electric chair,

I sat in it and said a prayer,

And I woke up with curly hair.

一次我做了个奇怪的梦，

梦见自己坐上了电椅，

我坐在上面，内心祈祷，

醒来时头发直直竖起。

每句最后一个单词都是押韵的：nightmare, chair, prayer, hair。

再来看则童谣：

Humpty dumpty sat on the wall,

Humpty dumpty had a great fall.

小胖墩坐墙头，一不小心摔下了。

与中文童谣一样，英语中大量儿歌也都是以押韵的形式呈现，韵律十足，朗朗上口，极有感染力。

下面是一则农谚：

Corn's knee high, June or July.

六月七月，玉米及膝。

再来看首幽默的打油诗：

I don't like dentist, because they hurt me,

With horrid bad pinchers as sharp as can be,

They pick at my teeth and scratch in my head,

Until I begin to wish I were dead.

But I read in the pater（so I suppose it's so），

That all of the dentists to heaven will go,

Because they are needed a way up there,

To make gold crown for the angels' fair.

我不喜欢牙医，因为他们折磨我，

手握尖利无比的可怕钳子，

插在我牙，痛在我心，

简直生不如死。

我在报上读到，所以那一定是真的，

所有牙医都会升天，

去为天使的舞会准备金王冠。

在我们了解了押韵法的基本规则之后，我们就可以有的放矢地进行一些翻译实践了。

买卖兴隆通四海，

财源茂盛达三江。

Business is thriving, reaching out to the five continents,

Profit is recurring from four oceans of the planet.

（thriving 和 recurring 押韵。）

散装集装绝无野蛮装运，

车队船队保证安全迅速。

Bulk or container stowing, absolutely free of rough handling,

Marine vehicle fleet, definitely guaranteed safety and speed.

（stowing 和 handling 押韵，fleet 和 speed 押韵。）

要买房，到建行。

Wanna buy a house but financially scant,

Why not come to construction bank.

（scant 和 bank 押韵。）

要想皮肤好，天天用大宝。

Applying Dabao morning and night,

Making skincare a real delight.

（night 和 delight 押韵。）

海上生明月，天涯共此时。

The bright moon rises over the sea,

We share its beauty with thee.

（sea 和 thee 押韵。）

在一些较难找到押韵词的翻译中，可以通过前缀和后缀押韵来实现。例如，这句"优良品质，优惠价格，优质服务"这句，我们很难找到三个既押韵又可准确表达优良、优惠和优质的单词，但通过加前缀，我们就能做到了：unrivaled quality, unbeaten price, unreserved service.

（2）对比法

押韵法不是万能钥匙，它只是习语翻译的方法之一，我们需要"因地制宜"，如用"对比法"。例如：

比上不足，比下有余。

worse off than some, better off than many.

内忧外患。

trouble within, threat without

少壮不努力，老大徒伤悲。

a lazy youth, a lousy age.

今天是老百姓扬眉吐气的一天。

It is a big day for the small people.

他是个正直爽快的人。

He is upright and outright.

避暑好去处（旅行社广告语）

It a cool place on a hot day.

对于平凡人这是不平凡的事。

It is unusual for the usual.

这是个网红酒吧。

It's a hot spot for cool cats.

通过这些例子可以看到,用对比法翻译一些习语也是非常好的,我们尽可能大胆地去实践。

（3）特殊结构法

我们一定会遇到用押韵法和对比法都无法解决的习语翻译问题,那么还有个屡试不爽的,可以满足习语翻译基本要求,即让人感觉到其特殊性的方法,那就是特殊结构法。

请看例子:

Bright forecast for futures market.

市场前景一片大好。

Changing on course to be country's shipbuilding capital.

国家造船之都,打造进行时。

Park to become national materials center.

工业园将成为国家物资中心。

Air force no threat to others.

空军不会对任何人形成威胁。

Father of China's space program mourned.

悼念中国航天之父。

Forum on sky safety.

天空安全论坛启动。

Water tech forum to begin.

水科技论坛即将开始。

Fish killed in lake pollution.

湖泊污染造成死鱼成群。

Food for thought.

发人深省的事件／精神食粮。

对上面的表达进行分析不难发现,它们都没有谓语,都不是完整的句子,这就是特殊结构。有的是独立主格,有的是短语和独立结构等。只要我们把一个句子的谓语去掉,就会得到各种特殊结构,在使表达变得简单的同时,又不失语义的完整。因此,特殊结构法可以被视为是非常"救急"的一种习语翻译方式。

2. 汉语成语的翻译

所谓成语，是语言中经过长期使用、锤炼而形成的固定短语。它是比词大而语法功能又相当于词的语言单位，而且富有深刻的思想内涵，简短精辟易记易用。成语的来源有以下几种：神话寓言、历史故事、诗文语句、口头俗语。

成语是我国语言文学的一大特色，在诗歌中，比比皆是，它们读起来酣畅淋漓、音韵优美，具有极强的修辞效果。要翻译汉语成语，首先必须了解两种语言各自的特点。大家都知道汉语的四字结构往往并列排比，颇有气势，而英语用词清晰、具体、自然。成语翻译方法大致分为意译、直译、套译法。

（1）意译

有些成语照字面翻译会使作文晦涩难懂，难以阅读。例如，"胸有成竹"这句成语出自苏轼源语，即"胸有成竹"，意思是说画家在画竹之前，必须先在脑子里产生竹的形象，比喻在做事之前心中已有了全面的考虑。只要理解了原意，就不难翻译出它的比喻意义，应该是"have a well-thought-out plan before doing sth." 例如：

"粗枝大叶" be crude and careless

"暗送秋波" make secret overture to sb

"灯红酒绿" dissipated and luxurious

"不眠之夜" white night

"扬眉吐气" feel proud and elated

"开门见山" come straight to the point

"一败涂地" meet one's waterloo

（2）直译

汉英成语也可追求意义上的对等。不少汉语成语不一定有非常对等的英语成语，但如果按照字面意义翻译也能使读者正确无误地理解作者的意思。例如：

"井底之蛙" be like a frog at the bottom of a well

"口蜜腹剑" be honey-mouthed and dagger-hearted

"声东击西" shout in the east and strike in the west

"史无前例" be without precedent in history

"爱屋及乌" Love me, love my dog

"国泰民安" The country flourishes and people live in peace

"和气生财" Harmony brings wealth

（3）套译

中国成语典故历史悠久，有的成语在字面上就会有中国古代的人名、地名，有的出自寓言或历史典故，特别是中国几部史书与名著，如《论语》《三国演义》《红楼梦》《西游记》等，都闻名世界。同时，英语成语中也有不少成语带有文化背景，如运用适当，更能使两种文化相互渗透。例如：

"杯弓蛇影" afraid of one's shadow

"黄粱美梦" vanished dreama fool's paradise

"叶公好龙" professed love of what one really fears

"初出茅庐" just have first experience in

综上所述，由于汉英两种语言文字的差异和文化传统的迥然不同，不同的俗语在翻译方法的选择上也不尽相同，但无论是直译还是意译，只要能准确地再现作者的本意，巧妙地运用中国特色的俗语为英文作文服务，便值得我们对俗语翻译进行进一步的研究。

二、典故文化的翻译实践

随着中英文化的深入交融，英语在人们日常交流中使用更为频繁。典故是一种语言文化，为了深入掌握英语典故的内涵，在解读作品的过程中，译者需要从中西文化差异的角度出发，不断加强个人英语文学素养，全面解析英国文化历史和语言传统。针对影响典故翻译的多维因素，在应用各种翻译技巧的过程中，译者需要抓住原文的主旨，恪守相关的翻译原则，既要保留原文思想，使译文展现出原有的魅力，又要让读者深入浅出地理解英国文化的丰富内涵和语言风格，理解作品所表达的深意，助力读者英语理解和交际水平的提升，促进中英文化的交流与融合。

在英文中，典故是极具代表性的英语文化内容和现象，能够起到过渡和引申思考的作用。然而，在实际翻译工作过程中，时常出现中文语句与原文语句存在差异的现象，这与翻译人员缺乏英语典故文化知识有直接关系。要想提升典故翻译的精准性、生动性和趣味性，需要译者掌握西方国家的历史背景和文化特点,深入了解典故的来源和制约因素,从而掌握典故翻译的应用技巧,避免由于理解误区影响翻译的整体质量和效果。

(一)典故文化

1. 源于寓言故事和某些作品

寓言故事是一种较为常见且具有典型性的故事形式,大部分寓言故事的内容都较为简短,并且故事中的所有人物都在故事中发挥着特定的作用,其说明的道理也清晰易懂,通过一段故事的讲述来为读者展示作者想要表达的人生哲理,从而起到教育读者的作用。举例而言,西方最流行的寓言故事集《伊索寓言》中提到北风和太阳的故事,讲的是北风和太阳比赛谁更能让一个行人脱掉衣服,北风采用不断吹风的方式来试图刮走行人的衣服,最终行人却因为寒冷而将衣服裹得更紧。而后面出场的太阳则通过散发热量,增加温度的方式来让行人脱下衣服,最后取得了胜利。这一则寓言故事说明,有时候采用更合适的方式比暴力更能达成目的。这些故事运用了生动的寓言以及具体的故事来阐述简明易懂的人生哲理,因此受到了创作者与读者的欢迎。此外,西方还有许多其他的寓言故事,如《克雷索夫寓言》等。这些寓言故事被运用至英语文学的创作与翻译过程中,不仅能让文学作品更加富有趣味性,还可以拓展作品的价值内涵。

通常情况下,寓言故事在讲述道理时一般会采用比喻的手段,并且故事的主体往往较为短小精悍,如"农夫与会下金蛋鹅"的故事,便讲述了一位农夫渴望发财,在得到一只会下金蛋的鹅后依然没有满足,希望通过杀掉鹅获取金蛋的方式来一次性取得大量的财富,最终却一无所获,还失去了原本会下金蛋的鹅。在上述故事中,人们可以学会的道理是:一个人不能太过贪婪,否则会得不偿失。此外,还有蛇与铁锉的故事,这个故事源自"snakes and iron files"这句名言,其故事内容是一条蛇将铁锉误认为是一种食物,却没有想到铁锉说它从来不会被别人咬,只会吃别人,跟人们常说的"骗人的反而又被别人骗了"相似,这个故事告诉了毒蛇不要自作聪明。西方作者创作了大量的,其中许多具有代表性的作品成了典故,并对英语日常用语也起到了深远的影响。

2. 源于历史故事

历史故事中记载着人类社会发展的具体过程,也蕴含着人民群众的劳动智慧与劳动成果。在历史长河之中,许多人的优秀事迹与历史故事传承下来,这些历史故事对于国家文化发展而言具有非常重要的作用。一部分蕴藏人文价值或者是饱含生活哲理的历史故事不仅可以进一步丰富作品的内容与形式,也可以巧妙灵活地转移读者的注意力,将更加多样化的历史故事与人民群众的生活经历相互结合,帮助读者博古通今。在历史故事演变与发展的过程中形成了大量的典故成语,这些典故成语背后藏着一个又一个广为流传的故事,记载着一件又一件伟大的光辉事迹。

3. 源于西方经典名著作品

西方经典名著作品既包含中世纪较为典型的歌剧和话剧本,也包含了诗歌和近代散文。比如,莎士比亚的作品广为人知,许多人均拜读过莎士比亚的作品,了解莎士比亚笔下各种人物的具体事迹。莎士比亚的优秀作品可以被称作是西方文学的瑰宝,属于非常典型的西方经典名著作品。莎士比亚的作品流传至今,许多文人学者对莎士比亚著作内容进行深刻解读之后,体悟到了更深层的含义,或者是直接将莎士比亚所写下的各种人物或事件进行有效转化,转变为作品中的光辉一笔,这些作品中的著名台词和典型事件成了西方英语中的经典内容。因此,译者在翻译时,需要侧重分析作品中人物刻画的方式,掌握作者想要传达的情感,以期实现英语文学典故翻译的高效输出。

(二)翻译典故时必须考虑的因素

1. 文化背景不同

不同国家由于社会形态、地理环境、政治制度以及经济发展情况有所不同,导致国家的文化背景存在差异性。不同国家的风俗习惯不同,也会导致文化背景产生一定差异。在诸多因素的影响之下,不同国家诞生出了独特的风格、差异形态的文化背景,由此产生不同形式的英语。

中英文化产生差异的原因除了地理位置、历史发展和自然气候因素之外,还与长久以来的文化传统差异息息相关。针对英文文学中的典故,译者需要先明晰文化之间的差异,在翻译作品典故的过程中,应该根据作品所处的时代背景,基于对应概念和要素,结合中文的语言文化习惯和使用特点,使翻译内容更接地气,力求典故翻译更加符合国内读者的需求。

2. 典故的对应情况

由于不同国家蕴含着丰富多彩的历史文化,文化背景各不相同,因此根据文化背景所产生的历史典故也有所不同,每一个历史典故对应着一个历史故事,每一个历史故事又可以演变为一种英语表现形式,每一句优秀的英语又可以表达出不同的思想情感,演绎着不同的历史故事。当前情况下,典故的对应形式主要存在如下两种情况。第一,典故之间存在着基本的对应情况,可以直接翻译典故或者实现典故互译,虽然典故可以基本对应,但是并不意味着典故的内容完全一致,典故也不可以相互替换。第二,典故之间存在着部分对应关系,在英语典故用法以及含义表达等诸多环节中,典故之间依然存在着细微差别,译者在翻译历史典故的过程中,需要把握这一点细微差别,凸显历史典故的独特之处。

3. 文章整体性

英语中的各种历史典故起着画龙点睛的作用,不仅可以修饰英语的相关内容,也可以吸引读者注意力,增强英语的可读性。在译者选择历史典故或者是应用典故含义的过程中,必须注重文章整体性,所选择的典故需要与上下文之间形成连贯关系。

4. 典故来源

从前面的叙述可以发现,英文典故来源途径广泛,因此在翻译典故时,译者应该全面考虑此种特征,充分利用个人的知识储备,基于典故来源理性判定。译者应该采用最为贴合的翻译策略,实现翻译结果提质增效的目标,进而提升翻译作品的可读性,避免翻译作品和原著出现不协调的情况。

5. 语言交互背景

英文中的典故表现出多元的形式与内容特征，这一点与中国文学典故大同小异。译者在翻译的过程中，应该全面考究文化语言之间的平衡关系，在英文文学典故能够与汉语典故有机对接的时候，如果用法、语境基本一致，便可以进行直接互译。此外，在英汉典故翻译中，译者要合理辨析差异化语言环境中的共同点，结合具体的翻译情形，实现灵活翻译的效果。

（三）英汉典故文化的翻译方法

1. 直译法

在英文中，很多典故都是特定语言环境下的产物，其中包括地理和历史条件。直译法是较为常用的一种翻译方法，其能够最大限度地保持英文语言的原始风格，凸显作品的原创性。该方法主要以语言转换为主，引申相对较少，保留了最初的表达形式，有助于读者根据典故内涵加深对英美文学与文化的理解。在具体的翻译中，一些约定俗成的词语以及源于历史故事的典故均可采用直译法。

直接翻译英语中的各种典故，可以有效保留典故中的独特含义与精神价值，也可以将典故中的特殊内涵淋漓尽致地展现出来，将历史情境或者是价值观念重新显现在读者面前。例如，"an eye for an eye and a tooth for a tooth"这一英文句子对应的中文典故可以翻译为"以眼还眼，以牙还牙"。这种典故的翻译方式直接保留了原本的含义，通过直接翻译的方式，一字一句地进行翻译，便可以快速了解典故的主要内涵。

虽然绝大多数英语所引用的典故具备鲜明、形象的特点，但部分典故对于读者而言比较陌生，尤其是将中文翻译成英文之后，一部分读者无法直接解读典故的主要含义，采取直译法，可以有效还原典故的原本含义，有助于读者快速理解文本的主要内容，保持文章的流畅性与一致性。

2. 意译法

如果译者在翻译英语中的典故内容时无法使用直译法，则可以通过意译法的形式进行有效翻译。由于中西方文化存在较大差异,一部分读者在理解英语内容的过程中可能会遇到较大阻碍,一部分读者可能依然保留较为传统的文化理解思维,在接触国外其他国家优秀文化的过程中,可能会存在误解。为了合理避免此类情况,在翻译过程中,译者需要尽量保留原文的大致含义,对原文中的一部分细节内容进行调整与转化,只需要保留语句的大致含义即可。

3. 直译加注法

直译加注法在英文典故翻译过程中的应用效果相对较好,受到许多译者的青睐。直译加注法要求译者完全保留原文的基本形式,随后在原文下方添加注释,帮助读者理解原文的主要内容,避免读者对原文相关内容产生误解。在译者保留原文基本形式或者是大致含义的同时,可以直观、清晰地展示出作者原有的思想、情感,保留作者的主观意图。

4. 释义法

针对一部分民族色彩或者是国家区域色彩较为突出的英语而言,译者在对英文语句进行翻译的过程中,如果直接采取直译法的翻译形式,可能无法帮助读者理解原文的深刻内涵与独特意境,读者可能会对作者的思想、情感产生一定误解,无法促进读者与作者之间的心灵沟通与互动。面对此种情况,译者可以采取释义法的翻译形式,将历史典故中所隐含的各种含义直观地呈现在读者面前,帮助读者理解比较复杂的语句内容,感悟更加深刻的民族文化。译者需要对文章的基本含义进行有效翻译,精准翻译文本的核心内容,对特殊文本内容进行注释或解读。

5. 增译法

译者在对特殊文本进行翻译或注释的过程中,需要对作品中的某一部分文学典故进行深化翻译,避免直接翻译,出现语言歧义问题。在此过程中,译者需要帮助广大读者理解文章的深刻内涵,还需要向读者淋漓尽致地展现作者的创作思想与独特手法,加深读者对文章内容的理解。由于东西方文化差异相对较大,读者与作者的思维方式可能会存在较大不同之处。因此,读者在阅读文章的过程中,可能无法正确解读文本含义,无法彻底理解作者的思想与意图。

对此,译者为进一步提升作品翻译的准确性与真实性,可以用增添的语句,丰富文章的核心内容,降低读者的阅读难度,采用通俗易懂的语言描述文章的大致内容,这种较为典型的翻译方式便是增译法。经过长期实践与研究之后表明,绝大多数英文在创作与调整的过程中均融入许多当地元素,一部分作者经常会有意无意地将地方文化元素或者是民族元素融入其中,这意味着地方文化元素对作者的创作思想与情感产生了一定影响,也对英文创作产生了非常深刻的影响。译者需要采取多种翻译方式,对不同的英文文本进行有效翻译与解读,对一部分词汇进行有效拓展,保留文本中的精髓内容。

增译法也是在直译法的基础上,结合原著作品中的民族文化、历史背景、地域特征和人文要素,进一步修饰所形成的翻译方法。对英文中的典故,译者可适当增加相关文字,产生一定的代入效果。例如,在英文中,为达到修饰的目的,常对地名和人名进行增译。增译法能够确保读者在跨文化环境下深刻感知典故的精髓,凸显作品的人文情怀。

在全球化背景下,各国之间的经济交流以及政治交流逐渐加深,文化交流的机会也随之增多。不同国家文化之间呈现出相互影响、相互渗透的关系,这对于促进世界文化大发展与大繁荣而言具有非常重要的作用。译者在促进世界文化交流与繁荣的过程中,已经作出了非常重大的贡献,译者更加需要掌握英语文学典故翻译的具体技巧,理解英语的核心内容,把握作者的创作思想。

6. 套译法

套译法是典故翻译工作中的一个重要翻译方法。由于我国文化和西方文化存在很大的差异,单纯依靠直译产生极佳的翻译效果的情况并不多见。而套译法,是套用汉语中的典故,一来会让读者理解起来更加顺畅,二来还能避免造成文化的误读。例如,"Can the leopard change his spots!"便可应用套译法翻译为"江山易改,本性难移";再如,"Someone prefer turnips and others pears."可以套译为"萝卜青菜,各有所爱"。这样有助于翻译更加精准和地道,避免读者出现晦涩难懂的问题,有力促进了中英文化传播的有效性。

7. 其他方法

(1)提升通用性语言的应用

中文语义与英文语义固然有显著的差异,然而在实际语境表达上往往具有很强的共通性。因此,在英文典故翻译中,译者不需要片面地追求对英文语义下文化概念的呈现,而是应尽量采取通用性语言给予解读。以《麦田里的守望者》中的代表性典故为例:"When you are listless, people will always say that you are high." 假若按照英文语义的视角解读,能够概括高兴、兴奋一词的语言环境十分宽泛,但是难以对单一语境去诠释。此时,参照墨菲定理延伸语义概念,一来有助于读者加深对典故的理解,二来可以帮助读者深刻掌握作者赋予作品的内涵与灵感。当然,合理应用通用性语言概念,还需要在保持原意的基础上适当性地拓展,产生基于相同语境的有机对应,让读者能够从典故中感受并体验到典故文化解读的艺术性及通俗性。

(2)细化语义结构、优化语句含义

为了达到理想的典故翻译效果,译者需要明晰细化语义结构、优化语句含义,灵活翻译。对于很多英文名作来说,在翻译过程中优化典故语义细节,可以全面提升作品表达效果。当然,这要求译者围绕原有典故语言结构对文学典故的部分原意进行一定的改动,但是不会对文章的主体思想造成影响。以《傲慢与偏见》中代表性典故为例。

Happiness in married life is entirely a matter of chance. The knowledge of the temper of two lovers before marriage, or the similarity of temper, does not guarantee their happiness. They always managed to grow further apart afterwards, vexing each other. Now that you are going to spend your life with this person, you'd better know as little as possible about his faults.

以上内容假若单纯按照英文语义分析解读,势必会造成婚姻概念的中心思想出现让步,然而该典故所揭示的现象与当时社会现实极为吻合。译者如果没有采取语义结构的优化思维进行解读,势必会造成上文与下文之间脱节。因此,从典故语义与结构优化的视角出发,译者可以在中英文化差异背景下,探寻优化的具体路径。典故中关于对伴侣缺点的概述,与中国婚姻观念格格不入,特别是难以被已婚读者群体所接受。正因如此,通过优化语句含义使婚姻观与包容性相协调,才与我国婚姻观的中心思想相契合。借助语义概念替换与优化,可以让读者从中式婚姻思想角度深入感知名作作品典故的内涵思想,极大地避免了语言歧义的出现。

（3）注重对意译解读的准确使用

在差异环境下的语系中，即使一样的语言概念也不能一概而论。一些译者在典故翻译中苦思冥想地寻求在中文与英文语言互通的情境下的概念转化，虽然取得了一定的效果，但是无法做到面面俱到。这也是采取意译策略进行翻译的现实根源。以《沙丘》中的著名典故为例。

Only by obeying the wind can willow branches flourish. One day, countless willow branches will form a wall of iron that can resist the wind. That's what willow branches are for.

该典故明确地将柳树暗示分为人的意志和思想两个体系。假如单方面侧重人的意志，就难以凸显团结一致的主题思想；若对团结思想进行集中解读，就会导致个人意志引发的效能失去意义。为此，在英文作品典故的解读中，要避免单一运用汉语语境取代其中概念，应在遵从英文原意的基础上适度阐述，确保意译作品让读者充分理解。

（4）优先使用辩证思想阐释典故

中英各有千秋，我国译者在翻译英文时，需要与国内主流意识形态保持一致。然而，西方与我国在文化意识形态方面区别很大，一些典故所表达的主题思想多表现出政治批判性，与我国社会主流价值思想格格不入。因此，在翻译英美典故时，译者需要从辩证思维的视角，在保持部分典故原意的基础上，结合我国主流意识形态优化调整典故内容，通过创建多元化阅读视角，提升阅读代入感，实现其与主流意识形态的协调平衡。

（5）注意文化背景差异因素

各国之间的文化存在差异，彼此之间是平等的，不存在高低之分。因此，在文化的认知上，我们应尊重各国文化之间的差异，促进文化平等交流。鉴于此，在英美典故翻译过程中，译者应该将此因素考虑进去，了解典故的内在含义、形成过程、历史背景，这样翻译过来的典故才能更具历史感。

（6）注意英汉翻译相对应

众所周知，国家之间存在一定的文化差异，所以在对英文典故进行翻译的过程中，也存在一定意义上的理解差异。对于典故翻译，如果典故的写作手法以及写作内容二者是对应的，那么译者就可以直接采取直译的方式翻译；如果作品的内容与写作形式存在不对应的情况，或者是部分对应，就需要译者在翻译时针对部分对应的内容使用不同的翻译技巧,这样才能保证典故表述的准确性。

（7）注意保证文章的整体性

出现在英文作品中的典故,其核心宗旨是利用一些历史人物、神话传说、寓言故事等阐述作者想要表达的情感与某些意愿,借用典故的形式予以婉转的表述。恰当地应用典故,对作品本身可以起到锦上添花的效果,能提升作品的整体风格水平。但译者在翻译这些典故时,要着重考虑典故在其中所起到的核心作用,要从整体文学定位角度考虑典故引用的意义价值,在翻译时要注意细节,注意与文章整体之间的联系,让其翻译后能够对文章起到积极的提升作用。

三、饮食文化的翻译实践

（一）英汉饮食文化差异分析

西方饮食文化精巧科学、自成体系。西方烹饪过程属于技术型,讲究原料配比的精准性以及烹制过程的规范化。比如,人们在制作西餐时对各种原料的配比往往要精确到克,而且很多欧美家庭的厨房都会有量杯、天平等,用以衡量各种原料重量与比例。食物的制作方法的规范化特点体现为原料的配制比例以及烹制的时间控制。比如,肯德基炸鸡的制作过程就是严格按照要求进行的,原料的重量该多少就是多少,炸鸡的时间也要按照规定严格地操控,鸡块放入油锅后,15秒左右往左翻一下,24秒左右再往右翻一下,还要通过掐表来确定油炸的温度和炸鸡的时间。

相比较中国人的饮食原料,西方人的饮食原料极其单一,只是几种简单的果蔬、肉食。西方人崇尚简约,注重实用性,因而他们不会在原料搭配上花费太多的精力与时间。西方人只是简单地将这些原料配制成菜肴,如各种果蔬混合而成的蔬菜沙拉或水果沙拉;肉类原料一般都是大块烹制,如人们在感恩节烹制的火鸡;豆类食物也只经白水煮后直接食用。

西餐的菜品主要有以下几种。

（1）开胃品。

（2）汤。汤是西餐的第二道菜,大致可以分为四类:清汤、蔬菜汤、奶油浓汤和冷汤。

（3）副菜。副菜一般是鱼类菜肴，是西餐的第三道菜。

（4）主菜。主菜通常是肉、禽类菜肴，是西餐的第四道菜。

（5）蔬菜类菜肴。西餐中的蔬菜类菜肴以生蔬菜沙拉为主，如用生菜、黄瓜、西红柿等制作的沙拉。

（6）甜点。西方人习惯在主菜之后食用一些小甜点，俗称"饭后甜点"。实际上，主菜后的食物都可以称为饭后甜点，如冰激凌、布丁、奶酪、水果、煎饼等。

（二）英汉饮食文化的翻译方法

1. 写实型——直译

"写实"，顾名思义，重在"实"，因此"写实型"主要是指以菜肴的原料命名，能够直观地反映菜品的原料、刀工及其烹饪方法。以冬奥会为运动员提供的菜谱为例，"写实型"菜肴比比皆是。例如，荔枝鸡片（Sliced Chicken with Litchi Source），此类"写实型"菜肴中并没有包含文化信息，因此我们在翻译时应该遵循直译原则，简单明了地传递给外国运动员菜肴的主要信息，便于理解。

2008 年北京市人民政府办公室和北京市旅游局联合编撰出台的《中文菜单的英文译法》一书中，涵盖了 1500 多种常见中国菜肴的翻译，也对此类"写实型"菜肴的英译给出了参考，主要体现为以下两种形式。

第一，菜名组合为原料＋辅料。例如，冬奥菜谱中的玉米排骨汤（Pork Ribs and Corn Soup）、冰梅凉瓜（Bitter Melon in Plum Sauce）、茄汁巴沙鱼（Basa Fillets with Tomato Sauce）。这类很好理解，翻译原则就是将主料和配料直译，然后用 in 和 with 将其连接起来。

第二，菜名组合为烹调方法／刀工＋主料（形状）＋（with/in）味汁。例如，冬奥会菜谱中的荔枝鸡片（Sliced Chicken with Litchi Source）、番茄烩牛腩（Stewed Beef Brisket with Tomato）、青椒炒牛肉（Sautéed Beef with Bell Pepper）。

2. 写意型——意译为主＋直译为辅

据史学家研究，中国菜名重在"雅"字，为了展示文化底蕴内涵，中餐菜品的命名在不断追求"意美"这一境界,极富浪漫主义色彩,颇有古风诗韵,如"蚂蚁上树""凤凰展翅""七星伴月""黑白分明"等。在饮食文化的交流中,中西方菜名的差异颇为戏剧化。分析其根本原因,不难发现,菜品命名的差异直观体现出语言文化的差异。中国菜名本身就是艺术,多为意象、比喻形式的体现,有时由于地域文化的历史传承,菜名甚至融入当地的民间传说、典故、习俗,等等。如此命名的目的不仅在于命名,更是在于文化渲染、文化传播、文化传承、体现寓意、寄托情感、弘扬历史、增强地域民族感染力。基于本国文化熏陶荡涤,中国本土居民理解起来并不困难,但是由于中西饮食文化的差异,西方人民难以意会。西方人注重"简单""明了""实在",菜名只需要体现菜的原料和做法,西方菜名更多颇为直接,其目的在于直观、理性的表达。因而,在翻译此类"写意型"菜肴时,应遵循"意译为主,直译为辅"的原则,可以舍弃菜名中对信息传递的无关的信息,直接指出菜肴的主料、配料和烹饪方法等基本信息。重视菜肴的信息传递功能,以实代虚、化繁为简,简明扼要地译出菜肴的主料及做法,为外国人提供准确的菜肴信息,避免"虚"而不"实"。

以冬奥会菜谱之一"红烧狮子头"为例。"红烧狮子头"为扬州名菜,起于隋朝,盛于唐朝。前身是隋炀帝命御厨特制菜肴"葵花斩肉"。唐朝时,人们觉得用巨大肉丸做成的葵花形菜肴宛如雄狮头颅,威武霸气,寓意盛唐国泰民安,也对应唐朝将军的狮子帅印,寓意戎马一生,所向披靡,因此从唐朝起,此菜改名为"狮子头",官方将其译为"Stewed Pork Ball in Brown Sauce",准确简明地将狮子头的主要用料、做法及酱汁译出,这样才能让外国人一目了然,摆脱了原文内容的束缚。反之,若将其译为"Braised Loin's Heads",恐怕不仅不会吸引外国宾客,还会起到反作用,令其感到害怕。因为狮子在外国人眼中是百兽之王,狮子的头更是不可食用的,在翻译写意类菜肴时,译者还需充分考虑到中外文化的差异性,尽量做到翻译出菜肴的实质性内容。

3. 典故型——直译 + 解释性翻译

中国诸多菜肴的名称中融入了历史名人或者历史典故,其目的多为表达赞扬或是缅怀纪念,能直观地体现历史,让人们在品尝菜肴的同时对文化历史留下深刻的印象。例如,"东坡肉"(Dongpo Pork),其为北宋元祐年间,诗词大能苏东坡先生在杭州任职,治水有功,将肉工整切块后炖煮至香酥软烂,设宴与百姓同乐。百姓为纪念苏东坡,将此肉命名为"东坡肉"并流传至今。据调查可知,外国人在冬奥会期间最喜爱的菜肴为"宫保鸡丁"。宫保鸡丁是由清朝名仕丁宝桢所创,丁宝桢闲暇之时喜欢研究菜肴,将辣椒、花生、鸡丁爆炒后创造此菜。在丁宝桢担任四川总督时,为人刚正不阿,为官清廉,多建功勋。皇帝对其授予封号"太子太保"。宫保鸡丁的名字由此得来,一方百姓为了纪念一代名人为一方土地带来的恩泽就将此丁家私房菜发扬光大,官方给出的译文为"Kung Pao Chicken"(spiced diced chicken with cashew),也是直接翻译出"宫保"二字,然后稍加注解。因此在翻译此类"典故型"菜肴时,一般采取"直译 + 稍加注解"的方法。但是由于此类菜名往往承载较多的文化信息,所以在翻译的过程中难免会出现文化流失现象。因此有学者提出,可以在加注时,对菜肴的典故稍加说明。这样一方面能够让国外友人更加了解菜名背后的故事,给他们留下更加深刻的印象,另一方面还能促进饮食文化的相互交流。

4. 地方风味型——直译 + 突出地方名

华夏地大物博,美食大致分为八大菜系,为了体现各地特色,在菜名中融入地理信息的情况也屡见不鲜。例如,"西湖醋鱼"(West Lake Fish in Vinegar Sauce)。杭州西湖盛产草鱼,且由于西湖水系优良使得其草鱼肉质鲜美。将西湖加入菜名使得菜肴获得了更高的评价,并且直观洞悉来源,增强地域自豪感,传播地域饮食文化。在冬奥会菜谱中,此类"地方风味型"菜肴也比比皆是,如北京烤鸭(Beijing Roast Duck)、广东点心(Cantonese Dim Sum)直接采用"地名 + 原料 / 加工方法"的译法,即将地名与菜肴主料相结合。又如,四川辣子鸡(Spicy Chicken, Sichuan Style)、北京炸酱面(Noodles with Soy Bean Paste, Beijing Style),则是直接采用了"原料 / 加工方法 + 地名汉拼音 +Style"的后缀形式。

5. 数字型——简译

中餐中也多以数字命名,在中餐中,数字的意义多表示此菜的特点、精细程度、品质等级、食材数量,等等。例如,中国地方美食"三不粘"是用鸡蛋面粉蜂蜜在高温锅中颠炒而成的糕团型甜品。此菜软糯同时做到不粘锅、不粘筷子、不粘牙,因此得名"三不粘"。这一名字准确地体现了菜肴的特色。类似的还有"一品千丝豆腐"。一品表示菜的等级，千丝体现的就是烹饪师傅极致的刀工和细节，将一块嫩豆腐横切八十八刀，竖切八十八刀，每一根豆腐线条都细如发丝共七千多条，因此用千丝命名。翻译这类菜名时应当做到灵活变通，碰到有内涵的数字，透过数字的表象看到本源，通过合理的翻译方式准确地体现菜肴名称。我们在处理此类菜肴时，尽量采取简译的方法，如冬奥菜谱中的八宝咸菜（Assorted Pickles）、素三鲜煎饺（Pan-Fried Vegetables Dumplings）、三丝炒米粉（Fried rice noodles），都是省略了菜肴中的数字，直接将菜肴的原料及烹饪手法翻译出来。

6. 寓意型——意译 + 注释

在中国，很多事物都被赋予了超脱原本名称的寓意，如红豆代表相思，青、绿、翠代表生机、希望、美好，鲤鱼代表祝福或高升，金和玉往往寓意财气或良缘。这种传统饮食文化中也体现得淋漓尽致。例如，"翡翠白玉盅"（白菜豆腐汤）寓意平平淡淡、和和美美，"鲤跃龙门"（糖醋鲤鱼）寓意金榜题名或步步高升。在翻译此类极具文化寓意的菜肴时，我们仅需要遵循意译的原则，将材料和主要烹饪方法展示给外宾即可。但是有很多学者表示，这样的翻译没能达到信息传递的功能对等。因此可以在菜名后面稍加注释，简要介绍，让外宾了解菜肴的言外之意。

以冬奥会的菜肴之一"四喜丸子"为例，"四喜丸子"为中国"鲁菜"的代表之一，"四喜丸子"对应中国自古公认人生四大最喜之事，分别是：久旱逢甘霖、洞房花烛夜、金榜题名时、他乡遇故知。此外，在每年年末，新春团圆之时，岁暮天寒，风禾尽起，更是少不了四喜丸子，餐桌上的四喜丸子包含了人们对辞旧迎新，来年春风吹满四时吉祥的美好愿景，官方将其译为"Braised Pork Meatballs in Gravy Sauce"也是遵循了这一原则，直截了当地指出此菜的烹饪方式、主要材料和酱汁，让外宾能一目了然。笔者认为，翻译需要在做到"信、达"的基础上，再进一步去追求"雅"，首先要准确地传达菜肴基本信息，然后可在其后稍作注释，体现出中华菜肴名称的"意"。例如：老少平安"Steamed Bean Curd and Minced Fish（the whole family is well）"；佛跳墙"Fotiaoqiang——the Buddha jumped the wall for luring by its smell（assorted meat andvegetables cooked in embers）"。

7. 极具中国文化特色型——音译

冬奥会期间,爱吃韭菜盒子的中国选手谷爱凌,也因边吃韭菜盒子边等成绩登上了热搜、外媒也对中华美食之魅力充满了好奇。笔者经调查发现,*GLOBAL TIMES* 在对此报道时,将韭菜盒子译为"Jiucai Hezi, traditional Chinese snack, a pan-fried dumpling filled with chives and vermicelli noodles",直接采用了音译+注释法,用汉语拼音译出韭菜盒子,再对其进行解释——中国的传统小吃,原料为韭菜和粉丝的煎饺子。再如,比赛期间吃豆包走红的"豆包小姐姐"马耳他运动员珍妮斯·斯皮泰,马耳他驻华大使卓嘉鹰(John Aquilina)在接受采访时更是表示,许多马耳他人因为斯皮泰而知道了什么是豆包。在视频采访中,大使先生直接把豆包的英文名称翻译为了汉语拼音"doubao"。这样的翻译更有利于跨文化交流,就像提到"三明治",大家都知道是"sandwich",提到汉堡,大家都知道是"hamburger",直接音译中华美食"doubao""Jiucai Hezi"能更加直接、有效地传递菜肴的文化信息,也更能体现出我们对中华美食的文化自信。

四、建筑文化的翻译实践

(一)英汉建筑文化的差异分析

1. 中国建筑推崇宫室本位

在中国古代社会,人们对大自然产生的是一种敬畏之情,这种精神尤其体现在畏天方面。为了表示对大自然的敬畏,人们特别喜欢筑坛植树。后来,在这一传统思想的影响下,人们修建了很多寺庙、道观等建筑,体现了中国宫殿建筑的一种精神。中国建筑的主流思想就是宫室本位,为了体现皇权的至高无上性,古代皇帝为百姓灌输奉天承运的顺从思想,天子享受着无上的尊严,对臣子具有生杀予夺的权力,并且对世界上的万事万物都要负责。

2.西方建筑推崇宗室本位

在西方社会中,由于人们的宗教观念十分深入人心,因而在建筑层面主要体现的是宗室本位的思想。教堂是神圣不可侵犯的,是人们精神的一种代表。西方社会中很多的哥特式教堂体现出灵动、奔放的特点,利用空间推移、直接的线条以及色彩斑斓的光线,为人们营造了一种"非人间"的境界,让人产生一种神秘之感。

(二)英汉建筑文化的翻译方法

1.西方建筑文化翻译

(1)强调翻译的文化属性

在进行语言翻译时,必须将所翻译的语言置身于大的文化背景去考虑。语言是文化的构成,文化包容与孕育着语言,因此语言翻译活动不能独立于文化存在。翻译过程中,既要考虑语言的表达方式,人的表述方式,表述思维等,还要考虑承载着语言的文化环境。因我国是农业大国,自古以来,土地就是发展的基础,是人民安身立命的基础,我国有着十分深厚且丰富的土地文化。而英国是海洋上的帝国,水、鱼等是英国人民日常接触的食物。在这样的文化背景与文化差异下,要想翻译好"挥金如土"这一四字成语,就需考虑英国的文化背景与文化环境,考虑英国人对金钱,价值等的理解,在此基础上将"挥金如土"翻译成"spend money like water"(花钱像水一样),这样就更便于对方理解。总体来说,在开展翻译活动时要考虑文化背景与文化差异问题,重视由文化差异带来的翻译问题。

(2)注重翻译的实际应用要求

在翻译活动中,也需要注重翻译的实际应用要求。翻译出的作品最终是要用到实践中,为一些研究或建设工作服务,所以翻译要讲究技巧,但也不能失去实用性,要实现"地道"的翻译,从而便于读者阅读、理解与应用。

由于西方建筑文化中的很多常用语在汉语中都有对应的表述,因此在对这些内容进行翻译时可采取直译法。例如:

anchorage block 锚锭块　　　　　　bearing 承载力

cure 养护   masonry 砌体

pier 桥墩   glass 玻璃

common brick 普通砖   cellar 地下室

corner 墙角   door 门

floor 楼层   pillar 柱／柱脚

2. 中国建筑文化翻译

（1）丰富知识储备，提高自身能力

要想翻译好建筑英语，就必须有扎实的功底，要掌握丰富的专业知识，有一定的英语素养。翻译人员需不断在学习与实践中锻炼、提升自己的能力，丰富自己的知识储备，不断提高自己对建筑英语知识归纳、整理、分类、转化及应用的能力，进而提高建筑英语翻译能力。建筑英语与一般英语之间有联系，又有不同，要想翻译好建筑英语，就需分析、挖掘、发现以及整合建筑英语与一般英语之间的融合点、衔接点，将建筑英语的专业性与一般英语的开放性、灵活性等有机糅合，进而使翻译工作更加顺利，让翻译成果更加出彩。翻译人员需正确认识到，英文词语表达中的修饰词汇、语法、语序和表达语气及语境的描述等都是建筑英语翻译所要掌握的基础知识与必备技能，因此在平时要不断学习，不断积累，持续夯实基础，为翻译工作做好准备。另外，要想让翻译精彩，就不能只机械地记忆词汇、语法等理论性的知识，要在平常的学习与实践中加入自己的感性认知，要主动了解、分析建筑文化、建筑文化特色等，从而更好地把握建筑翻译的核心或灵魂，使翻译成果更加灵动。例如，在翻译某栋建筑时，不仅要运用专业的英语词汇准确描绘出建筑的大小、造型、占地面积等，还要深入了解建筑的建造背景、设计理念及时代特征等，要在翻译的过程中注重一些文化性的东西，以免自己的翻译理性有余而感性不足，或者是出现空洞乏味，使人不想阅读的情况。

（2）更新翻译观念，提升表达技巧

对于翻译，很多人将其简单理解为不同语言之间的相互转化。这样的解释或认知只突出了语法、单词等的重要性，而忽视了翻译的文化属性，在这样的理解或认知下，译者容易将翻译过程变为简单的词语转换与句子排列，最终导致翻译出的作品不是十分出彩。译者应正确认识到，翻译是一项比较复杂的活动，翻译时，不仅要考虑将原文含义准确翻译出来，而且还要考虑译文的美感、风格、阅读感受等问题。所以，

在开展建筑英语翻译活动时,译者要适时转变翻译观念,从多个角度出发去思考与认识建筑翻译,并在翻译过程中综合考虑多种因素、多个方面,以提高译文的整体质量,提高译文的可读性、实用性与艺术性。翻译过程中,译者需充分考虑语序、语言风格、语言习惯及语境等要素,注重语言的情感表达与语言的美感,在准确表达原义的基础上对语言作适当修饰,使译文更易阅读、更易理解、更加符合目标语言的语言环境、更具有人文性。具体如,中国有句话叫"一方水土养一方人"。地理环境不仅影响人的生活方式、生活习惯与思维方式,而且影响建筑风格与建筑文化。因此,在进行建筑英语翻译时,必须将翻译活动放到大的地理环境与文化环境中,立足整体、全局的角度去感受与把握建筑的造型风格及文化特色,然后再将翻译细化到具体的字词句上来,确保最终的译文血肉丰满、丰富生动。比如,在对陕北高原的建筑解说进行翻译时,就需从当地的地理环境、人文环境等出发去感受当地建筑的风格与特色,把握当地建筑的特征特点,在基础上合理措辞,科学构句,保证整体的翻译质量。陕北高原的地理环境与气候条件与江南水乡有显著不同,陕北高原多属温带大陆性气候,气候干燥,降水较少,一些地方黄土遍布,在这样的自然环境下,陕北高原的建筑不会有江南水乡建筑的秀丽玲珑与清新柔美,而是充斥着壮阔雄浑之感。陕北高原的建筑也如当地朴素坚强的人一般给人以硬挺、硬汉的感觉。在翻译这类建筑的解说时,也必须把握大的感情基调,不能过于甜言软语,要将解说原有的情感、含义等正确的、生动地表达出来,让阅读译文的读者也能够感受到陕北建筑的硬汉风格,感受到陕北建筑带来的震撼。

总体来说,在进行建筑英语翻译时,译者要有自己的观念与见解,要明白,建筑英语翻译并不是要求在翻译过程中照本宣科地将建筑语言翻译成英语,而是用特定的语言技巧将对建筑的审美与历史文化、风俗习惯等融合起来,使译文更加生动鲜明,更具有阅读价值,更能给人以好的阅读体验。

（3）建立先进理念,进行跨文化交流

由于建筑英语的专业性与综合性较强,所以建筑英语翻译具有一定难度。在建筑英语翻译中,通常很难准确表达出原语言所含的情绪。针对这种情况,翻译人员要能运用先进的理念与技巧方法巧妙处理,以保证最终的、整体的翻译效果。例如,在对北京故宫、西藏布达拉宫、苏州园林等极具中国文化特色且具有深厚历史文化底蕴的建筑进行翻译时,就需要打破文化的交流隔阂,树立先进的文化理念。

例如,故宫是历史的遗物与历史的结晶,是中国特色文化的体现。故宫不仅是极具特色的建筑,而且还是一种文化象征,是人们情感的寄托,是部分外国人对中国的印象。在翻译故宫或翻译与故宫有关的解说时,应准确把握故宫在建筑领域、文化领域、艺术领域及中国历史上的重要地位,在翻译中体现出故宫的庄重庄严与古典韵味,凸显出故宫恢宏壮阔的"皇家气派"。英国会议大厦是英国非常重要的公共建筑,相较于文化性,会议大厦的功能性更被人们所看重。因此,在翻译英国会议大厦或有关英国会议大厦的描述时,应着重体现其正式与实际作用。

通过上述的分析我们可以总结出这样一条建筑英语翻译技巧:在进行建筑英语翻译时,可先根据建筑的用途、类别等对建筑进行归类,从大体上把握建筑的主要特色;然后再将建筑置于大的自然环境与文化环境中,分析历史及当地文化给建筑施加了怎样的色彩,并根据分析结果确定翻译方向与语言特色;之后在具体的翻译中再结合实际情况确定是采用"增加修辞"还是"减少旁白"等具体的翻译策略,有效提高译文质量。

建筑英语翻译具有一定难度,要想翻译出高质量的作品,就需做好对专业词汇的学习与运用;在翻译过程中注重翻译的文化属性与实际应用要求;译者要不断丰富自身知识储备与实践经验,多阅读,多实践,不断更新自身翻译理念与翻译技巧,并在翻译过程中树立文化意识,重视文化差异,从多个角度出发去思考与认识建筑翻译。

第六章

英语文学翻译学理论阐释及应用探索

不管是中国还是西方,在长期的发展过程中都积累了丰富的文学财富。中西方想要实现文学层面的交流与传播,就需要利用翻译这一媒介工具。因而,从很早之前,人们就开始从文学视角展开对翻译学的研究。本章重点研究英语文学翻译学理论阐释及应用探索的相关内容。

第一节　文学与翻译

一、文学的创造性

（一）文学创造性的表现

1. 具身化的经验情感

在本就是人类的情感和生活感性支撑的文学领域，竟然都出现了工具化的替代物，很难想象人类应该怎样面对和自处。放任这一形式同时也就是放任文学的未来，变得趋同和模式化。哈福德在《混乱：如何成为失控时代的掌握者》中指出："秩序观形成于工业时代，而随性混乱、矛盾分心、犯错警惕包含了后现代时代最需要的品质：创造力、应变力、适应力和自由独立。走出内心的舒适区，利用挫败和干扰打破艺术创作、科学研究的僵局，在任意的震动、失控的边缘捕捉逆袭的创造魔力。"①

人工智能时代，人类的生活和工作呈现一种破碎化和疏离感，生活的看似规律与内在的无序交织，如何在各种信息以及新技术层出不穷的时代达到与自我和时代的和解，是整个人类面临的共同处境。就文学而言，作家的适应力和自由的个性表达依旧是值得赞扬的存在，时代的洪流裹挟着一代代人的思想和文字存留于世就是文学的重要意义所在。只要有人类的存在，对于记录和书写的脚步就很难停止，是客观地记录和缺乏时代性的冰冷的文字，还是可以传达情感和思想的文学流传，这是人类自身的选择。

人工智能难以复制的特点之一就是人类"具身化"的情感与生活经

---

① ［英］蒂姆·哈福德. 混乱：如何成为失控时代的掌控者 [M]. 侯奕茜译. 北京：中信出版社，2018.

验，人工智能输出的文本本身具有的情感是读者在阅读和理解基础之上二度阐释生成的情感，机器只是文字的搬运者。毕日生提出："文学作品中的情感具有一种独特的性质，既具有作者的亲身经历，也具有一定的超越性。从作家中心的角度来看，情感是通过语言表达的，因此语言是情感的载体。然而，从读者中心的角度来看，情感具有一种超越性，读者可以通过语言和修辞手法等中介，解读并重构作品中的情感。AI 文学创作通过对人类文学作品情感的识别和表达实现了这种超越性。深度学习和神经网络的'编码—解码'技术在情感的表达和理解中起着至关重要的作用。这种情感的创造性转化在于它的源头不在于人类，而是于机器。与人类情感不同的是，AI 文学创造的情感是一种去除了亲身经历和主观意识的'人工情感'。"① 这一说法说到底还是站在读者的文本解读角度，将智能机器输出的文本赋予人类的情感和思考。这种"人工情感"不是机器本身产生的，而是人类在解读语言文字时自然流露出来的，人类直接的情感表达与接受在一定程度上区别于机器传达产生的情感。文学艺术语言和符号都是由人类创作的，人类通过人自身运用语言文字将自己对社会生活、人与自然的情感体验用语言符号直接表达出来。人工智能的这种"人工情感"在不同程度上还是要受人自身对社会生活、人与自然的认识和感情倾向和态度的影响，具有主观性。我们可以说这种"人工情感"是一种"人机结合"或"人机合一"的情感，但不能直接说机器可以输出"情感"或者含有情感。

在人工智能时代，文学艺术作品创作过程中产生了一种新现象，那就是在智能手机软件应用中自动识别图片中的文字内容，判断图片是否具有某种情绪、情感等。这不仅提高了文学作品创作效率和质量，而且为文学艺术创作提供了新手段和新方法。这种"人工情感"让我们看到了科技发展给我们带来的便利。但是，作为一种新型的文学艺术形式，它在一定程度上也改变了人们对文学艺术的认识和看法。特别是 AI 技术应用到文学作品创作中后，可能会对文学艺术作品产生一定影响。诚然，机器和人类都能够根据画面和话语进行情感判断和反应，同时解析一副"深秋夕阳下枯叶纷飞"的画面，人类作家和智能机器可能会发生同样的"落寞寂寥之情"。但是二者内在的"神秘机制"却完全不同，作家的创造性体现在意念、想象、情感等很多的方面，文学创作过程中的

① 毕日生. AI 文学情感是一种"人工情感"[J]. 长江文艺,2020（19）: 139.

独特的意念和情感经过逻辑思维和语言形式的转化成为最终的物态化的作品。智能机器的"人工情感"则是通过对人类文学作品中的作家的"具身化"情感进行共性地解读和学习编码的反映结果,输入"夕阳枯叶",机器很难生发出像刘禹锡般"我言秋日胜春朝"的个人化感悟。虽然如此,我们也不能够保证文学作品都是优于人工智能的作品,市场上也有很多模式化、套路化的文学作品轻易就能够被智能文学所取代甚至超越。韩少功也指出:"机器人写作既可能又不可能:可以胜任类型化写作,但创造性、高价值地作为行业引领和示范,仍需出自人——特别是机器后面的优秀男女们。"①

文学作品是人类情感的自然流露、感情抒发和心灵沟通,是人类社会生活的一种折射,文学作品中会蕴含着作者对生活、社会和历史的认识、理解和情感体验。创作者在创作中通过运用语言和文字,将自己对社会生活、人与自然的情感体验,用艺术形式表现出来的文学作品。文学作品可以表达和抒发人类共同的情感,是人类灵魂之窗的一部分。文学作品创作过程就是通过语言符号把创作者对生活、社会和历史的认识、理解和情感体验转化为文字符号形式表达出来。尽管与智能机器类似,人类从进化之初就处在一种模仿中生活,无论是狩猎还是农业劳作,都在模仿中进行。人类历史上的艺术作品都是人类模仿的结果,也是对过去生活经验和劳动成果的总结。但不同于机器的是,在这个过程中人的创造力不断被激发出来。艺术作品不仅是一种客观存在,还包含着创作者对社会生活、人与世界的关系以及生命体验等诸多方面的思考。

每位作家都是特别的存在,有着自身的喜好和情感表达,这形成于个体生活的切身体验和成长完善之中。作家的"具身化"情感体验蕴含着作家的生活经历以及思想成长,这一过程中每个人经历牙牙学语的懵懂、年少的勇敢和无畏、亲人别离的不舍和难过、爱而不得的无奈和遗憾、工作失意的惆怅和迷茫、疾病缠身的痛苦和恐惧、欢聚一堂的喜悦和快乐、时间飞逝的惋惜和追忆……人类共性的生活因为每一个人的不同经历而多了许多的可能性和值得被记录的故事,是这些原始的情感和思考让文字变得不再单调,充满多样性。同时,作家写作过程中写作经验的获取依赖于自身的人生经历以及写作数量的增加与技能的不断磨

---

① 韩少功. 当机器人成立作家协会 [J]. 读书,2017(06):7.

炼,逐步形成属于自己的体系和写作习惯。而机器的写作则是凭借着算法和程序的迭代更新,文章的输出数量与文本质量并不成正比。作家在时代变化以及社会生活的积累过程中,写作的内容和心态会发生改变,且作家能够即时性地对于时代内容进行记录书写以及自我感悟的抒发,这些都是人工智能机器始终落后于作家无法通过模拟达到的。

对于具身化经验情感的强调,不是说人类作家的作品是纯感性的产物,也不是经过程序和算法就可以被计算的理性的产物,而是感性和理性相结合的作品。我们在强调要坚持人类作家的特性的时候,不是完全地摈弃理性的存在,而是要理性与感性相结合,强调书写情感和人性,书写时代呼唤的而不是市场需要的作品。真正的作家写作不是为了应试或者完成任务,更不应该成为盈利或者追名逐利的工具,而是为了记录自己的思考和生活,这个过程应当像呼吸一样自然,而不是像机器一样刻意地模仿。

2. 能动化的创造思维

作家具身化的情感经验,是对于社会事件和生活琐事最本真的情感反馈和感性经验,媒介和科技在带给人类便捷的同时,也剥夺了人类肉体切实的体验感和真实感。网络信息和各种软件的便捷,使得人类足不出户就可以完成很多的社会体验,"读万卷书,行万里书"的传统,变得不再那么容易实现,我们总是被困在虚拟网络的世界和各种电子化信息之中,对于社会的探索和自我的思考总是在看似繁忙和琐碎的生活之后变得失去表达欲和倾诉欲,文字的治愈被其他看似便捷高效的乐趣所代替。这种情况之下,有力量的文字,现实声音的表达被唤起,智能文学的出现,一定程度上催化了人类面对种种现实危机的行动力。具身化的情感经验是作家在写作过程中独一无二的不可替代的素材和回忆,而人工智能写作视野下作家的独特性还体现在作家能动化的创造思维上。

冯·诺伊曼在《计算机与人脑》中提到:"从理论上来讲,AI逻辑架构的实现与神经冲动(能量)产生的信号传递类似:计算机设定者给出一个目的性指令(从这个角度说,AI运作的底层机制必然是因果性的),计算机便根据一定演算框架(即代码)进行运作,之后根据相应电信号的回馈得到某种回应指令。一台机器若要通过计算来解决一个具体问题,就必须由一组完整的代码来控制它。现代计算机的使用是基于用户就该机器要解决的给定问题而开发和制定出必要的完整代码的能力。"① 由此可见,人工智能写作逻辑架构编码解码的机械化过程虽然类似于人类的神经传导,但是始终不同于人类的故事性思维或情感性思维。这种工具性的技术性的思维模式和人类的跳跃的可更改的思维完全不同,而且略有欠缺。

简单的逻辑思考推理以及对于形象的分类综合,人工智能的技术程序可能要优于人脑的反应和处理速度。但是就"灵感""直觉"这些富有创造力的思维形式,智能机器是很难进行模仿和超越的。当作家获得灵感时,意识与思维高度活跃且能够付诸到文本之上。人的思维是很奇妙且难以短时期数据化的,人脑的不同的神经系统所控制和掌握的能力,是心理学家和医学家研究都无法穷尽的。创造性思维更是如此,作家突然地"心领神会""茅塞顿开"都是在一瞬间之间完成的,并且每一次的灵感和顿悟都是不可复制的。创造性思维具有一定程度上的"盲目"性。它并不是指没有根据、没有目的地胡乱想象,也不是指对某一问题没有任何主见和看法而盲目地凭空猜测或无中生有。创造性思维具有一定程度上的"盲目性",但这种盲目性并不意味着没有根据、没有目的,它只是以一种更加科学、合理、有效的方式来思考问题,以获得更加正确、科学、有效的解决问题。与灵感一起出现的往往还有作家独特的想象力,作家经过训练或者是素材的积累进行的想象性的飞跃和灵感的迸发,是思维的不可控和未知的即时的惊喜。

更为重要的是,人类作家在进行文学创作之前能够进行整体的逻辑思维框架构思以及或大或小的计划制定,文学创作过程中也可以进行及时的回顾和删改。现阶段的智能机器程序还停留在分层迭代和机械输出上,在还未形成完整的文本之前,是逐句的算法推导,输出文本之后也不可更改,机器的这种随机性和确定性完全不同于作家的及时性和整体构思。而且,作家进行创造时,都是自主化地在一定的写作动力之下进行的研究和分析,作家的思想总是被一定的表达欲冲击,要么"心有郁结"依靠文字进行纾解;要么游行历事"作文以记之";要么"为情所困"抒写爱意,这些都是机器所不能解析和编码的行为。计算机显然不会具有自主性的创造性,都是通过程序的设计进行的艺术品输出。现阶段机器的写作就是建立在程序的输入和算法之上,机器的工具化思维是

---

① [美]约·冯·诺依曼.计算机与人脑[M].甘子玉译.北京:商务印书馆,2009.

数据的编码和解码,是系统的输入和产出。意象画面所传达的共性情感可以被数据化和计算,但是自主的联觉、通感、感物、移情是人类的独特思维所在。作家能动化地利用并且培养自身的逻辑思维和灵感思维,就像是卡夫卡的变形记、乔伊斯的意识流,个人在文学实践中寻找文学的新创意、新的叙事方式、大胆的想象和幻想,这些都可以帮助文学维持源源不断的活力和生命力。

文学文本是人类的语言活动创造的结果,人类始终是文学规则的制定者和标准衡量者。从本体论层面看,文学文本是一个开放的体系,由两个以上的构成,这两个要素是:文本中的语词、句子以及由这些语词、句子构成的段落和篇章,就像一条河流从源头到入海口的流动状态,文学文本在流变过程中会产生丰富而复杂的变化。文本中没有人为设置的规则,没有人为划定的边界,也没有人为规定的语汇、句子和段落。但是,在文本发展的不同阶段中,"创造性"特征呈现出不同特点。从最早的自然语言阶段到语法规则确立阶段再到文学体裁确立阶段,文学文本与人类创造之间有着紧密联系。人类创造丰富了语言文字世界,文学文本也为人类提供了各种修辞手段和文学形式。从人与语言和文学的关系来看,人类在使用语言中所形成和发展起来的语汇、句子以及段落、篇章等都是作为"创造"的基本元素而存在着。

因此,作家除了对自身的文本写作方式和个体心理进行调节之外,还可以能动地调整整体人类文学的语言规则和评价标准。陈楸帆进行的"人机交互写作"实验,利用智能机器进行文学的写作和创意表达,或许就是新时代之下的一种新的创造思维的体现,利用工具但同时不放弃自我的写作和创意表达,形成新的叙事和文字表达模式的样式。这个时代人人都被困在机器和信息的世界里,如何利用这一形式,不在信息的世界里迷失,是每一个作家和人类所共同需要做到的。

3. 多样化的文学风格

每位作家的作品都有其独特的文学风格和语言表达的特性,作家主体自身的独特风格和个性是其作品独特的意义所在。对于文学创作来说,这种风格和个性的形成与作家主体所处的时代、环境和经历是息息相关的。每位作家都有其不同的生活环境,不同的成长经历,不同的时代背景。作家在创作时就会表现出自己所处时代人们所普遍具有的文化修养、社会观念、思想水平等。文学作品中所反映出的社会生活状况和人们思想意识、道德情操等,反映出了当时人们与自然相处的观念、与人相处的观念;对生活现状和未来的预测、对人物命运发展的猜测,对命运走向的安排等等。这些都是作家自己独特的个性体现,也是作家主体自身所具有的独特魅力和个性所在。

作家在创作时,会结合自己所处环境、人们的思想状况来反映自己内心最真实的感受,这些都是作家主体独特个性形成过程中与外部世界发生碰撞和摩擦时产生出火花从而形成独特风格和个性。作家在创作时,往往会根据自己对生活、对人生意义的理解来选择表达方式,来塑造人物形象以及描绘出所要表达的思想情感,还会根据自己对社会生活、个人经历以及作者自己内心世界活动和思想感情变化的看法来选择采用不同类型去表达,从而形成其独特的风格。

海子的"太阳""王位"、顾城的"自然"和"死亡"、三毛的"流浪"和"沙漠",这些都是他们独特的个人风格和意象代表。人工智能对于众多作家主体的诗歌进行学习而习得的风格,是其程序输入者强大的算法能力,不是阅读其作品的读者在阐释和分析中所体现出的自身的风格。人类作家在进行文学创作时,可以对于文学的字词进行尽可能地删改和推敲,只为了寻找最符合心中的意蕴表达的词语组合。智能机器的文字输出是对于人类文学的语法和文字的排列组合,是对于作家常用意象和字词的大数据筛选,现阶段的人工智能显然还没有形成属于自己的被读者所接受的独特的意象和风格。智能机器人进行对于作家主体进行学习的过程中,总是有很多的选项和繁多的组合形式,它可以学习人类共性的语法和规则,却无法在共性的学习之上形成独特的富有辨识度和美学价值的文学作品,在智能化步步紧逼的现在,作家主体应该发挥自身的独特的个性和风格。

作家基于语言规则和人工智能基于神经网络学习的自然语言学习不同,尽管人工智能有两个重要的特点:一是根据需求生成作品,二是因为人工智能不是人类,不会像人类那样受到主观情绪的影响。但正是因为智能机器不受情绪影响,纯机械地完成任务,自然输出的文本也会出现没有文字的禁忌、不理解文字背后情感内涵的情况发生。例如:

GPT-3 是人工智能科研公司 Open AI 开发的自然语言模型,即 generative pre-trained transformer 的缩写,翻译过来叫生成型预训练变换器,这是第一个能够创作出与人类语言相媲美的自然语言的人工智能。这一语言转换系统能够保证人类与机器进行顺畅的交流和沟通,尽管目前已经依靠这一系统进行了许多的诗歌甚至书籍的创作,但是不得不提的是,这一语言模型存在着明显的对话漏洞和逻辑不通的情况。

显然,人工智能想要达到对人类语言的深度的彻底的理解存在很大的难度,计算机只是没有灵魂的机器,而不是理解任何东西,它们只不过是大语料库的模式识别和统计记忆。人类作家语言背后的文化内涵以及时代背景和语境是机器无法灵活分析和回应的,文学批评不能忽视人类和人工智能之间的巨大物质性差异。机器建构的世界是其程序和算法的虚拟数字化语言世界,不是现实多样的历时的由关系网络构建的人类语言世界。

人类作家对于一些虚构类的概念和想象的事件可以轻而易举地通过个人语言进行合理的解释和描写,可以自由地谈论自身的信仰,可以在写作中刻意地进行虚无的留白和省略悬念。但是这些虚无的或者说非实体的概念,对于机器来说,是难以量化进行概念理解的,更不可能在文字里进行描述和传达。非逻辑的、梦幻的、大胆的天马行空的描写和夸张以及对于时代的、社会的、阶级的讨论,自由意志的表达短时期内还只是人类作家的专属。人工智能专家王飞跃在解释著名的"广义哥德尔定理"时说:"算法智能远小于语言智能,语言智能远小于想象智能。"[①] 人工智能不是凭空创造语言,而是依赖于时代背景和软件的操控者输入的既存数据库,这些资料的背后有着一定的局限性和可操控性。智能机器无法反思其生成语言的妥协条件,也不会去思考自己是被历史吞没还是会从历史中解脱出来,除非有一天人工智能发展到可以在区分历史和命运的过程中即兴创造出一种新语言。

机器对于文章规则和作品的学习能力人类很难比拟,但是个人的情志和风格是机器无法效仿和获取的。作家或者说人类在历史的长河里依靠着独特的具身化的经验情感,能动化的创造思维以及多样化的文字风格,创造着属于人类的文学、艺术、绘画、科技、文化以及许许多多的属人的小小世界,这个世界不是机器短时间就能够占有和代替的。文学作为一种关于"人"的话语方式,以作者掌握和分析话语的方式,超出了语言符号的属性范围,如简单的语法、方法结构、逻辑关系等。在这方面,如果人工智能程序被这个复杂的"作者"所要求,不能简化为某些规

---

① 王飞跃.新IT与新轴心时代:未来的起源和目标[M].上海:上海财经大学出版社,2019.

则，它显然超出了当前算法的功能范围，至少在很长一段时间内对它构成了巨大的挑战。此外，如果我们在文本、历史、社会和其他因素之间引入更不确定的联系，人工智能可能需要很长时间才能达到人类可以正常理解的水平。

总之，人的具身化的情感经验和社会、政治、宗教、哲学等综合的时代因素，是机器短时间内所无法简单数据化的。人类是存在个性感受的，每一个人对于时代和自身的命运都有着独特的理解和分析。人类对于机器的威胁和不断的发展会进行及时的调整和反思，理论家、哲学家、心理学家、社会学家对于同样的时代问题总是能够默契地进行发掘和分析研究，这些都是机器很难达到共鸣的。在人工智能文学已经出现并且还在持续发展的现状之下，人类作家必须坚持自身不可被计算和量化的特性，并且放大和坚持，形成属于自己的相应时代下个人化的独特的文学世界建构，而不是放任文学的发展。南朝刘勰提到："设文之体有常，变文之数无方"[1]，提出文学创作通变的规则要："博览精阅""宏大体""总纲纪"[2]，从前代作品中吸收养料，掌握作文基本规则和纲要；"凭情以会通，负气以适变"[3]，基于规则根据个体情志表现运用文辞，写出风格各异的文章。就文学的意义，文学创造的价值以及人类创造文学的目的来看，无论人工智能的文学发展到何种地步，最终的落脚点和服务旨归还是在人类本身。文学的形式和叙事模式，最终的评价以及理论研究还是人类作家进行的，人工智能短期内很难产生自主自发性的文学创作意识以及完善的评价机制，文学的阐释最终还是人类来进行。

（二）创造性与文学的未来

尽管本书的研究重点放在了对于作家的"创造性"的强调和文学原创力的保持之上，对于文学发展的未来可能境遇，断言"文学终结"还为时尚早。如何利用科技的契机进行现实的调整和未来境遇的可能性展望，是理论家必须进行且与时俱进的研究方向。在"未来"还未到来之前，作家在切实的生命体验之下对于人类灵性文学的坚持和把握也有重要意义，面对人生、生命、命运等问题时，作家可以用灵性文学来表达自

---

① 范文澜. 文心雕龙注 [M]. 北京：人民文学出版社，1962.
② 同上.
③ 同上.

己的思考和态度。

1. 文学发展的现实可能

麦克卢汉在《理解媒介：论人的延伸》中说："任何一种新的发明和技术都是新的媒介，都是人的肢体或中枢神经系统的延伸，都将反过来影响人的生活、思维和历史进程。"[①]机器制造的初衷就是作为人类的延伸和协助工具，但是一旦机器的发展开始威胁到人类的生存和精神空间，确实应该进行反思和调整。在机器写作日益逼迫人类作家进行写作创新的时代，我们作为人类的身份，必须发挥自身的独特的情感和不可被计算和数据化的东西，不可能看着文学市场被机器和各种写作软件所生产的文学占领却毫无作为。人类作家的文学创作不可被轻易替代的就是自身独特的想象、情感以及社会经验。说到底机器也是人类的"创造"产物，机器文学最终的旨归是为了输出完美的仿人类文学，那么无论是人类本身还是人工智能类人化的创作，二者最终的旨归还是关于"文学"本身的意义和目的。

技术媒介的飞速发展以及商品经济带来了人的异化和解构冲动，人类将众多的理论、规则、形式、中心化推翻，提倡自由、个性、无规则、去中心化。但是这种反叛带来的是作品的良莠不齐和思想上更大程度的空虚。对于"意义"和"完整"的追求变得虚无，在碎片化和疏离感日渐显现的生活里，文学、艺术，甚至是慢节奏的生活都变成了可触不可及的东西。信息的接收变得迷糊而不持久，拿着书本进行长时间的文学阅读也变得奢侈和缺乏行动力。这种情况之下，作为千千万万靠文字舒缓生活压力以及真正热爱文学并以此为生的作家该如何自处？那些普通的读者，他们在乎的不是文字的构造者，而是阅读打发时间带来的愉悦感和精神舒缓，资本主义以及消费主义的陷阱使得普通人甚至作家都变得物质和功利化，快节奏的逐利驱动之下，作品的质量逐渐让位给"销量"和"流量"。人工智能藏匿于虚拟身份的人类作家背后，自然也很难被读者发掘和指认。人工智能作品的意义实现靠的是读者的阅读和阐释，其作品可挖掘和被理解的背景是隐藏在程序背后的几百位诗人的经验记忆在与读者共鸣，而不是机器本身。如果人类真的达到和机器作品

---

① [加]马歇尔·麦克卢汉. 理解媒介：论人的延伸[M]. 何道宽译. 北京：商务印书馆，2000.

共鸣的话,其原因还是由于人类认知的思维和情感,机器只是冷冰冰的文字输出,无法进行深层次的互动。而且,人工智能的作品靠的是作家写作开创的先河,如果人的阅读需求和写作要求长期不进步,那就意味着整个的文学市场停滞不前。作家无法创作出好的作品,读者的阅读需求也变低,那么人工智能也很难通过数据的录入进行高质量的模仿型文字输出。

人工智能文学已经开始解构人类的文学主体地位,技术的飞速的发展还在不断考验着人类的反应速度。2021年炒得火热的"元宇宙"概念以及"新信息技术革命"、2022年引发热议的"ChatGpt"等频繁刷屏刺激公众眼球,也迅速而深刻地改变着社会生活。

时代和技术的发展之下,人的形象面临进一步的拆解,后人类学说的提出表明人的精神和思想存在或许会变成信息云盘一样的储存芯片植入机器。弗朗西斯·福山在《我们的后人类未来》一书中写道:"某种程度上,现代自然科学合力拓展了'谁配称为人类'的观点……我们也许即将跨入一个后人类的未来,在那未来中,科学将逐渐赐予我们改变'人类本质'的能力。在人类自由的旗帜下,许多人在拥抱这一权力。"[①]后人类"去身化"的话题和研究一步步深入我们的生活,部分智能技术甚至已经合法化,后人类学说在基因学和神经科学研究等方面提出有朝一日人变成思维漂浮,物质化的存在。"人机结合"的预言威胁着人的具身性感受,人类的生活如果都像如今的VR建造的虚拟场景一样充满沉浸感和信息化,如果真到那时,我们现在一切坚持和设想都像是在唱"人文主义"的挽歌。

现在对历史文化的强调变得毫无意义,人类流传下来的文字书写习惯以及思考世界的方式也会发生翻天覆地的改变。人类失去了具身化的存在,意识和信息的传输和控制将变得快捷和无私密性,人类变成了人机结合的"非人"甚至"超人",现在的肉体的具身化的"人"的形象以及我们强调和维护的人性的"文学"或许都会终结。

技术的未来总是无法预测的,但是"人性"的理智和整个人类社会的发展不会放任技术的"潘多拉魔盒"被一次次地打开,直到威胁人类自身的存在,毕竟现阶段开启魔盒的钥匙尚且掌握在人类自己的手中。

---

① [美]福山. 我们的后人类未来:生物技术革命的后果[M]. 黄立志译. 桂林:广西师范大学出版社,2017.

人工智能在短期之内也无法进行非逻辑、非程序化、非确定性的写作，人类身体带来的独特的感受力和情感是机器很难突破和穷尽的。但理论学科的性质与使命决定了它既要坚定地立足于现实，又要具有一定的前瞻性。在对待已经突破现有理论框架的新现象时，不能采取掩耳盗铃或削足适履的态度，而是要面向未来，对既有理论体系进行反思，并寻求建立新的理论模式来更好地解释现实、进而指导现实。

2. 文学"创造性"的坚守

"人类"和"文学"是否会终结，取决于科学的发展和时代的抉择，从现阶段的人工智能文学的出现和发展态势来看，智能技术深入人类内心深处，代替或者超越人类文学还需要漫长的时间。AI 技术研究者对于人工智能文学艺术发展前景以及未来"超智能化文学"有着超强的技术展望，人工智能的未来发展我们未置可否，是否会产生"智能化"的文学评价以及生产机制，我们不得而知。但是现阶段人工智能的文学作品短时期内是无法达到与人类作家文学作品相媲美的程度的。现阶段的智能发展还只是"弱人工智能"阶段，我们同样无法预知智能机器发展到能够对人类的情感及语言实现理解并且拥有自主化意识的具体时间。但是不可忽视的是，"原创力"的下降给了智能文学进行模仿和学习的突破口，人工智能文学的出现显示了如今文学市场的人类作家整体的文学原创力和阅读欣赏水平的降低，类型化模式化的文学显然不能成为作家接下来的写作追求。

人工智能写作的出现对人类及其文学带来了不可忽视的影响，人类作家如何在机器尚未占领和彻底物化之前生发出蓬勃的生命力是当下需要进行研究的话题。就像前文所说，各种写作软件和机器写作的出现，也意味着文学的写作方式和原创性的降低。"所以，写作软件及智能写作对文学的威胁可能不仅在于它们在现实中对这一行业的挤兑，而在于这一写作方式对文学的病毒化的影响。换句话说，我们的文学可能面临着来自两个方面的压力，一方面，我们固然要应对显在的机器写作的挑战，另一方面，也是更为艰巨的是如何与已经侵入我们内部的隐形的机器化写作抗争。"[①]

因此，面对上述这两方面的压力，一方面针对机器写作的挑战，我们

---

① 汪政，晓华. 文学：我们如何应对机器写作[J]. 太湖，2017（06）：57.

可以探索"人机协同"的新形势，依靠科技作为人类能力的延伸，而不是当作威胁全面反对，将技术的优势用于自身的"创造力"上，进行新的文学创作以及文学新范式。智能机器人强大的数据的搜集及其处理能力，尽管会被网文作者利用进行文字的复制和改写，但同时也可以节省作家搜集素材或者是新闻工作者进行数据整理的工作时间。

人工智能输出的文字的某些奇特的意象或者是词语的排列组合形式，也会提升作家以及某些创意工作者的创造力和想象分析力。比如，陈楸帆与人工智能写作程序"陈楸帆2.0"进行人机交互，创造的科幻作品《恐惧机器》《出神状态》。随着智能机器的发展，未来或许出现人机联合主体及其新的理论范式的可能性，将人工智能作为人类进行文学创作的工具。对于是否要将智能文学建立起与传统文学、网络文学一样的评价机制、伦理研究、美学价值、著作权等问题，文学理论界也都进行了广泛的讨论和研究，这或许会成为未来文学理论界的新的研究范式。智能文学本是人类为了创造"类人化"的文学形式推行的算法和程序，在智能技术持续发展的前提下，不排除AI未来会形成专属于自己的文学研究和叙事方法的可能性，也不排除会产生新的智能文学形式和"联合智能主体"的可能性。

另一方面，机器写作对于文学内部的影响，我们要对于既有的理论和文学现状进行反思和调整。作家是我们这个时代最有理想、最具创造精神、最有想象力的人，他们不仅仅是"写什么"，而是"怎么写"和"写什么"。文学是一个时代精神与文化品位的反映，作家们需要有敏锐而深刻的观察力和对历史和社会的把握能力。历史和社会是最好的"未来"，文学要承担这个使命从现实生活中汲取养分，利用历史提供的丰富复杂而又生动形象的素材，揭示那些隐藏在时代背后、让人难以觉察到的规律和本质特征。另外，文学与时代也有着密切关联，作家应该把握时代脉搏、领悟时代精神、反映时代变迁，将这种精神感受转化为作品，通过作品反映时代精神和社会发展规律。智能机器写作现实的出现下，我们需要强调文学的审美思维特质，突显作家主体文学创造性的诗性直观、情感属性和价值属性，实现对于爱美向善的基本人文价值的延续。"原创力"的下降给了智能文学进行模仿和学习的首要突破口，那么我们就应该大力强调文学"创造性"的回归和新面貌，书写充满人情人性的真正的文学作品；紧跟时代，书写符合历史变化，同时把握现存的生命体验并及时改变比等待智能的发展超越人类或许更有意义。

总之，人工智能写作的未来发展尚未可知，现阶段人工智能写作使得文学创作的技术限制被克服、文学创作门槛降低，文论分析和读者的审美边界受到影响已成事实。人工智能的根本目的是制造出能够模仿人类行为的智能机器，那么人工智能创作在一段时间内应是高效帮助人类的学习，处理重复性和简单智能劳动的工具，而不是成为代替或者超越人类文学的存在。也许真到了"人机合一"的那一天，现在的讨论和坚持变得可笑且毫无意义，但是对于"意义"的追寻和时代的思考正是我们这些拥有着实在生命体验的人类的追求。

二、文学发展的影响因素

文化差异是人类社会发展的综合作用结果，具有明显的地域性。由于作家的文学作品创作行为是在特定的国家和社会政治文化背景下进行的，因而文学作品中往往会包含特定的文化元素，而这种元素在跨文化翻译行为中需要重点处理。对应到文学作品翻译中，就是要区分好作品中涉及的各类文化差异。具体来说，文学作品翻译中表现比较多的文化差异主要有以下几个方面。

（一）自然环境差异

艺术来源于生活，又高于生活。这说明，文化艺术作品通常是在生活环境的启发下产生的。文学作品虽然是作家对特定的人、事、物等要素进行理解和讲述，但其往往具有明显的环境依据。自然环境是人类生活环境中的重要组成部分，通常也是文学作品创作中重点挖掘和利用的要素。然而，同一自然环境因素在不同的文化背景下往往被解读为不同的内容，这就使得中西方文学作品中的自然环境要素会出现较为明显的差异。

受长期农耕文明的影响，中国的文学艺术作品中经常会出现牛、马、羊等与农业相关的语言，作家倾向于使用马到成功、龙马精神等具有褒义性的词语；而受海洋文明的影响，西方的文学作品中经常会出现与海洋相关的语言，并用这类词语来象征特定的意思。例如，会用 big fish表达"大亨"的意思。自然环境差异的另一个表现就是国家地理位置的不同。以"东风"为例，中国位于亚洲大陆东部，太平洋西岸，深受"东风"

的滋润,因此文学作品中经常用"东风"来寓意美好、有生命力;而英美国家分处于欧洲大陆和美洲大陆,所处的地理位置正好与我国相反,"东风"往往是寒冷刺骨的,因此在文学作品中,"东风"经常被理解为没有生命力或者寒冷的意思。

(二)神话典故的差异

神话典故是中西方文学作品中经常引用的内容,其具有认知广泛和内涵深刻的特点。但是,受地域文化等因素差异的影响,中西方的神话典故往往表现出明显的不同。在西方文学作品创作中,作家倾向于选择古希腊、古罗马的神话故事作为作品中的素材,来提高文学作品中语言的夸张性和象征性;在中国文学作品中,作家倾向于选择符合世俗民情,且通俗易懂的经典神话或者坊间故事作为文学作品中含蓄性的语言表达,目的在于提高作品中语言的艺术性和生活化内涵。对于文学作品翻译来说,因为中西方关于神话典故理解的不同,往往需要对作品中的神话典故对应的背景内容进行系统性梳理,然后在目标语言的文化背景下进行语言意思的转化,使翻译的语言符合神话典故的原意,而不是简单、机械地翻译。

(三)文化价值观差异

文化价值观是影响人们文化认知的深层次要素。中西方文化是在中西方文明演进的过程中逐步沉淀、形成和传承的。文化产生和发展背景的不同,使得文化呈现出较大的差异,进而使得在文化熏陶下形成的价值观产生了比较明显的差异,体现到文学作品中,就是文学用语思维和习惯的差异。例如,在中国的文学作品中,经常会出现与"龙"相关的论述,因为在中华文化中,龙代表吉祥、富贵,深受民族认同和尊重;而在文学作品中,作家较少使用这一词语,因为在西方文化价值观念中,龙代表的是邪恶和毁灭。虽然文学作品创作是作家自身的事情,但由于文学作品最终要面向读者进行阅读和传播,因此作家在作品创作时,往往会从国家或者社会文化价值认同的情况出发进行遣词造句,这就使得文化价值观的差异在文学作品中较为常见,是文学作品翻译中需要重点关注的内容。

（四）风俗习惯差异

风俗习惯是在特定文化背景下产生的人们共同遵守的行为模式或者行为规范。作家创作文学作品时,由于作家本人深受其自身成长环境中的风俗习惯的影响,这就使得文学作品中会出现风俗习惯表达方面的内容。地域性是风俗习惯具有的明显特点。对应到文学作品翻译中,受中西方地域文化差异的影响,作品中关于风俗习惯表达的翻译也会出现明显的差异。以社交礼仪习惯为例,受传统儒家思想的影响,中国的社交注重长幼有序,礼节上多采用点头致意或者拱手等保守性的礼貌表达,而西方国家的社交行为并不注重这些,更看重的是人与人之间的平等交流,礼仪表达也体现为贴面礼和吻手礼等。同时,出于礼貌的考虑,中国的社交讲究含蓄性表达,而西方的社交更侧重于意思表达清楚,且语言简单直白。显然,这些风俗习惯的差异,使得文学翻译中的语言处理需要重点考虑作品对应的读者所处的风俗习惯氛围,确保风俗习惯翻译表达准确无误。

三、文学翻译的策略

文化交流是不同文化背景下的人之间发生的沟通行为。随着近年来国内外文化艺术交流活动的日益频繁,一些经典的文学作品开始在国内得到广泛传播。文学作品翻译作为搭建文学作品在国内传播桥梁的中间环节,其翻译的质量和效果,直接影响到读者对文学作品中的精神思想、文化艺术风格的理解和把握,进而影响到文学作品的国内认同度。然而,文化差异因素的存在,使得如何处理好文学作品中的文化内容的有效转换,成为文学作品翻译中需要重点关注和解决的问题。实际上,文学作品翻译既要从语言学、翻译学等学科角度出发进行探讨,也需要从社会学、人文学等学科加以剖析研究,进而使最终的翻译内容既符合文学原则的精神内涵和语言习惯,又能够迎合不同文化背景下多元主体文学作品阅读的习惯和兴趣,而这需要在长期的文学作品翻译实践中进行调适和优化。

文学作品翻译中的文化差异是客观存在的。翻译者应采用艺术性的手法和技法来处理作品中的语境和文化差异,使作品中的语言鸿沟被缩小甚至填平,这样才能够尊重原作品的同时,完整地呈现作品的内容。结合文学作品翻译中存在的文化差异,在实际的文学作品翻译中,可以通过以下策略来应对跨文化翻译的挑战。

（一）注重艺术性加工处理

虽然跨文化语境下的文学作品翻译要注重原作品意思表达的完整性,但这并不等同于用机械性的方法来转换词汇或者语句的意思,而是要在保证翻译内容结构和意思整体完整的基础上进行艺术性表达,使文学作品中的艺术内涵和特点能够得以保持。对应到实际的翻译活动中,就是要在掌握词汇或者语句真实意思的基础上,从文学的思维出发,对内容进行艺术性的润色和修饰,使语言表达更加顺畅、直接和艺术。例如,在翻译"You are making a pig's ear of that job."时,可以首先从字面上将其理解为"你在刮猪毛",但是这种翻译显然不符合语句对应的语境,出现了违和感,这时就需要从上下文的语境中寻找准确的理解思维,即这句话是在批评或者抱怨一个人把事情处理错了,继而可以将该句翻译为"你把事情弄糟糕了",相比而言,这种翻译要比"你在刮猪毛"的粗糙翻译更加具有文学内涵。实际上,在翻译中,对于可能因为自然环境或者风俗习惯差异而出现的翻译问题,可以带着简单翻译的内容到目标语言环境下寻找更为贴切的表达。例如,在翻译"wetter than a fish"时,可以从中文语境环境下找寻能够表达"比鱼还湿"的对应表达,进而可以找到诸如"淋得像落汤鸡一样"等更为切合原文意思的表达方式。

（二）丰富翻译参考辅助资料

与文学作品创作不同,文学作品翻译需要兼顾作品在不同文化语境下的含义,确保翻译结果的准确性和完整性。中西方文化差异的普遍存在,使得译员要尽可能多地掌握文学作品内容相关的信息,保证翻译过程和结果的准确。因此,对于译者来说,在作品翻译过程中,要多查阅相关参考资料,明确中西方文化的差异,为文学作品中文化差异内容的顺利翻译提供信息支持。这里仍以"fish"一词为例进行分析。翻译者除了掌握该词汇对应的一般性意思——鱼,还要对特定语言背景下该词汇对应的意思进行查阅、积累和推敲。例如,在"wetter than a fish"这一组合中，"fish"就具有"湿"的意思，而在"Like a fish out of water"中，"fish"则指对环境依赖度高的人或者对象。显然，对于中西方存在明显差异的文化内容，译者需要做的就是多了解和掌握相关的资料，尽可能地掌握词汇或者句子对应的所有意思，然后再根据具体的语境进行整体性的翻译处理。

（三）准确把握文学作品的情感基调

情感表达是作家创作文学作品的目的之一。能否准确地将作家在作品中表达的情感表现出来，是衡量文学作品翻译效果的关键性指标。在实际的作品翻译中，翻译者应通过整体阅读的方式，理顺作品中的人物、故事的脉络，并对作者赋予的各个人物的情感、态度等立场性内容进行基本确定，然后细化翻译，这样可以确保不会因为翻译而扭曲了作者通过作品想要表达的真实情感意图。例如，在作品《老人与海》中，译者通过阅读作品，可以将桑迪亚哥这一人物的性格特点确定为不趋炎附势，然后以此为人物的性格标志进行相应内容的翻译，这样既可以保持整部作品中这一人物描述的统一性，也能够保证翻译结果与作品原文内容的一致性。

总之，文学作品翻译是促进文化传播交流的重要手段。开展文学作品翻译具有促进文学作品的跨文化传播、丰富本土文学作品创作、满足读者多样化的文学阅读需求的功能。但是，在实际的文学作品翻译中，通常会遇到跨文化翻译的难题和挑战，这主要体现在文化价值观差异、自然环境差异、风俗习惯差异、神话典故的差异等方面。针对这些翻译中面临的差异，译者要在丰富翻译参考辅助资料的同时，注重艺术性加工处理，准确把握文学作品的情感基调，以确保翻译结果的准确性、完整性和艺术性。

第二节　文学翻译理论阐释

一、跨学科综合翻译批评模式的范畴

（一）共时翻译批评与历时翻译批评

共时翻译批评是指将同一原文的多个在将近同一段时间内出现的译文进行比较批评。这类批评往往是考察哪一个译本更准确或译者的人格特征和文学旨趣等。译文的差异主要在于译者的翻译理念、文学修养、个体秉性。

历时翻译批评则是将同一原文的几个跨越时间很大的译本进行比较，通过考察其中的文体、叙事、诗学、文化、规范、副文本等因素，发现历时的区别，并揭示演变的规律。如果从历时的视角来考察译本对原著故事的选择、读者的接受诗学、公众阅读的视界、翻译规范的嬗变、古代中国的形象构建，便能发现很多问题。

（二）文本内翻译批评与文本外翻译批评

文本内翻译批评是指对文本的文体、叙事、文化等问题定量和定性的研究；文本外翻译批评则是对译者翻译理念、翻译行为与学术定势、社会—政治—历史—文化语境、意识形态、传播的赞助人和守门人（gatekeeper）等问题的研究。对于一些研究者来说，这两个方面往往是割裂的，未被关联起来。那么，怎样将文本内翻译批评与文本外翻译批评关联起来呢？首先是文本内批评：描写、分析、比较文本内的语言、文化、主题特征，然后是分析影响文本成形的译者因素，如译者的生活阅历、学术重心、翻译理念与惯习、个性心理等，再后是探寻决定译者因素的社会—历史语境、读者接受诗学、文学系统与主导规范，最后是历时视角下,译文对读者接受诗学、社会思想变迁所产生的影响。翻译批评过程中三个核心因素,文本特征图景、译者综合定势、社会文化规范,它们的互动关系体现于图 6-1 之中。

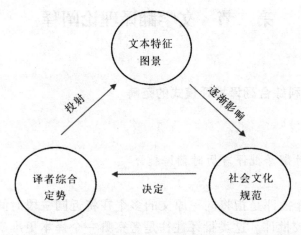

图 6-1　文本内与文本外融通批评的三因素互动

二、跨学科综合模式翻译批评的研究路径

这一部分我们以难度更大的汉英翻译批评作为讨论对象。

(1)形合手段的丰富、有效。比如,表达因果逻辑的方式有:because 等近 30 个明示原因的逻辑关系词,which 引导的定语从句,前置独立结构,语序表达隐含因果关系。其中有强因果和弱因果的区别。译者对因果方式的选择是否最佳地表现了原文的因果旨意?

(2)心理视点的恒定。对于汉语句式中不断变换的视点,英译文是否选择一个重要的因素作为恒定主语,以此为中心展开,在后面的叙述中保持心理的连贯?

(3)主题、命题的二级分界。这是针对汉语流水句的翻译批评,包括:是否将流水句根据主题切分为若干个英语句子? 在一个主题单元内,译者是否分辨其中的命题,以及它们之间的内在逻辑关系(总说—分说、并列、递进、转折、因果、铺叙—主旨、主旨—补充),再后选择恰当的逻辑关系词,将隐含的关系显化?

(4)段落的主旨。有时候汉语一个段落会是多元论题和主旨的夹杂,英译中是否能够根据主旨分为不同的段落?

（5）语言的简洁。简洁的译文常常使用复合意义词,矛盾修辞法、转移修辞法、隐喻,行使动词或从句功能的介词,独立结构、插入语、补足语,将汉语中描述性状的小句转化为前置的形容词或连字号结构定语等。同时,还会避免下面的成分:不必要的副词(＋动词)或形容词(＋名词),镜像陈述(mirror image statement),语境自明的成分,不合英语规范的重复词。

（6）压缩与推进。根据汉语重过程、英语重结果的特性,汉英翻译的时候,①汉语的范畴词、主观的心理活动词、量词、叠词等过程性词汇,会在英译中压缩;②英译的语义可以向前更推进一步:将汉语的新知信息变成英语的已知信息,再启动下一个动作,或将汉语的动作意义推至它所预期达到的结果意义,这样的处理更能体现英语思维的特征。

第三节　文学翻译理论的实践应用

文学翻译是翻译的一个重要类别,它不仅要考虑不同语言间的转换,更需要在此之上使用较为具体、灵活的文学翻译策略。在中国经典文学的翻译中,不同的体裁形式所运用的语言独具特色、具有美学功能,并与艺术活动所蕴含的形象思维有着密切联系。因此,不同的文学体裁应采用不同的翻译策略。这就对译者提出了更高的要求。译者不仅需要具备深厚的语言功底,还需要拥有丰富的文学修养,在对原作理解与表达的过程中,最大限度地传达出原作的艺术风格。

一、诗词翻译实践

（一）诗词的语言特点

中华古典诗词之所以具有形式美和韵律美,这是由汉字的特点决定的。汉字作为世界上流传最久远的表意文字,不仅是中国文化得以记录和传承的精华与脊梁,也是汉语具备"诗性语言"特征的基础,在诗歌创作上占尽了优势。注重"意合"的特点使得汉语在组合上具有很强的灵活性、跳跃性和自由度,这一点在诗歌创作中直接呈现为意象的密集,这是由于受到篇幅的限制,诗人为了在有限的篇幅中传达出深刻的意蕴,往往采用语序的颠倒、省略、压缩等来实现"言简义丰"的目的。可见,诗歌创作的过程就是汉字中各个要素的重现和整合的过程,最大化呈现汉字的特点,这是其他文体难以企及的。

(二)诗词的翻译技巧

庞德对中国古典诗歌的英译有不少更改之处,有些归因于他创造性的翻译手法,也有些源自他对原诗的误读。从传统的翻译理论来看,庞德英译的中国古诗对原作而言讹误较多,忠实性大打折扣,加深了人们对庞德译作的误解和批评。但若以解构主义翻译的观点来探析,就能合理地评析庞德译作的立异之处,还能探寻译作与原作、译者与作者的平等互补关系,从解构主义翻译观中获得更多启发性思考。

第一,打破忠实:庞德英译古诗中的创造性。中西学者一贯秉持"求信""求真"的翻译标准,要求译文尽可能地贴合原文,以译文的忠实程度来思量译文的可取性,对译文里出现的改译、误译持反对意见。然而,解构主义坚持文本意义的不确定性,强调源语文本的意义一直是开放的、流动的、不断生成的,译文无法从真正意义上对原文做到内容上的忠实和结构上的对等。解构主义翻译观打破了一成不变的"忠实"原则,允许译者发挥主观能动性,也为翻译中出现的文化误读和误译现象提供了理论依据。落脚于庞德具体的英译中国古诗,庞德身为译者的主体性和创造性值得称赞。以庞德对《怨歌行》的改译为例,他将原诗重新题名为 *Fan-Piece, For Her Imperial Lord*,直接点明原诗中的核心意象"团扇"和诗中暗指的"君王",直白地引导读者把握诗歌的关于宫怨的悲情主题。《怨歌行》本就短小精悍,但庞德的英译仅有三句:"O fan of white silk, /clear as frost on the grass-blade, /You also are laid aside." 译诗前两句是对前四句"新裂齐纨素,皎洁如霜雪。裁为合欢扇,团团似明月"的糅合,形容团扇宛如秋冬草叶上的白霜,纯白而又光洁。"You also are laid aside." 一语双关,"also"传达出君王既将团扇搁置又无情冷落嫔妃的双重内涵,与最后两句"弃捐箧笥中,恩情中道绝。"相吻合。

与原诗相比,庞德的英译只保留客观事物的呈现,捐弃了所有修饰性的字词,使原诗中哀怨的情绪愈发含蓄,令人回味。庞德对中国文化的掌握十分有限,除了对原诗的增译或漏译,他的译作还存在很多典型的误读和误译。《华夏集》中,庞德将"烟花三月下扬州"译成"The smoke-flowers are blurred over the river"。"smoke-flowers"显然是庞德对"烟花"的误解,却巧妙地呈现出一种迷蒙的视觉意象,无疑是庞德对原诗送别画面的领悟和重构。庞德的误译也常与英语语法不合,敢于挑战英语诗歌的语言规范。譬如,他破格性地将李白的"荒城空大漠"和"惊沙乱海日"分别译成"Desolate castle, the sky, the wide desert."和"Surprised. Desert turmoil. Sea sun."虽说不顾词法和句法规则,多个意象的平行并置却有力地渲染出荒凉壮阔的诗歌意境。上述几例可以看出,庞德对中国古典诗歌的英译有以下特点。首先是语言的简练与自由。庞德采用自由诗体来表达原作,背离了原诗的古典形式。从解构主义角度出发,翻译是一种"延异"行为,庞德在所处的 20 世纪初西方文化语境里解读中国古诗,其生成的译作符合当时文化语境下的语言风格即可。其次是意象的并置和凸显。庞德的英译古诗常常删繁就简,略去诸多原诗的修辞性以及抒情性的表达,只把原诗里的重点意象并置在译文里,使得译诗比原诗的抒情更加含蓄,以供读者遐想。庞德在译诗里对意象的强调,更是与他所推崇的意象派诗歌创作理念达成了契合。最后是文化的误读和差异。解构主义思想包容翻译里因文化误读而产生的差异,认为误译能为译作所处的主流文化带来新的文学表现形式。庞德的英译古诗推动了东方诗歌理念和西方意象派诗歌理论的交融,也为维多利亚时期的诗歌传统注入新活力。

第二,树立新生:庞德英译古诗与原诗的联系。通过具体实例的解析,庞德的英译古诗的创造性和差异性显露出来,译作里受到批评的改译和误译也得以正名。接下来,庞德的译诗与原诗的联系也值得商讨。解构主义翻译观提出,翻译是赋予原作生命力的重要手段,译作衍生自原作,却又独立区别于原作。译作能够成为原作的"来世",在时间和空间意义上对原作进行拓展和延续。以此推之,庞德的英译中国古诗是否也起到焕发原诗生机的功效?答案是肯定的。T. S. 艾略特在《庞德诗选》的序言中,曾高度称赞庞德是"我们这个时代中国诗歌的发明者"。他评论庞德的《华夏集》"将被视为'二十世纪诗歌的杰作',……庞德以其传神的翻译丰富了现代英语诗歌的宝库。"① 其中,庞德译自李白《长干行》的"*The River-Merchant's Wife: A Letter*"被收录于多家出版公司编选的经典英美诗集中,如《诺顿诗选》等,可见,庞德的译作在海外受到了广泛的认可,为中国古典诗歌在西方的"播散"(dissemination)作出有力的贡献。同时,解构主义观还提倡文本的互文性,文本间既有联系的一面,更有差异的一面,所以译文和原文之间是平等互补、求同存异的关系。庞德的英译中国古诗对原诗进行了个性化的解读,也对原诗内涵加入新的诠释,深化了原诗主旨。总体来看,庞德的英译古诗对原诗起到积极的影响,使中国古典诗歌在西方的文化语境里获得了新生。

下面综合一些译者的观点,分析中国古诗词的翻译技巧。

1. 注重诗词的形式

众所周知,古代诗词所表达的形象往往与作者思想是紧密相关的,诗人喜欢利用一些恰当的表现方法来表达自己的思想和情感。对于这类诗词的翻译,通常合理的做法是采用形式翻译,确保所翻译的译文在形式上与原文具有一致性,从而准确传达原文的形式美,体现原文的韵味。

在诗词中,诗词的形象、内容密切相关。诗人如果想要全方位传达自己的思想,就需要利用具体的物象来传达。进一步而言,形式翻译的过程中需要注重两个方面。②

第一,对诗词的形式进行保留。译者需要注重准确传达诗词所含有的文化特性以及内涵,这是首要的,进而保留诗词的形式,从而实现诗词翻译的形式与韵味的双重体现。

第二,保留诗词原文分行的艺术形式。不同的诗词使用的分行格式是不同的,格式在一定程度上也体现着诗词的意蕴,是作者不同思想意图的传达,因而译者在翻译过程中需要充分考虑诗词分行中所产生的美学意蕴,给予最大程度的保留。

在诗歌形式上,屈原打破了《诗经》整齐的四言句式,创造出句式可长可短、篇幅宏大、内涵丰富的"骚体诗",开创了中国浪漫主义的先

---

① Eliot, T. S. Ezra Pound: Selected Poems[C]. London: Faber and Faber Limited, 1934.
② 张欢.浅析文化语境对诗歌英译的影响 [J].今古文创,2021(18):123-124.

河。因而,对原文诗歌形式的再现对于"骚体"的再现具有重要的意义。许渊冲认为,"形美"指译诗在句子和对仗工整方面尽量做到与原诗形似。① 但是,许渊冲所追求的并不是对号入座的"形似"。根据许渊冲的翻译诗学观,在诗歌形式的处理上,他兼顾翻译规范、目标读者的阅读习惯以及审美倾向等因素,忠实于原文的基础上合理使用归化策略,传达出原文的内涵的同时,尽可能实现形式美。例如:

揽木根以结茝兮,贯薜荔之落蕊。
矫菌桂以纫蕙兮,索胡绳之纚纚。

I string clover with gather wine, oh!
And fallen stamens there among.
I plait cassia tendrils and wine, oh!
Some strands of ivy green and long.

在翻译上,许渊冲根据英汉诗歌的异同,使用英语诗歌的平行结构再现原文诗歌的形式美,同时也实现了原诗的意美。首先,许渊冲的译文在句式方面,照顾到目标读者的阅读习惯,补出了主语"I",构成英语"SVO"结构,第一句和第三句的字数对等,构成主语对主语,谓语对谓语的结构,给人以视觉上的美感。其次,译者发挥译语优势,在兼顾原诗形美的前提下,用等化的译法将"落蕊""菌桂"逐一译出"fallen stamens""cassia tendrils""strands of ivy green",再现了原文的意象,从而使读者知之、乐之、好之。可见,许渊冲基于原文的基础上用符合英语语言规范的方式表达,充分调动自己的审美能力和创造能力,根据原诗内容选择恰当的译诗形式,将原诗的神韵传达出来,做到了形神兼备。

2. 传递意境美和音韵美

《离骚》诗歌里的意象是诗人情感的寄托。许渊冲先生译诗最讲究的是传达诗的内涵意义,却又不过分拘泥于原诗。例如:

---

① 许渊冲. 文学与翻译 [M]. 北京:北京大学出版社,2003.

椒专佞以慢慆兮,樧又欲充夫佩帏。

既干进而务入兮,又何芳之能祗?

The pepper flatters and looks proud, oh!

It wants to fill a noble place.

It tries to climb upon the cloud, oh!

But it has nor fragrance nor grace.

"香椒"和"茱萸"喻指专横的小人,"香草"则喻指品德高尚之人。译者并没有将这些意象等一一译出,而是将诗句的意思传达出来。可见,译者追求的并不是表层的意似,而是深层次的意美,展现了诗人笔下的小人谄媚之态。因而,译者采用了浅化的译法,将"香囊"译为"noble place"再现了官场中品行低劣的小人攀权附贵的行径。另外,许渊冲将原文中的部分意象省略,如将"茱萸""佩帏"以及"芳草"省略,并没有局限于原文,而是将诗句的意思传达出来。同时,译者也保持了诗句的押韵和形式上的工整,保持了诗歌的音美和形美。可见,许渊冲把"意美"放在第一位,同时尽可能兼顾音美和形美的翻译诗学观。

(三)诗歌翻译实践:《过故人庄》多译本对比研究

诗歌中的意象并非诗人在诗歌创作过程中临时构思的,而是沉淀在社会文化中,成为语言符号的一种诗歌形象,承载着诗人的思想感情。许渊冲教授提出的"三美"原则中,意美是诗歌翻译最为重要的目标,要求译文达意且传情。盛唐文学可谓中国古代文学的顶峰,社会经济基础稳固,学术氛围自由且活跃,有才识之人或仕或隐,隐居一派受儒道释三家思想影响,归隐田园,修身养性,落笔抒情,逐渐形成山水田园诗派。孟浩然(689—740)的人生经历简单明了,没有太大的波折,由此其诗歌思想内容也相对简单,其思想情感也没有如其他诗人那般幽怨孤冷。作为继陶渊明、谢灵运之后的山水田园诗派的代表诗人,孟浩然的诗歌主要聚焦于自己的隐居生活与旅途风景,风格平淡闲逸而清幽。诗人以意象构建寓情于诗,译者则应挖掘探索其具体内涵,在译文尽可能还原诗歌意象,以达意传情。下面聚焦于六位中国译者对孟浩然《过故人庄》的译本,从表达性语义场视角探讨诗歌译文中的意象构建,以期能客观分析各译本在传达诗歌意象方面的得失。

1.语义场理论

语义场理论是语义学的主要理论和重要研究课题之一。自19世纪，物理学界提出电磁场理论后，"场"这一概念就被广泛运用到心理学、社会学、语言学等各大领域。语言学家洪堡特最初提出了一种关于语言学体系的思想，"强调语言体系的统一性和语境对表达式的意义的影响"。索绪尔（2004）也曾多次强调语言是一个系统，有学者指出语言是"一个由多个系统组成的多平面、多层级的独立的体系"。

德国结构主义语言学家特里尔（J. Trier）最早提出"语义场"概念，而后随着美国结构语言学的发展，这一理论开始逐步引起学界关注。语义场理论认为，在语言的词汇系统中，各个词汇间互相联系依存，其意义则通过这样相互依存的联系而得以确定，语义场正是这些具有相近甚至共同语义的语言单位的集合。由于词语意义的迁延性与互渗性，词语间互相依存且能互相解释，语义场间既相互关联又相互独立。而词义间的渗透与关联，构建起了独特的表达性语义场。奈达（Eugene A. Nida）也曾指出，一般词典在给词项下定义时，大都提供实用语境的分析。对于翻译工作者而言，还要在此基础上，弄清各意义之间的细微差别。而要辨明这些差别，则必须通过语义场中词与词的对比，对词项的意义关系作出分析。

2.《过故人庄》之意象分析

孟浩然"为学三十载"，本意图进士以"修身、齐家、治国、平天下"，然而事与愿违，求仕无望，故退而隐居，寄情山水，在自然中寻求自由与快乐。《过故人庄》是孟浩然隐居鹿门山时所作，是其山水田园诗的代表作之一。整首诗语言平淡简朴，天然去雕饰，叙述了受邀去村居朋友家做客一事，诗中描绘了山村恬静的风光、恬淡闲适的田园生活，同时也展现出了诗人与友人的深厚友谊。

诗歌开头点明此行原因，"故人具鸡黍，邀我至田家"。《论语·微子》有记录孔子的弟子与一村居隐者偶遇，"杀鸡为黍而食之"，"鸡黍"乃是农村热情待客时的饭菜，而故人先备菜再邀请，而诗人应邀而去，并无推辞，可见，二人的情谊深厚且真挚。路上"绿树村边合，青山郭外斜"，"绿树""青山"色彩恬淡而温柔，一"合"一"斜"，一幅错落有致、层次分明的山水画映入眼帘,立体感十足,宁静淡雅又温柔和谐的氛围瞬间得以传递。"开轩面场圃,把酒话桑麻"描写的则是诗人和友人在吃饭时推开窗门,面向"场圃",喝酒谈农事的情景,"场圃""桑麻"皆为农村生活中的常见元素,此情此景闲适而自然。相聚而后是离别,诗人说到"待到重阳日,还来就菊花",等到明年重阳节,还要再来和友人一同赏菊,可见,诗人率性洒脱,也表现出诗人与友人间的情真意切。

3.《过故人庄》意象之表达语义场构建分析

在诗歌翻译中,意象的翻译过程实则为意象在译文中再次构建生成的过程。作为诗歌审美价值对等的核心,意象的翻译十分重要,需要译者深入理解其具体含义,并把握其中情感,"如果译者能从意象的语义信息、审美形式和深层意境结合原诗作者的创作意图、背景及社会文化语境多层次多角度地挖掘诗歌的语义及审美信息……未尝不能神形兼备地接近原诗之美"。可见准确翻译意象的语义信息的重要性。

王德春(1983)提出语义场理论认为,词义由构成该意义的多种关联义素组成,词义的确定由该词及其他词义所构成的纵聚合与横组合关系搭配决定。表达性语义场则是词义的渗透、兼容、互义而构建起的特定语义场,具有动态性、即时性的特点,新颖且合理。诗歌标题《过故人庄》中"过"与"庄"原本并不在同一语义场,但从表达语义场视角出发,两者彼此意义兼容渗透,互相影响,构建起了特定的语义场意象。

据《新世纪汉英大词典》,"过"被定义为 pass(经过),spend(度过),undergo(经历),surpass(超过),excessively(过渡),mistake(过错);"庄"被定义为 serious(严肃),village(村落),banker(坐庄),field(庄田),business places(店)。故"过"和"庄"的义素构成如图 6-2 所示。

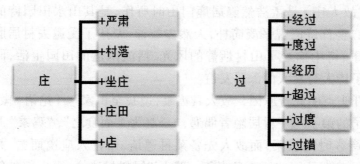

图 6-2 "过"和"庄"的义素

在《过故人庄》一诗中，"过"与"庄"在特定情境下构成了表达型搭配，故而二者原有的义素相互搭配、相互释义，进而构成"不完全规约性"的表达语义场。在这一表达语义场内，并非所有义素都能相互搭配组成相关意象，故而需要进行取舍。"过"的相关义素中，"经过"指到达后离开；"度过"便是指共度好友相聚时光；"经历"指亲身体验，诗中的相关意象有"至田家""面场圃""话桑麻""就菊花"，而"超过""过度""过错"等义素则无法在诗中找到相关意象，应当舍弃。"庄"的相关义素中，"村落"能在原诗中找到"村""郭"等相关意象，"庄田"也有"田家""场圃""桑麻"等相关意象。由此可见，同一意象的义素取舍在不同诗歌中不尽相同，通过解读意象的义素所构成的表达性语义场将有助于客观全面地解读诗歌意象的意义。

《过故人庄》诗如其名，以平实朴素的语言叙述了诗人与友人相聚言欢的故事，表现出两人情谊的深挚，也表达了诗人对闲适隐居生活的喜爱。本文将选取与诗歌氛围营造及情感表达紧密相关的意象"田家""黍""绿树合""青山斜""场圃""桑麻""就菊花"作为分析对象，以许渊冲、蓝庭、曾冲明、曾培慈、唐一鹤、张炳星共六位译者的译本为分析文本，探究诗歌翻译的意象的义素构成，并判断译者是否做到了诗歌意象的准确再构建。

（1）诗歌第一联意象地表达语义场分析

表 6-1 "故人具鸡黍，邀我至田家"的六种译本

译者	"故人具鸡黍，邀我至田家"译文
许渊冲	An old friend has prepared chicken and food, and invited me to his cottage hall.
蓝庭	My old friend cooked chickens and comns sound, he asked me to visit his cottage round.
曾冲明	A friend of mine prepared chicken and millet, he invited me to have dinner in his farm.
曾培慈	A friend of mine has prepared a country feast, and invited me to his village visit and sightsee.
唐一鹤	Preparing me chicken and rice, old friend you entertain me at your farm.
张炳星	My old friend invited me to visit farm, with chicken and millet he entertained me.

诗人以"鸡黍"这一意象向诗歌读者传递出友人与自己的友谊之深厚，具鸡黍以待客，便是以自家简单的家常菜邀人而来，待客简朴而不讲虚礼，也展现出了中国古代传统的田园生活风貌。"黍"在《古汉语常用字字典》中有黄米饭之意，中国北方地区的主食，有一定地域文化背景，《诗经·魏风·硕鼠》中就有"硕鼠硕鼠，无食我黍"，便是警告大老鼠不要偷吃家里的食物。据《新世纪汉英大辞典》，"黍"被定义为"broomcorn millet"，而在该诗中，其语义场分析如图 6-3 所示。

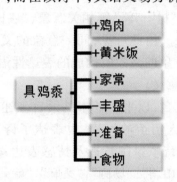

图 6-3 "具鸡黍"表达语义场义素分析图

六个译本中，许渊冲译文"food"直接将意象浅化，但并不妨碍理解，"黍"也确属于"food"这一大类，蓝庭译文"corns"及唐一鹤译文"rice"则完全不符合"黍"的义素分析，虽然属食物一类，但并非小米"millet"；曾培慈译文"country feast"则选择忽略"鸡""黍"的文化意象，加以归化意译，然而《牛津词典》将"feast"定义为"a large or special meal, especially for a lot of people and to celebrate something"，与"黍"的语义场完全不符，曾冲明和张炳星的译文将"黍"直译为"millet"，完全符合"黍"的义素分析，这样的等化翻译保留了原诗的文化意象，又保留了原诗的叙述风格，让诗歌读者对中国古代乡村饮食文化也有了进一步了解。综上，许渊冲译文"food"及曾冲明和张炳星译文"millet"皆符合"黍"的义素分析，其中曾冲明和张炳星两位译者的译文则更为贴切。

"田家"即孟浩然友人所居之处，有田地有房屋。据《新世纪汉英大词典》，"田"被定义为"field""farmland""cultivated land""open area abu-ndant in mineral resources"，"家"被定义为"home""family""person engaged in a certain trade""specialist in a certain field""person of certain characteristics""person related to oneself in someway""domestic""nationality" "school of thought""party/side",根据全诗的主题"过故人庄"可推断,此处"田家"的义素成分如图6-4所示。

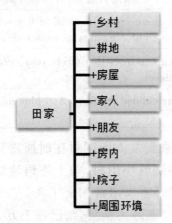

图6-4 "田家"表达语义场义素分析图

六个译本中对"田家"的翻译各有不同,许渊冲译文"his cottage hall",蓝庭译文"his cottage round",曾冲明译文"his farm",曾培慈译文"his village",唐一鹤译文"your farm",张炳星译文"his farm"。据《牛津词典》,"cottage"表示小屋,尤指村舍、小别墅,"farm"表示农场、饲养场,"village"表示多户人家组成的小村庄。许渊冲译文"cottage hall"范围仅限制在了房子内部,而忽略了房子的周边环境,蓝庭译文"cottage round"则反之,忽略了房屋内部,而局限于周边环境,曾冲明、唐一鹤、张炳星三位译者的"farm"则范围过大,曾培慈译文的"village"便不再特指友人这一家,而是指整个村庄,偏离了原诗意象。根据对"田家"的义素分析,六位译者的译文皆不完全符合原诗的语义场。

（2）诗歌第二联意象地表达语义场分析

表6-2 "绿树村边合,青山郭外斜"的六种译本

译者	"绿树村边合,青山郭外斜"译文
许渊冲	The village is surrounded by green wood; blue mountains slant beyond the city wall.
蓝庭	I saw the village is by green trees surrounded. Out the village's wall, there are green mountains all round.
曾冲明	The village is surrounded by green trees; the blue hill slants beyond the walls of town.

译者	"绿树村边合,青山郭外斜"译文
曾培慈	Along the way there are clusters of lush green trees, once outside the town, there stretch blue mountains on one side.
唐一鹤	We watch the green trees that circle your village. And the pale blue of outlying mountains.
张炳星	Green trees surrounded the farm. And blue hill lay across the suburb of great charm.

　　"绿树合"是诗人来到友人所居村庄时所看到的景象的一部分,是身边近景,绿树葱葱环绕着小山村,与上下语境结合,描绘的是一幅清新悠然的乡村画卷。据《古汉语常用字字典》,"合"有闭合、聚集之意,司马光《赤壁之战》有"五万兵难卒合,已选三万人,船、粮、战具俱办",描绘的便是战场之上千万兵卒聚集围绕的场景。《新世纪汉英大辞典》中"合"　为"close""join/combine/ come together""round""add up to""jointly""whole""proper/appropriate"。故"绿树合"的语义场如图6-5所示。

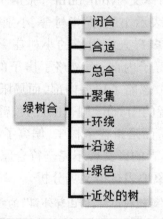

图6-5　"绿树合"表达语义场义素分析图

　　"绿树合"的表达型语义场要求译者在翻译的过程中考虑到意象与语境的关联性,有必要突出绿树的环绕或聚集的状态。六位译者的译文都基本达到这一要求,许渊冲、蓝庭、曾冲明、张炳星四位译者采用了"surround"这一动词,唐一鹤则采用"circle"一词,这两个动词都表现出了"绿树"这一意象的"环绕"状态,而曾培慈则加以方位状语加以修饰,"along the way"与"clusters of lush green trees"描绘出了沿途"绿树"聚集的状态,使得读者更能身临其境,体会这一幅山村图景。由此,六版译文皆基本做到了"绿树合"的意象传达,但曾培慈的译文更具动态感与画面感,能引发读者联想,其意象传达更符合了原诗意境。

"青山斜"则是诗人赴友人之约时所见的远景,远处群山连绵,黛色青青,由"绿树合"过渡而来,视野开阔之感尽显。《古汉语常用字字典》中"斜"有倾斜之意,如辛弃疾《永遇乐·京口北固亭怀古》"斜阳草树,寻常巷陌,人道寄奴曾住",即对夕阳缓缓落下的描述,由此则引申出倾斜着向前延伸之意,如温庭筠《题卢处士山居》有"千峰随雨暗,一径入云斜",描写的便是大雨袭来,云层翻涌,山峰斜斜地延伸入云中的画面。其次需要注意的还有"青山"这一颜色的选择,《古汉语常用字字典》中"青"有三种颜色,一则为蓝色,如荀况《劝学》有"青,取之于蓝而青于蓝",二则为深绿色,如刘禹锡《陋室铭》有"苔痕上阶绿,草色入帘青",三则为黑色,如李白《梦游天姥吟留别》有"云青青兮欲雨,水澹澹兮生烟",《将进酒》有"君不见高堂明镜悲白发,朝如青丝暮成雪"。据《新世纪汉英大词典》,"青"的义素有"blue/dark blue""green""young""youth","斜"指"oblique""slant""slope""tilted""inclined",但结合前文的"绿树"以及原诗此联中近景远景对比塑造的空间感,"青山斜"的语义场分析如图 6-6 所示。

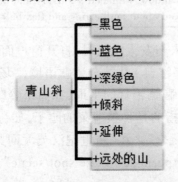

图 6-6 "青山斜"表达语义场义素分析图

关于"青山"这一意象,六位译者中仅蓝庭的译文中选用了"green"这一颜色,其他译者皆选用"blue",客观依据"青山"的义素分析,二者皆符合该意象对颜色的描述,但结合上下语境,考虑该意象的表达性语义场,则"blue"更为贴合原诗,加强由近及远的空间感受,以颜色对比勾勒出诗人眼中的山村景致的远近错落,更能使读者身临其境。六位译者对于"斜"的译文则有所差异,许渊冲与曾冲明选用"slant beyond"

一词,表达出了"倾斜""由远及近""延伸"的义素,蓝庭的"all round"及张炳星的"lay across"则为环绕之意,有延伸感但缺乏远近空间感,唐一鹤的"outlying mountains"未能表达出"倾斜"之意,曾培慈以"outside the town""stretch""on one side"与前面的译文产生对比,其义素表达更为全面,最为贴合原诗。

(3)诗歌第三联意象的表达语义场分析

表 6-3 "开轩面场圃,把酒话桑麻"的六种译本

译者	"开轩面场圃,把酒话桑麻"译文
许渊冲	The window opened, we face field and ground, and cup in hand, we talk of crops of grain.
蓝庭	When open the window, we faced the garden and ground. Wine cup in hand, we talk about mulberry and thread.
曾冲明	His windows are opened to face his fields, we drank and talked of Crops and mulberries.
曾培慈	The dining hall has its doors wide open towards the, courtyard, we drink to and talk about, crops, yield and farm life.
唐一鹤	We open your window over garden and field, to talk mulberry and hemp with our cups in our hands.
张炳星	Opening the window, we faced a nursery and an extensive meadow. We with wine talked about mulberries and flax below.

"面场圃"是对诗人与友人吃饭时,打开窗户面向田园这一画面的描写。据《古汉语常用字字典》并结合诗歌语境,"场"在中国传统田园生活中指的是收打庄稼、翻晒粮食的平地,如蒲松龄《狼》"顾野有麦场,场主积薪其中","圃"则指的是种植蔬菜的园子,如《墨子·非攻》有"仅有一人,入人园圃,窃其桃李"。在《新世纪汉英大词典》中,"场"的义素有"place for a particular purpose""site/spot/scene""stage/sports arena""the duration of a performance or game""farm/field""field(physics)","圃"则为"garden"。由此,"场圃"的语义场分析如图 6-7 所示。

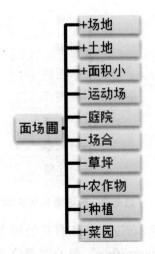

图6-7 "面场圃"表达语义场义素分析图

关于"场",许渊冲和蓝庭选用"ground",曾冲明和唐一鹤选用"field",张炳星选用"an extensive meadow",曾培慈选用"courtyard",皆未能完整表达"场"在中国传统文化中的具体义素"打谷场",其中张炳星译文的"an extensive meadow"完全偏离原诗意象。据《新牛津英语词典》,曾培慈的"courtyard"多指带围墙的别墅旁小庭院,也与诗歌中所描绘的村庄小屋的农家院子差距甚大。关于"圃",蓝庭和唐一鹤直译为"garden",张炳星译为"nursery",皆较为贴合原诗意象,其他三位译者则未给出对应翻译,或意译或浅化。但考虑"场圃"这两个意象所蕴含的文化背景意义并不影响此联的理解,对此略有让步并无不可。

"话桑麻"是诗人与友人吃饭时交谈的内容,村居生活,有友相伴,谈论着农事,凸显出宾主相谈的惬意悠然。"桑"与"麻"是中国古代两大重要的农事活动,据《古汉语常用字字典》,"桑"即指种桑养蚕,如《晋书·礼志》有"先王之制,天子诸侯亲耕籍田千亩,后夫人躬蚕桑","麻"则是对麻类植物的统称,如《荀子·劝学》"蓬生麻中,不扶而直"。《新世纪汉英大词典》中"桑"即为"white mulberry","麻"即为"hemp/flax/jute" "sesame" "coarse/rough" "pitted/spotted" "numb/tingling"。结合语境,"桑麻"的语义场分析如图6-8所示。

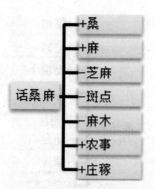

图 6-8 "话桑麻"表达语义场义素分析图

对"桑麻"两个意象，六位译者各有其处理方式，蓝庭、唐一鹤、张炳星选择直译为"thread/hemp/flax"，曾冲明忽略了"麻"的意象将其译为"crops and mulberries"，许渊冲和曾培慈则用"crops"（庄稼）来替换"桑麻"的意象，曾培慈还辅以"yield and farm life"来泛化"桑麻"加以解释。对比"桑麻"的语义场分析，蓝庭、唐一鹤、张炳星等人的译文仅停留在意象表面，未能表达出意象的整体意义。许渊冲、曾冲明、曾培慈三者的译文皆选用了"crop"一词，据《牛津高阶英汉双解词典》，"crop"的义素有"plant""food""large""quantities""grain"。曾冲明译文保留了部分意象"mulberries"并用"crops"加以泛化概括，许渊冲的译文"crops"忽略了原诗的意象，但还比较贴合意象的表达性语义场，曾培慈译文"crops""yield and farm life"虽忽略了意象本体，但其一文中的补充信息泛化覆盖了基本义素。综上，曾培慈的译文更为贴近原诗。

（4）诗歌第四联意象地表达语义场分析

表 6-4 "待到重阳日，还来就菊花"的六种译本

译者	"待到重阳日，还来就菊花"译文
许渊冲	When the Double Ninth Festival comes round, I will come for chry santhemums again.
蓝庭	When I Double Nine Festival comes around, I'll come again to enjoy chry santhemums be found.
曾冲明	When the Double Ninth Day comes round, I'll come to him for chry santhemums again.
曾培慈	Looking forward to the Double Ninth festival we are, to again gather here and chry santhemums admire.

译者	"待到重阳日,还来就菊花"译文
唐一鹤	Wait till the Mountain Holiday—I am coming again in chry santhemum time.
张炳星	When the Double-Ninth Day comes, I'll come again to appreciate chry santhemums high and low.

　　"就菊花"是诗人与友人来年的约定,待到重阳节时,两人再相聚一并赏菊。据《古汉语常用字字典》,"就"有接近靠近、前往之意,如荀况《劝学》"故木受绳则直,金就砺则利",屈原《离骚》"济沅湘以南征兮,就重华而陈词"。在《新世纪汉英大词典》中"就"的义素为"come near/approach/move towards" "arrive/reach" "go with" "by" "engage in/undertake" "at once" "even if" "concerning" "accomplish" 等。结合原诗语境,"就菊花"的语义场分析如下(图6-9)。

图6-9 "就菊花"表达语义场义素分析图

　　关于"就",曾冲明译文"I'll come to him"和曾培慈译文"to again gather here"则点明了与友人的重聚,两人再共赏菊花之意。许渊冲译文"I will come for",蓝庭译文"I'll come again to enjoy",唐一鹤译文"I am coming again",张炳星译文"I'll come again to appreciate",重点都在于陈述我会再来,而忽略了"友人"这一义素。但在诗歌第三联中,六位译者都已经用到了"we",早已提前道出了第四联暗含的"友人"义素,故而此处不予以明晰化则更为简洁且贴合原诗意象。

　　诗歌翻译并非易事,要做好诗歌中的意象传达亦是难上加难。笔者应用语义场理论为诗歌翻译中的意象解读与翻译提供了新视角,译者可以借由该理论对诗歌意象的准确内涵进行客观分析,把握意象的基础义素,充分感知原诗,使译文重现原诗的表达性语义场,在译文中完整重构原诗的诗歌意象。唯有将意象层层解析，译者才能重现诗人的"融情"于意象，向读者达意传情。

二、小说翻译实践

（一）小说的语言特点

1. 形象与象征

小说的语言往往通过象征等手法，将情感、观点等形象地表现出来，而不是简单地直接叙述。也就是说，小说的语言往往会用形象的表达对人物、事件等进行描述，使读者产生身临其境之感，从而获得与小说中人物一样的感悟与体会。小说对人物、事件等展开具体的描述，其使用的语言也用具象语言代替抽象语言，这样让读者获得感染。小说中经常使用象征的手法，象征并不是绝对代表某一观点、某一思想，而是用暗示的方式将读者的想象激发出来，其是用有限的语言表达言外之意。用象形的语言表达暗示之意，极大地增强了小说语言的艺术性与文学性，这也凸显了小说的一大特色。

2. 讽刺与幽默

讽刺即字面意义与隐含意义之间呈现对立，有时候，善意的讽刺往往能够产生幽默的效果。讽刺对语篇的伦理道德等有教育强化的意义。幽默对增强语篇的趣味性意义巨大，虽然讽刺与幽默的功能差异比较大，但是将二者相结合，能够获得更大的效果。讽刺与幽默的效果往往需要通过语调、语气、句法等手段来彰显。

（二）小说的翻译技巧

1. 人物性格以及人名的翻译

小说特别重视对人物进行刻画。因此，译者在翻译时，需要注意选词，找到恰当的表达手段，让读者通过读译作，形成与原作读者相同的人物印象。另外,姓名不仅仅是单纯的语言符号,更富有文化内涵以及社会意义。因此,译者应该考虑如何将日常交际中人物姓名的翻译规范化,以便达到使文学作品中的人名翻译能够最大限度传达作者的寓意,同时保持原作风格的效果。

《红楼梦》是中国文化的瑰宝,其中的人名更是极具中国传统文化特色,涉及小说人物多达四百余人,被誉为中国古典小说史上描写人物的典范作品。曹雪芹这位语言大师,十分灵活地利用了汉语在音、形、意等方面的特点,赋予了《红楼梦》人物一个个独特的名字。但是,正是这份独特的命名艺术,常常给读者带来理解方面的困难,只有结合作者所处的时代背景以及每个人物的性格特征和命运,才能领略这些名字的独到之处。正因如此,这更为小说的翻译带来了巨大的障碍。下面主要通过对比分析霍克斯译本和杨宪益夫妇译本在《红楼梦》中人物姓名的英译,进一步分析和比较不同翻译手法所体现出的人名翻译特色,从而得出在翻译富有汉语言文化特色的文学作品人名时,不同译者所采取的方法与技巧,并帮助大家进一步客观地认识人名翻译行为,从中发现和总结出更多的人名翻译策略,通过对比分析不同人名翻译策略的运用,推动更多优秀译本的出现。

《红楼梦》本身是一座中华语言文化的宝库,其众多的外文译本亦是翻译研究取之不尽的资源。这里主要讨论《红楼梦》中人名的翻译。到目前为止,关于《红楼梦》的英译,有两个比较完整的版本,一个是杨宪益夫妇译本,他们主要对人名采用了音译的办法;另一个则是霍克斯译本,他对主角名字采用音译而次要人物意译。

表6-5 杨宪益夫妇与霍克斯关于《红楼梦》中主要人名的翻译示例

Classification	Chinese name	Yang version	Hawkes version
	Jia Zheng	Chia Cheng	Jia Zheng
	Jia yucun	Chia Yu-tsun	Jia yucun
	Jia Baoyu	Chia Pao-yu	Jia Baoyu
Main Characters	Lin Daiyu	Lin Tai-yu	Lin Daiyu
	Xue Baochai	Hsüeh Pao-chai	Xue Baochai
	Yuanchun	Yuan-chun	Yuanchun
	Yingchun	Ying-chun	Yingchun
	Tanchun	Tan-chun	Tanchun

Classification	Chinese name	Yang version	Hawkes version
	Xichun	His-chun	Xichun
Other names	Jinchuan	Chin Chuan	Golden
	Yuchuan	Yu Chuan	Silver
	Xiren	His-jen	Aroma
	Kongkongdaoren	The Reverend Void	Vanitas
	Mangmangdashi	Buddhist of Infinite Space	Buddhist Mahasattva Impervioso
	Miaomiaozhenren	Taoist of Boundless Time	Taoist illuminate Mysteroso
	Qiguan	Servants' Names	Bijou
	Baoguan	Pao Kuan	Tresor
	Fangguan	Fang Kuan	Parfemee
	Lingguan	Immortal Names	Charmante
	Wenguan	Wen Kuan	Elegante

根据表 6-5 中不难发现两个版本的异同。首先,很明显有两个相似之处:杨和霍都采用音译来翻译小说中的主角名字,针对神仙的名字两版本均采用了意译的方法。

采用音译的方法来翻译主角姓名大有益处。首先,无论采用霍克斯倾向的中文拼音系统还是杨宪益偏爱的韦氏拼音系统进行音译,都可以暗示汉语名字中的重复字以及发音,这可以帮助读者理解汉字名称文化。而且,由于有些名字是成组出现的,所以音译更可以暗示人物关系。例如,贾家的四姐妹,他们名字的结尾都带有"春"字,表明她们姐妹关系。这些主角名字的音译可以帮助英语读者更清楚地了解他们之间的关系。

而针对神仙的名字,杨宪益和霍克斯不约而同地选择了意译的方法。首先僧侣、神仙这种具有中国文化特色的人物身份是外国读者比较罕见的,因此采用意译的方法不仅可以为整个故事营造一种神秘的氛围,也能够比直译或者音译更易于读者理解。例如,仙女、和尚等这些不为大众熟知的角色,只会出现在特定的时代,但是这些人物的名字以及其本身又对后面的故事情节起到了重要作用,因此这些名字的翻译不容忽视。意译可以使他们身份易于区分,并表达其名字的隐藏含义。因此,两位译者多选择具有神秘含义的单词,如"虚无""无限""无国界""伟大的圣人"等这些带有强烈神秘感的词语。而通过表 6-5 也可以明显看出两个版本有很大的翻译差异。杨宪益主要使用韦德 – 吉尔斯(Wade-Giles)系统来命名大多数人物,主要采用意译的方法,尤其针对其中隐藏有特殊含义的人物名字,杨宪益通常在其中添加脚注以进行解释。但是,霍倾向于音译,并使用汉语拼音系统作为主要翻译基础。

另外,虽然杨宪益和霍克斯在翻译神仙和僧侣的宗教名字时都使用了意译,但是对于具有特征的名字,他们选择了不同的词。杨宪益偏爱使用英语单词,但霍克斯充分利用了多国语言,如英语、希腊语、法语、梵语、拉丁语和意大利语。杨宪益通常使用那些与中文名称具有相似含义,并且在翻译其名称时具有很强的神秘感的英语单词,如牧师空虚、热情的和尚、无限空间的佛教徒,无限时的道家等。这些单词的身份可以通过英语单词清楚地显示出来,这是因为杨选择了不朽和尚的名字作为词汇。这样,这些名称就可以营造一种神秘的气氛,并且很适合这个故事。尽管这些角色看起来很常见,但它们在整部小说中仍然占有重要的位置,因此霍克斯更加关注这些名称,并使用多语言对其进行翻译。

杨在翻译仆人的名字时主要采用音译,从而可以向外国读者介绍中文姓名文化,但由于大多数仆人的名字在小说中都有隐含的含义和特殊功能,因此音译往往不能够将这些全部表达。相反,霍克斯采用意义翻译在来翻译仆人的名字的时候。由于考虑到仆人地位低下的现实因素,霍克斯偏爱用植物、石头的词汇来意译仆人的名字。

2. 语境的翻译

语境就是语言环境,指的是用语言展开交际的场合。小说语境的翻译要比语义的翻译更加困难。译者在翻译时,应该注意分析原作的总体与个别语境,运用恰当的表达手段,对原作语境进行准确的传达。

(三)小说翻译实践:《心是孤独的猎手》中译本分析

目前,在国内市场上,《心是孤独的猎手》这部小说有陈笑黎译本(2014)、秦传安译本(2017)等 14 个不同的中文译本,其中秦传安和陈笑黎两位译者的译本在出版时间上较新,比较具有代表性,且他们在这本书的翻译上采用了不同的翻译策略,翻译风格也大不相同,因此带来了不同的翻译效果和阅读感受。前者注重意义的传达,后者注重文字的使用,二者各有优点和不足。笔者通过查询 CNKI、万方网、维普网,目前还没有发现针对该小说译本对比分析研究的相关论文。由此,本文旨在通过对陈笑黎译本和秦传安译本的对比分析,探究功能对等理论对文学翻译的指导作用。

1. 功能对等理论

对等论作为西方翻译理论中的核心部分一直被各学者研究,从英国翻译理论家泰特勒的同等效果论到德国翻译理论家考尔的效果相等,再从里厄的对等原则到奈达的功能对等理论,其理论本质属性就是追求语言之间的对等。功能对等理论下,翻译不应过多受制于原文的语言形式,译者应在综合考虑读者感受的前提下,保证译文与原文在形式上的对等,同时完成信息传递,使译文措辞通顺自然,译文内容达意传神,原文读者与译文读者的反应基本一致。

2. 功能对等视角下对《心是孤独的猎手》两个汉译本的对比研究

这里选取了陈笑黎译本和秦传安译本,主要从习语层面来分析两种译本的异同之处。英语习语在英语语言中享有非常重要的地位,蕴含着丰富的文化信息且来源复杂多样,它主要包括成语、谚语、俗语、典故和一些俚语。英语习语是英语学习的重要组成部分,但文化差异是英语习语翻译的一大障碍,只有全面理解文化差异,才能进行正确的翻译。

"Holy Jesus!" Portia said. "Twelve dollars!"

秦译本:"天啊!"波西娅说,"十二元!"

陈译本:"神圣的耶稣!"波西娅说,"十二块!"

"Holy Jesus" 作为英语国家的习语非常常见,这类习语属于人名习语,"Jesus" 是上帝的儿子,中文翻译为 "耶稣",但是在日常生活中,这个词通常是失去人名代码的作用,只是表达一种惊叹的语气。功能对等理论告诉我们,译文要使原文读者与译文读者的反应应当基本一致。所以,在翻译这类词时,一般不译为人名,这里采取归化翻译更加合适,秦传安的译文符合这一策略,而且也符合译入语读者的文化习惯。陈笑黎的译文在形式上符合源语,但是带有翻译腔的生硬之感。因此,秦译更合适。

a drop in the bucket

秦译本：九牛一毛而已

陈译本：微不足道

"a drop in the bucket"在中文里面有多种形式传达意义，如"九牛一毛""沧海一粟""微不足道""杯水车薪"等。功能对等理论指出，翻译是用最恰当、自然和对等的语言从语义到文体再现源语的信息，所以如何选择也是值得考虑的问题。这里的"a drop in the bucket"属于一种习语表达，秦传安将其译为"九牛一毛"；陈笑黎将其译为"微不足道"，基本意义正确，也都体现了文体上的对等。但仔细比较这两个成语，不难发现还是存在着些许差异。秦传安的译文更注重数量而不是意义，陈的译文中的"微不足道"，更偏重于意义方面的微小，而原文内容表达的是一个人只看到了事物的一部分，所以这里的"a drop in the bucket"强调的是数量上的少，所以秦译更合适。

Biff Brannon noticed it immediately and raised his eyebrows.

秦译本：比夫·布兰农马上注意到了，吃惊地扬了扬眉毛。

陈译本：比夫·布瑞农一眼就看到了他，疑惑地扬扬眉头。

这个例子中，"raise one's eyebrow"属于表达人物情绪的一个习语，字面意义为将眉毛上扬，抬高眉毛，形容人吃惊、惊奇。秦传安将其译为"吃惊地扬了扬眉毛"，既表达了内在含义，又符合了形式上的一致；陈笑黎将其译为"疑惑地扬扬眉头"，意义稍有偏差。两位译者都没有直接字对字地进行直译，他们都遵循了功能对等原则，与形式对等相比较，意义对更重要，所以秦译更好地传达了原意。

《心是孤独的猎手》作为一部小说，其精炼的表达，讲述故事的方式，特有的文化色彩等都对读者是具有吸引力的，但也是翻译时应该慎重考虑的地方。笔者以奈达的功能对等理论为指导，对两个英译本进行了对比分析，发现秦传安的译文更注重意义的表达且具有联想性，陈笑黎的译文更注重于原文的形式。无论哪种译文，都不可能做到源语和译入语之间的绝对对等，但我们要努力达到译入语读者在阅读译作时，和原文读者阅读原作时有相同的感受和反应，这就是功能对等在文学作品翻译上的指导作用，即译文与原文达到功能上的对等，这也是一名译者在翻译实践中努力追求的目标。

三、散文翻译实践

（一）散文的语言特点

1. 简练、畅达

英语散文要求简练、畅达。简练的散文语言不仅能够将所要表达的内容传达出来，还能够表达作者对人、对物的态度。这不是作者精心雕刻的，而是作者最朴实的情感表达。畅达的散文不仅能够让词汇挥洒自如，还能够让情感表达自由自在。总之，二者是相辅相成的关系，是英语散文重要的生命线。

2. 节奏整齐、顺畅

众所周知，散文具有很强的节奏感，这主要在其声调的分配上有合理的展现。散文的节奏感还体现在句式的整散交错，长短句的紧密结合。正是因为散文的节奏整齐，因此让读者在阅读时能够朗朗上口，感觉到顺畅自然。①

（二）散文的翻译技巧

1. 动态、静态转换

语言是人对客观世界的一种反应方式，也有动态和静态的不同表达。静态的表达往往会把事物的运动和变化描述为一个过程或状态。而动态的表达法则注重对引起变化或运动过程的行为、动作。英语句子基本意义常用静态表达，而汉语则通常用动态表达。

2. 情感的传达

散文的创作在于传达作者的思想感情，因此情感是散文的灵魂所在。在对散文进行翻译时，译者需要对原文的情感进行体会。也就是说，

① 张保红. 文学翻译 [M]. 北京：外语教学与研究出版社，2010.

要想让渡准则顺利读完译者翻译的散文,获得与原作读者相同的感受,就需要译者把原作的情感融入进去,这样才能真正地移情。

（三）散文翻译实践：以《花生的荣耀》选段为例

释意理论是由玛丽安·勒代雷和达妮卡·塞莱斯科维奇[①]于 20 世纪 60 年代末提出,释意学派认为翻译不仅需要传达言内意义,还要传达特定语境中的言外意义。如果语言是一种交际行为,那么翻译的对象必然是交际意义,而交际意义则是语言知识和语言外知识相结合的结果。要想实现意义对等,翻译就需要实现交际意义,而认知对等和情感对等是实现交际意义的两个主要部分。在翻译过程中,译者要理解源语言,脱离其语言形式,对译文进行再创造,实现意义对等。在此基础上,释意理论提出了三个翻译步骤:理解、脱离源语言外壳和重新表达。

在释意理论视角下的中国现代散文翻译可以采用如下几种方法,以《花生的荣耀》选段为例。

1. 意义对等理论

事实上,释意理论也可以称为“意义理论”。Sartre 认为:“意义并不包含在要理解的词的意义中;虽然文学目的是通过语言实现的,但在语言中却找不到这个目的;[⋯⋯] 意义不是词的总和,而是它们的有机整体。”[②]为了实现意义对等,认知对等和情感对等是两个主要部分。而情感对等则要求对原文作者的移情和对其语言的充分理解。

（1）认知对等

释意理论认为,要全面理解源语言,就需要认知对等。认知对等是由文本的言内意义和译者的认知补充相结合而实现的。而认知对等包括译者的文化背景知识、主题知识和百科知识等。例如:

“在谷雨前的一段日子里,他们要让土地充分地‘醒一醒’,

---

① Seleskovitch, Danica & Marianne. Lederer. Interpretation Theory and Practice Teaching[M]. Translated by Wang Jiarong. Beijing: Tourism Education Press, 1990.
② Lederer, Marianne. Translation: The Interpretive Model[M]. Manchester & Northeampton: St. Jerome Publishing, 2003.

'兴奋兴奋',把那攒了一冬的劲儿啊,可劲儿地憋足喽。"

"During the days before the 'grain rain', the land has been gradually awakened to the strength that has accumulated for a whole winter."

这句话提到了中国传统节气中的"谷雨",在这样的文化背景下,中国人很容易理解。然而,对于大多数来自其他国家的读者来说,理解比较困难。这就需要通过增加关于中国传统文化的主体知识和百科知识来实现认知对等。

（2）情感对等

作者的情感通常都不是以语言形式存在的,而是存在于字里行间,这就使得译者对原文作者的情感感同身受,对作者的表达有一个透彻而敏感的理解,从而重新表达情感意义,实现情感上的对等。例如:

"它来自最优良的品种,它来自最肥沃的土地,它承托着生命延续的重任,它寄予着家乡庄户人的幸福与厚望!"

"They are from the best strain and have grown on the most fecund land, so they are assigned the mission of continuing life, and the promise of a happy future of the farmers!"

这句话主要是作者对花生的溢美之辞。在情感上,"承托着"这个词隐含着家乡人赋予了花生这种延续生命的责任的意思,表达了人们对花生的深深的爱、期待和希望。如果把它翻译成"have undertaken",语言缺少感情。因此,如果译者与原文作者没有情感共鸣,就不容易实现目的语的情感对等。

2.三角模型理论

（1）词汇层面

这一部分将探讨释意理论中的三角模型理论在散文翻译中的适用性。英汉语言的差异导致这两种语言在词汇、句法和语篇层面上也存在着许多差异。要把词汇层面上的文化负载词等翻译好,译者首先要准确把握原文的隐含意义,然后摆脱原文的语言形式,在目的语中重新表达出来。[1] 这一翻译的心理过程符合释意理论的三角模型。例如:

> "那颗颗饱满而又坚挺的花生种子,个个脸桃红仁乳白,品相端正圆润,身骨俊朗丰腴,恰似那庄户人家媳妇偏房内张贴年画上的福娃娃。"

> "These plump-eared peanut seeds have pink skin and ivory white kernel, with plump and pretty appearance, just like the 'lucky babies' (footnote: 'Lucky babies' refers to Chinese lucky baby, which is an adorable image of a baby on the traditional Chinese New Year painting, who usually wears a red bib embroidered with the Chinese character 'Fu', which means good fortune and happiness.) on the new year pictures put up in the wing-room of the wives of peasant families."

以上句子涉及一个中国文化负载词"福娃娃",而且原文中,"福娃娃"一词运用了隐喻。如果简单将其翻译成"幸运儿",花生和"幸运儿"之间的相似性未表现出来,那么原文的比喻意义就毫无意义了。为了保留该词的修辞效果,译者需要了解"福娃娃"的隐含意义,并对其进行补充解释。这种思考过程与三角模型是大致相同的。

（2）句法层面

从句法上看,中英思维方式也有许多差异。例如,我们都知道文学作品中有许多短句和松散句,尤其是散文。在英语文化中,译者要想使目的语得到读者更广泛的接受,就需要注意英语对长句的偏好。思维方式上的差异要求译者摆脱句子结构,以更流畅、更地道的方式重新组织目标语,这也符合三角模型理论。例如:

> "那壳自它一分裂,好像立马变得个个灰头土脸,躲进簸箕里掩面叹息,/而那颗颗被双手温暖抚摸过的花生仁,起初倒

---

[1] 张培基.英汉翻译教程 [M].上海:上海外语教育出版社,2009.

是惊乍，神情紧张，继而笑靥万千，个个眉飞色舞，/ 它在一瞬间便明白了主人们全部的心思，觉得自己完全可以放开任性调皮不会受任何嗔怪！"

"Since it's cracked, the shells seemed to become dusty and dirty in appearance, hiding in the dustpans to bury their faces and heave a sigh, while the peanuts that have been caressed by people's warm hands seemed to be surprised and nervous at first, but soon beaming with joy. It's like they instantly understood all the thoughts of their masters, feeling that they can be willful and mischievous to their heart's content, without being blamed at all."

散文作品中有许多短句和散句。这个例子就体现了散文的这一特点，译者要想使译文更容易被接受，表达更地道，就应该划分意群，再加上一些连词重组句子。

（3）语篇层面

文本是翻译中的最大单位。英汉两种语言在语篇结构上有许多相似之处和不同之处。不同文本的翻译应具有不同的特点。语篇翻译强调语篇分析和语用意义。下面将从衔接手段这个方面对语篇进行分析，以说明语篇意义的重要性。例如：

"家乡人在暖洋洋的光线下，说说笑笑，间或打打闹闹，上了年纪的老人，三四十岁的男人，刚过门没多久的新媳妇，话题有东有西，内容有种田耙地有乡间趣闻，/ 放了学的孩子在旁边打沙包下象棋，/ 二十郎当岁的小伙子和嫂子们撺掇斗嘴，不时引起阵阵欢声笑语。"

"Basking in the warm sunshine, the folks in my hometown, maybe including the elderly, men from thirty to forty years old or new brides were playing with one another once in a while, and laughing and chatting about different topics from farming and harrowing the soil to anecdotes in the countryside. Meanwhile, the children after school were pitching sandbags and playing chess nearby; the chaps around twenties and women were bickering with each other, arousing gusts of laughter."

　　语篇翻译的关键在于语篇逻辑的合理性。在分析词汇和语篇结构的基础上,译者应考虑到语篇的完整性,运用逻辑关系准确地理解原文的意义。在语篇中,连词的翻译也反映了"汉语重意合,英语重形合"的特点。散文的形式总体上比较松散,衔接手段不明显,这可能体现在句子结构和思维方式的转变上。而英语需要用虚词来完成"形"。因此,该文本的译者在翻译之前首先要理解原文的逻辑,用连词表达出隐含的逻辑关系,如"including"和"and",使句子更具逻辑性和连贯性。因此,增补逻辑关系词的这个思考过程也反映了三角模型理论的运用。

第七章

英语文体翻译学理论阐释及应用探索

翻译学的研究内容包罗万象，但凡涉及翻译工具使用的方面，都属于翻译学的研究领域。实用类文体是以实用为目的，为解决人们生活或工作过程中所产生的需要或问题而存在的一些文体，其结构固定严谨，主旨明确集中，语言简明连贯，准确生动，几乎涉及社会的方方面面，如生活领域、工作领域等。实用文体学涉及商务文体、新闻文体、广告文体、旅游文体等，对这方面内容展开翻译研究具有重要的现实意义。本章就针对英语文体翻译学理论展开深入探索。

第一节　文体与翻译

一、实用文体理论阐释

（一）实用类文体的概念

虽然"实用类文体"这一概念出现得比较晚，但"应用文"早已存在。因此，在辨析实用类文体的概念之前，需要明确的是"实用文"和"应用文"这两个名词的概念。

在《现代汉语词典》中，"实用"一词义为"实际使用，有实际使用价值的"。[①] 依此解释，"实用类文体"指的是具有实际使用价值的文体。而"应用文"在《现代汉语词典》中解释为"日常生活或工作中经常应用的文体，如公文、书信、广告、收据等"[②]。可见，实用类文体是各类实用文章总称，当然其中也就包括了应用文。[③]

在我国商朝时期就已经出现了最早的"应用文"——甲骨文卜辞，即将占卜人的姓名、所问之事等刻在龟甲或兽骨上，卜辞分为叙事、命辞、占辞、占验四部分。[④] 可见，早在商朝时就已经出现计时、记人、记事、记地的"文章"。

从文体格式的角度来看，文论学家称为"群经之首"的《尚书》是中国古代第一部应用文汇编，具有一事一文的特点，各篇文章一般只涉及某一件事情，而且均有其特定属域和特定对象。[⑤] 这与中国实用类文体

[①]　中国社会科学院语言研究所词典编辑室.现代汉语词典(第7版)[M].北京：商务印书馆,2022.

[②]　同上.

[③]　刘剑英.实用文体概述[J].新作文(高中版),2021(Z1),6-8.

[④]　唐兰.卜辞时代的文学和卜辞文学[J].清华学报,1936(03),657-702.

[⑤]　张兴福,王伟翔.古代中国应用文的初始实践——《尚书》的性质及文体类型浅析[J].社科纵横,2000(04),60-62.

"一事成文"的写作传统和文书制度有着相同的特点。

古代应用文还涉及"表""说""记""铭""序""传"等文体。清代的刘熙载在《艺概·文概》写道:"有上行,有平行,有下行,重其辞乃所以重其实也。"① 他认为写给不同对象需要采用不同形式的文章,如写给上级多用"章""表""奏"等;写给下级多用"诏""戒""令"等;写给平级则采用"关""移""刺"等,他归纳"应用文"主要指公务文书。而徐望之则指出应用类文章主要指私人事务文书,他在《尺牍通论》一书中写道:"应用文包含'书札、公牍、杂记、序跋、箴铭、颂赞、哀祭等类'。"② 结合刘熙载和徐望之二人对"应用文"的概念界定,可以明确古代的"应用文"是指在处理公事或私事时所运用的能够解决具体事务的文书。③

而"实用文"一词最早出现在谢无量先生的《实用文章义法》一书中,可以说是现代实用类文体的开端,他把文章一分为二,一半是美文,一半是实用文,而实用文的特点就是"辞达而已",即语言没有华丽的辞藻,文字讲究准确、真实与简练。④ 蔡元培先生在《论国文之趋势》《国文之将来》中,则正式把文章划分成实用文和美术文(即艺术文)两大类,"实用文"这一概念正式问世了。⑤

王荣生教授在其著作《实用文教学教什么》中,提出"实用类文体"包括科普文章、新闻、人物传记、公文等以实用为目的的文章,是相对于文学类文体而言的,故除开小说、诗歌、散文、戏剧,其他文章统称为"实用类文体"。⑥ 薛法根老师在《文本分类教学——实用性作品》中指出实用类文体可分为说明文、议论文、应用文与记叙文四种⑦。

综上所述,无论是学者研究,还是各类课程标准、考试大纲,都未曾对"实用类文体"给出明确的定义,但都对实用类文体的类别和内容进行了划分。基于以上研究可知,"实用类文体"主要是指新闻作品、科普性文章、人物传记、演讲词、书信五类,而不包括行政公文,如报告、决定、通报等。

---

① 刘熙载.艺概注稿 [M].袁津琥校注.北京:中华书局,2009.
② 徐望之.尺牍通论 [M].烟台:公大印刷局,1935.
③ 刘剑英.实用文体概述 [J].新作文(高中版),2021(Z1),6-8.
④ 谢无量.谢无量文集 [M].北京:中国人民大学出版社,2011.
⑤ 孙永良,蒋子烨."应用写作"与"实用写作"考辨 [J].秘书,2019(05):44-51.
⑥ 王荣生.实用类教学教什么 [M].上海:华东师范大学出版社,2014.
⑦ 薛法根.文本分类教学——实用性作品 [M].福州:福建教育出版社,2016.

（二）实用类文体的分类

根据教材的选编内容，将实用类文体划分为新闻、科普文章、人物传记、演讲词和书信五类。

1. 新闻

新闻，在《现代汉语词典》中的定义为"报社、通讯社、广播电台、电视台等报道的消息"，是人们了解社会最新信息的一种方式。[①] 在《新闻学概论》一书中，新闻既可专指报纸、通讯社、广播、电视、网络媒体等每天发布的消息，也可指包括消息、特写等各种体裁和形式的广义新闻报道。[②]

从新闻的定义中也可以看出，这是反映真实社会生活的一种体裁，它能够把握正确的舆论导向，坚持"用事实说话"的原则进行文章创作。新闻既反映了社会现实，抓住了事实真相，也传递了社会信息，满足群众对热点事件的好奇心并加深了解；既有客观陈述又包含了主观评价，其语言准确客观、朴实简练，吸引着读者的注意力；既开阔了读者的阅读视野，也传递了某事某物所蕴含的精神与价值观。

2. 科普文章

王荣生教授在《实用文教学教什么》中认为科普文章大致可以分为两种：一种是科学说明文，一种是科学小品。[③] 科学说明文通常采用下定义、列数字、举例子、打比方等说明方法，用来说明某一事物或事理的性质与特点，其内容严谨准确。而科学小品是在文学写作手法的基础上将科学知识以生动形象的语言表达出来，比前者更具有文学性与趣味性，活灵活现地将科普的主题予以说明。

总体来说，科普文章实用目的突出，是将先前已有的科学知识、科学方法，以文字的方式表达出来，运用客观准确、通俗易懂的语言解释复杂深奥的科学知识，令读者能够清晰地理解文章所传递的科学知识、科学观点、科学方法以及科学精神，体会科学所带来的魅力。

① 中国社会科学院语言研究所词典编辑室. 现代汉语词典(第7版)[M]. 北京：商务印书馆,2022.
② 《新闻学概论》编写组编. 新闻学概论[M]. 北京：高等教育出版社,2020.
③ 王荣生. 实用文教学教什么[M]. 上海：华东师范大学出版社,2014.

3. 人物传记

杨凤霞指出："传记是一种遵循真实性原则，用形象化的方法记述人物的生活经历、精神风貌及其历史背景的叙事性文体。"[①] 可以看出，人物传记就是通过描写典型事例来突出人物形象的一种文学体裁，不仅向读者展现鲜活、真实的人物，也通过人物的塑造反映当时的社会环境与社会变迁，对考究社会历史变迁起到一定作用。人物传记还能通过典型事例的描写来鼓舞读者学习人物的某一精神或思想，传承典型人物的伟大精神与美好品质。

4. 演讲词

演讲是以特定的主题为演讲主线，在特定的公共场合，用来宣传演讲者的生活与工作经验或深层精神等观点的一种活动，而演讲词则是演讲者用以发表的讲话文稿，是一种带有宣传性和鼓动性的体裁，也叫作演讲稿、演讲词。其论点明确突出，逻辑层层递进，情感饱满热烈，它可以利用犀利的文字、激昂的语句让听众或读者感受到演讲者的观点，甚至产生一定的思想共鸣，起到宣传、鼓动、教育等作用。但不是所有演讲都会使用演讲稿，许多著名的演讲词都属于即兴演讲，如闻一多先生的《最后一次讲演》就是即兴演讲。

5. 书信

书信，是一种以书面的形式，向指定对象传递特定信息并表达情感的应用文书。书信有着相对固定的格式，从开头的称呼、问候语，到正文的连接语、主体文和总括语，再到结尾的祝颂语、署名和日期，无一不体现着写信人对收信人的诚意和敬意。书信不仅仅是公事公办的信息传递，同时也可以传递着人们内心的思想情感，以达到"见字如面"的亲切感。因此，书信的种类繁多，既包括公函这样正式的官方书信，也包括便函、家信和情书等私人文书。

在科技飞速发展的现代社会，网络交流逐渐代替了书信这一朴实的方式，人们更愿意选择微信、QQ 邮箱这类省时省力的方式进行信息交流。但书信仍然是传递温暖与真实感的最好方法，仍然是人们寄放感情的最好摇篮。

---

① 杨凤霞.高中语文知识一本全[M].延吉：延边大学出版社,2012.

（三）实用类文体的特点

1. 实用类文体的共性

虽然实用类文体包括多种体裁，其风格、特点各有不同，但同属于实用文，必然有其共通之处。

（1）实用性

无论是新闻、科普文章、人物传记、演讲词还是书信，都是我们日常生活中能够经常接触到的体裁。不同于文学类文体的"以情感人"，实用类文体更多的是"以实服人"。

学习新闻让学生掌握阅读新闻的方法，能够以更加专业的角度来解读新闻作品，能够清晰分辨出不同体裁的结构。科普文章可以将科学知识传递给学生，如科普文章涉及物理、地理、天文、动植物等领域，这些领域都是与学生的生活息息相关的。演讲词更是运用在公共场合的一种体裁，从历史伟人激昂慷慨的革命演讲到当代名人的宣传演讲，从校园里的"国旗下讲话"到国家主席的各类重大活动的主题演讲，学习演讲词能够让学生将自己的思想观点融入演讲稿中，对于大大小小的不同场合也能够沉着以对。人物传记能让学生了解典型人物，学习其精神与品质，在写作中也可以引用人物的典型事例加以论证自己的观点，丰富自己的文章内涵，而书信也在交流中传递着特定信息。

（2）实践性

学习实用类文体的目的是让学生通过对此类文体的学习来达成学以致用的目标。也就是说，实用类文体的目的就是通过实践让其实用价值更好地为生产或生活服务。比如，新闻为的是传递社会信息，在学习新闻之后，学生用以实践了，才更加明白新闻是如何传递信息的，以及更加明白新闻包含了哪些结构、语言有什么特点等，并通过撰写新闻稿提升自身的写作能力。科普文章的目的就是将晦涩难懂的科学知识，以人们容易吸收接受的方式展现给大众，便于学生在一些特定场合能够运用已掌握的科学知识，为生活、学习带来便利，开阔自身视野。人物传记蕴藏着人物的思想与精神，能够激励着学生向伟人、名人靠近，成为更加出色的自己。演讲词的目的也很了然，就是通过宣扬演讲者的观点，传达信息或说服观众采取某些行动，为自身的工作推波助澜并解决问题。哪怕是说明书的目的也是明确的，就是通过实践教会人们如何使用一件物品。实用类文体的实践性要求以学习为活动,以实用类文体为媒介,运用切实有效的教学方法,把培养并提高学生的实践能力作为主要目标,让学生能够在生活和工作中真正运用实用类文体来解决实际问题。

（3）真实性和准确性

既然实用类文体是根据社会生活的真实问题而产生,自然具有真实性和准确性。新闻讲究的就是新闻的真实性,不能弄虚作假来报道虚假新闻,更不能以夸大的言语来扭曲事实,如在创作新闻评论时需要发表主观评价,也应该建立在事实真相上。创作人物传记时也应以人物的生平事迹为基础。科普文章更是应该收集、分析目前已验证过的知识,将科学而准确的知识传达给读者,未经过查证的知识不能称为科学知识,也就没有向大众科普的必要。演讲词具有鼓动性,但不是所有观众都具有分辨真相的能力,因此其宣讲的内容必须是真实可靠的,否则就有哄骗观众、哗众取宠的嫌疑。无论是何种体裁,语言的真实性和准确性应该是作者首要考虑的部分,这样才具有解决实际问题的可能性。

2. 实用类文体的个性

除了普遍存在的共性外,不同体裁也具有自己的特别之处。教师应该根据不同文本的特点,采取不同的教学方法,真正做到因材施教,而不是一成不变地重复教学。

（1）时效性和时代性

新闻具有时效性和时代性。李旸认为新闻的时效性应该强调时新性和时宜性,表现在事件新、内容新、时机对、思考新。可以看出,新闻的时效性是其最根本特性。

在快节奏的生活里,扑面而来的各式各样的信息,令人眼花缭乱,导致了社会各界对分析与整合信息有着更紧迫的需求,群众的需求也逐渐多元化,这就对新闻提出了更高的要求,其写法、传播媒介与方式也在不断调整变化。例如,在新闻语言方面,过去的新闻就事论事,将事件的起因、经过、结果描述清楚就是一篇标准的文章,而当前新闻作品在保证语言准确真实的基础上,采用轻松、贴近生活的新兴语言,让新闻作品更具时代性、包容性与多元性。新闻传播方式也从传统的报纸、电视广播等媒介,发展为利用互联网进行传播信息,其形式也不再局限于文字,还可以是图片、视频等。新闻选题也更贴近时代,从动乱时代的战争报道到如今的社会小事、国家大事的报道,都体现着一个时代的变化与发展。

（2）通俗性和趣味性

科普文章具有通俗性和趣味性。每个人的受教育程度不同,其接收信息的能力也不尽相同。而科普文章的受众是人民群众,其主要目的是向广大的人民群众传递科学信息,无论是传递的信息语言还是方式都应便于群众接受,要让人民群众能够容易理解、正确理解,这才算真正达到了科学普及的目的。

专业人士写出来的文章有时是深奥难测的,可科普文章却有着自己的通俗之处。康拉德·劳伦兹在《动物笑谈》中用诙谐有趣的语言描述了自己在进行动物科学实验的过程与结论。作者在探究"为什么刚出生的水鸭子令人难以接近"的问题时,用通俗幽默的语言描述了研究过程与结论,字里行间都洋溢着作者对科学知识的传递和对生命的尊重,读者忍俊不禁的同时也接收到了简单易懂的科学知识。学习科普文章不仅让读者感受到探索科学的奥秘是一件有趣味的事情,也在通俗易懂的语言中传递科学知识,培养读者的科学思维和科学精神。

（3）鼓动性和思想性

演讲词具有鼓动性和思想性。演讲词和一般文章在表达方式上的主要差异在于现场感。[①] 一般文章更像是单方面向读者输送观点,缺少互动,而演讲词对于读者来说,即使本人没有在演讲现场,只是阅读演讲词也能身临其境,仿佛能够透过文字沉浸在演讲现场的气氛,能看到演讲者与台下观众的互动,能感受到演讲者激昂的语气。因此,演讲词的观点更加鲜明,态度更加明确,围绕所要表达的观点展开描述,鼓动着听众或读者的心绪,引起他们的共鸣,同时也促进了他们思想上的交流。

美国现代成人教育之父戴尔·卡耐基认为,高明的演讲者以听众为中心,而不是以自己为中心。[②] 演讲者正是遵循这一准则,用层出不穷的例子来鼓动观众的情绪,并引起共鸣,以此来说服观众来接受某一观点或事件,促成人们在思想上的交织、交流活动。

① 李旸,陈锐.论新媒体背景下新闻时效性和准确性的关系[J].新闻前哨,2021（11）:44-45.
② 杜凤慧.实用为本,纲举目张——谈演讲辞的教学策略[J]中学语文,2018（18）:2.

（4）专业性

人们在写纯文学作品时，只要将自己的见闻与感受加以润色并跃然纸上即可，但实用类文体并不是人人都可以执笔写的。例如，科普文章的作者需要掌握扎实的科学知识，各种专业术语和概念信手拈来，还要具有把高级深奥的专业术语转化为准确通俗的词语的能力，这样才能让读者真正接收到科学知识，文章所涉及的数据还需要是经过实验验证过的，这样才具备说服读者的能力；再如，人物传记的创作者应该对人物的生平了然于胸，具有强大的搜集、整理人物素材的能力，还要能够绘声绘色的语言表达能力，否则很难通过干瘪的事例来打动读者的内心，更不用说影响读者的思想了。

当然，实用类文体还具有科学性、情感性等的特点。归纳这些共通之处与独特之处，能够让教师与学生更加明白实用类文体的教学重点，或是可以增添与其特点相关的教学活动，为学好实用类文体推波助澜。

二、翻译文体学的定义

20 世纪 60 年代至 70 年代中期，形式主义文体学盛行。

自此至 21 世纪初，文体学与语言学的联系越来越紧密。辛普森（Simpson）在对文体学作出重新的定义时，将传统上文体学研究中常用的"语言学"一词改为"语言"，且用斜体形式来区别，认为文体学是"一种把语言摆到首要位置的文本阐释方法"，这时才显示了文体学与语言学开始脱离开来的迹象。

目前，关于文体学的定义，最为常见的是利奇（Leech）的界定："文体 X 是 Y 内所有跟文本或语篇样本相关，被一定语境参数组合所定义的语言特征的总和。"[1] 该界定指向作为语篇特点的文体，这与作为个人属性的文体存在很大的差异。同时，译者文体并不是译文所体现的客观、静态的语言特征，亦非作者文体。从广义上来讲，该定义可用于译作分析，但不适用于对译者文体进行考察。

---

① Leech, Geoffrey. Language in Literature: Style and Foregrounding[M]. Harlow, London & NewYork: Longman, 2008.

波波维奇(Popovic)是思考翻译文体学的先行者。他把翻译中的文体对等界定为"原文与译文中某些成分的功能对等,以产生具有意义等同这个不变量的一种表达上的等同"①。在翻译文体学研究中,在一些特定的情况下,文体对等是等同于翻译对等的。

Popovic 将文体对等称为"充分性""表达对应"和"忠实原文"。从这一意义上来看,文体对等涉及保留源文本(成分)的表达特征,同时努力保留其基本语义内容。但尽管直接语义对应难以建立,译者还是应该选择与源文本特定成分在文体层面是对等的目标语项。

第二节 文体翻译理论阐释

实用文体与其他文体相比具有鲜明的自身特点,因而在对实用文体展开翻译时需要遵循一定的翻译理论,学者们经过长期研究与探索,积累了大量的实用文体翻译经验,并形成了一定的理论。

一、商务文体翻译中的语言

(一)商务英语文体的语言特征

1.选择表达单一的词汇

与普通英语不同的是,商务英语一般选用词义相对单一的词来替代词义灵活丰富的词,以便使文体更准确、严谨、庄重。例如:

(1)用 inform(告知)替代 tell(告诉)

(2)用 effect(使发生、使引起)替代 make(使……)

---

① Popovic, Anton. Dictionary for the Analysis of Literary Translation[Z]. Edmonton: Department of Comparative Literature, The University of Alberta, 1976.

（3）用 terminate（结束、终止）替代 end（结束）

（4）用 grant（准予、允许）替代 give（给予）

（5）用 acquaint（使熟悉、使了解）替代 be familiar with（熟悉……）

（6）用 constitute（构成、组成）替代 include（包括，包含）

（7）用 by return（立即回复）替代 soon（不久）

（8）用 tariff（关税）替代 tax（税收）

商务英语与普通英语在语言表达上还有一个重要不同之处在于其表达具体、准确，不含糊其词，不笼统抽象，尤其体现在一些商务合同、协议等文本中。试比较：

普通英语	国际商务英语	译文
before March 20	on or before March 20	3 月 20 日前
in a month	in one month or less	一个月以内
in late July	within the last 10 days of July	七月下旬

显然，通过对比可以看出，第二组的商务英语表达更加具体、清晰和确切。

2. 使用正式的词汇

由于一些商务文书具有规范、约束等性质，所以在选择词汇时应首先考虑到正式的词汇。例如：

（1）用 previous to（在……之前）代替 before（在……之前）

（2）用 solicit（征求）代替 seek（寻求）

（3）用 certify（证明）代替 prove（证明）

（4）用 expiry（到期）代替 end（结束）

3. 倾向平实、准确的表达方式

商务英语表达思想时，更倾向于使用明白晓畅、逻辑关系明确的方式进行交际，人们常常使用如下词汇。

（1）in order to 为了……

（2）as a result 因此

（3）for this reason 为此

（4）primary industry 第一产业

（5）cash with order 订货付款

（二）商务英语信函的语言特征

商务英语信函是一种正式的书面文体,是国际贸易活动中最重要的交流方式。符合英汉思维方式及文化传统的、语言得体的信函会促进交易的完成。反之,则会导致误解,造成交易困难。商务英语信函非常正规、严肃、严谨,专业性很强,具有很强的针对性和目的性,所以在商务英语信函翻译时,既要符合基本的句法结构、词汇特点,又要表达出具体的特定内容。

1. 商务信函的界定

商务信函(又称作商务书信)就是商务环境下的个人、部门或公司,为了传递信息、建立业务关系、推销产品、维持感情等目的,写给其他公司、客户、顾客或合作伙伴的信件。其具体形式可包括传统的纸质信件、备忘录、电子邮件等。

目前,由于互联网的普及,绝大多数情况下商务人士使用电子邮件,或通过电子邮件发送备忘录,而很少通过纸质信件与其他人沟通。

商务英语信函包括:建立贸易关系,询价及回复,报价、推销信、报盘及还盘,接受和回绝订单,售货确认书及购货合同,支付,包装,装运与保险,申诉索赔和理赔等。

2. 商务英语信函的语言特点

（1）词汇层面

商务英语信函要求表述专业规范、条理清楚、思维缜密、逻辑清晰,词汇的选择必须遵守"7C"原则。

①词汇选择标准

第一,选择礼貌性的词汇。礼貌原则是在撰写商务英语信函时,必须遵守的一个重要原则。尤其是由于对方的失误而引起一系列问题或困难时,也要尽可能选择礼貌性的语言。这样更有利于问题的解决,不至于激化矛盾,导致交易失败。例如:

You ignored our request that you return the report by registered mail.

你忽略了我们的请求,通过挂号信寄回报告。

We did request that you return the report by registered mail.

我们确实要求用挂号信寄回报告。

第二句中的表达方式更容易让人接受。第一句中的用词"ignored"明显有指责对方的意思。而第二句"我们确实要求用挂号寄返回报告"，既说明了自己没有过错，又委婉地指出了对方的问题。

第二，商务英语多用替代词和缩略词。大多数商务英语的专业术语都有自己的缩略形式。例如：

FIO=free in and out（自由进出）

fin.yr.=financial year（财政年度）

F. A =freight agent（货运代理行）

HSCPI=Hang Seng Consumer Price Index（恒生消费价格指数）

做英汉翻译时，多采用缩略形式。另外，在英语中为防止同一名词反复出现，多用代词指代前文所提到的名词。例如：

我们想订购 50 套柳树图案的茶具。如果柳树图案的缺货，请勿发替代货物。

We are placing with you an order for 50 sets of tea sets with willow patterns. Please do not send substitutes if they are not available from stock.

英译中的"they"当然就是指的"willow patterns"。汉语原句中重复了柳树图案一词，但在英语里必须用代词"they"来替代。如果像汉语那样重复原词，就不符合地道的英语表达习惯。

②规避词汇原则

崇尚个人主义的西方人对与性别、年龄、身高、体重、相貌、种族等方面有关的问题都非常敏感，不允许用工单位有招工歧视的行为，任何限制性的招工启事都是不合法的。个人简历也是不要求附照片的，甚至可以说，附照片的简历会被认为是非常奇怪的。用人公司绝不会从一个人的外貌判定这个人是否符合公司的职位需求。这一点也体现在语言的使用上，所以在做商务英语翻译时应该尽量规避能够产生歧视和歧义的词汇。

第一，避免使用性别歧视的词汇。历史上，对妇女的歧视在语言上也有所体现。然而随着社会的发展和人们意识水平的提高，这种状况逐渐地得到了改善，语言也在随之变化。在现代英语中既有"policeman"，又有"policewoman""chairman"和"chairwoman"等。最为典型的则是反义疑问句的使用，当主语泛指人时，其问句部分可以用"are they"或"aren't they"。另外，英语单词"he"既可以指男性也可以指女性。

例如,"He who laughs last laughs best.（谁笑到最后谁笑得最好）"。现在越来越多的人对此提出抗议,认为"he"的使用对女士构成了性别歧视。在翻译中我们应该避免使用这一类有性别歧视的词汇。

第二,避免种族歧视的词汇。把某个特征加在某个种族人群上很不公平,因为即使是同一种族,人与人之间的差别也是巨大的。种族没有贵贱之分,所有的种族都是平等的,奥巴马成功地当选美国总统就是很好的例证。"黑人总统奥巴马"这一表达方式就表明了对黑人的种族歧视,暗示了黑人能出一位总统是一件非同寻常的事。这也就是我们从未听过"白人总统克林顿"这种说法的原因,在我们心目中,美国的总统理所当然地就应该是白人。例如:

The new line is very popular in the low-income areas of the city, according to our survey of 200 African-American families.

根据我们对 200 个非洲裔美国家庭的调查,这款产品在城市的低收入地区很受欢迎。

这句话相当于把"African-American families"与"low-income areas of the city"二者等同起来,无疑会使人们联想到美国黑人都很穷,有种族歧视的迹象。

第三,避免使用年龄歧视的词汇。年龄歧视可能是有意为之,但发生在我们身边的年龄歧视大多是偶发的。几年前,"Facebook"总裁马克·扎克伯格（Mark Zuckerberg）在斯坦福大学举行的一次活动上,对观众说:"我想强调年轻和技术的重要性。年轻人更聪明。"这句话引起了轩然大波,硅谷年龄歧视的话题成为各大媒体讨论的焦点,当时的各种批评声甚嚣尘上。为了避免产生这样的问题,在商务英语翻译中,我们应该尽量避免使用"young""old"等这一类界限不清,概念模糊、容易产生年龄歧视的词汇。例如;

Old citizens are entitled to free bus rides in the city.

Citizens above 65 years old are entitled to free bus rides in the city.

两个句中的"old"含义可不一样。第一句中的"old citizens"指老人,有年龄歧视之嫌。第二句中的"old"只是指具体的年龄。在英美文化背景下,谁都愿意年轻或看上去年轻,七八十岁了还有很多人在工作,五六十岁还被认为是年轻人。所以,在这种情况下,使用具体的年龄比泛指老年人恰当。

（2）句子层面

商务英语信函翻译中,句子层面所遵循最主要的原则就是语法规则。语法是对现成语言中规则的归纳和总结,语法规则包括句型和句法。另外,撰写商务英语信函的语调也非常重要,礼貌、自信、对对方的尊重都要体现在商务英语信函的字里行间。

①语法原则

第一,句型。在商务英语翻译中应该多选用简单句。可读性研究表明,单词多、成分复杂的句子容易造成误解。这里所指的简单句指的是由 16 ~ 18 个单词组成的英语句。注意多用简单句并不是说全文所有的句子都写成简单句,实际上应适当出现一些长句,尤其是结构清晰的并列句(其各小句处于同等重要的地位)和复合句(主句信息要重于从句的信息)。复合句中重要信息放在主句里,次要信息放在从句里。例如:

My business has grown substantially during the last 3 months, and I have recently added as customers China National Petroleum Corp.

过去的三个月公司业务迅猛增长,最近成功把中石油发展成我们的客户。

该英语句是由“and”连接两个同等重要的句子构成。英语是刚性、显性,形合语言,有严格的语法结构,不可随意改动,“and”就是上述特点的标志性词语,如果去掉,这句话就变成了病句。可见,“and”的作用是绝对不可忽视的。

第二,语态。正确使用英语的主、被动语态。英语中,主语的重要性体现在以下两个方面。第一,英语句子必须有主语(祈使句中隐含的主语是“you”);第二,英语句子的主语是该句的焦点、核心,统领全句。商务英语交际和日常口语交际一样,人们多倾向使用主动语态,因为主动语态的句子生动,而且能够强调句子要表达的内容。但是,在商务英语信函表达负面信息的时候,要更多使用被动态,用物作主语,更婉转礼貌。例如:

The price list was not enclosed in your letter.

附件中没有价格表。

表达负面信息时,如果用主动语态,用人作主语,直接指出对方的疏忽,有指责对方的嫌疑,不是很礼貌。礼貌是在撰写商务英语信函时必须遵守的一个重要原则。而用被动语态,间接指出对方的疏忽,更容易让对方接受。

第三，句子简洁。商务英语信函最主要的目的就是通过有效交流，达成一致，完成交易。商务往来涉及很多工作，全世界都在讲高效。一封满是拖沓、冗长句子的信函，会让人感到头疼、无从下手。所以，在写商务英语信函时，应遵循压缩句子，删繁就简的原则。用尽量少的单词及句法结构把自己的意思表达清楚是商务交际的基本要求。例如：

请在支票的后面背书。

原译：Please endorse on the back of this check.

改译：Please endorse the check.

"endorse"本身就是在背面签署的意思，不必要写"on the back of the check"。

②语调

对交易者来说，他们总是期待开展新的业务，获取新的利润。一封语言得体中肯的商务英语信函有助于交易者实现他们的预期。因此，语调原则也是在撰写商务英语信函时必须遵守的一个规则。语调是指交易双方对于向对方所要传达的信息的态度。总体上说，商务信函要显得自信、礼貌、坦诚、尊重对方、要用肯定的语气而不要用否定的语气，同时要把重要信息放在凸显的位置、把次要的信息放在从属的位置，并适当地强调"您"（you）。

第一，自信。自信是社交活动能否取得成功的重要因素之一。只有对自己充满信心，做事才能如鱼得水，得心应手。在对外贸易中，自信尤为重要，是成功的坚强后盾。但在交际中切记不能过于自信，过于自信就是自负，会使人产生反感，导致交际失败。缺乏自信，对方就会对你所传达的信息的准确性、肯定性有所怀疑，影响交易的完成。过于自信，对方会觉得你的态度很傲慢，也不利于交易的进行。只有不卑不亢，才能赢得对方的尊重，顺利地进行谈判和达成交易。例如：

I hope that you will find that our products can meet your needs.

我希望你会发现我们的产品能满足你方需求。

改写后：

Our products can meet your needs.

我们的产品可以满足你方需求。

例句中的"I hope""You will find"都传达了交际者不自信的信息。产品满足对方的需求，这是事实，对方发现不发现都是客观存在的。所以，交易者在介绍产品的价格、产品质量、产品前景等相关信息时，一定要充满自信。

第二,礼貌原则。在对外贸易中,意见有分歧、观点不一致在所难免。如何解决矛盾和分歧而又不给双方带来负面影响呢?礼貌原则就显得尤为重要了。礼貌诚恳的语调会传达出良好的意愿,有助于实现交际,化解分歧进而达成交易目的。即使没有分歧,礼貌的语言与句式也会促使对方考虑你方所提出的条件,促成交易。例如:

You sent your complaint to the wrong department. We don't handle shipping problems.

改写后:

We have forwarded your letter to the shipping department.

我们已经把你的信转交给了货运部。

例句中,"We don't handle shipping problems."这句话语气生硬,而且态度是严词拒绝的不友好态度,客户看到这种情况会非常气愤;改译句不仅没有拒绝,而且提供了很好的解决办法,会赢得客户的赞赏与认可。

第三,"You-attitude"强调"你 / 您"。采取"以你为中心"而不是"以我为中心"的态度。应该站在对方的立场,考虑对方的观点,理解对方的问题,强调对方的利益并采取积极的态度进行书面沟通。"你态度"(You-attitude)可以传达出自己的友善,争取到对方的好感,因为这样做表明你把自己放在了较低的位置,而把对方、对方的利益放在了重要的位置。例如:

We can allow a 20% trade discount if payment can be made within three weeks after receipt of the goods.

如果收到货物后三周内付款,我们给予 20% 的贸易折扣。

改写后:

You can take advantage of the 20% trade discount we offer to buyers who make payments within three weeks after receipt of the goods.

在收到货物后三周内付款,你方可以得到我方提供的 20% 的交易折扣。

改写句中,以对方为主语,把对方的利益放在了重要位置,说明卖方非常体贴,考虑问题周到,以买家利益为重,表达出自己的友善,能够争取到对方的好感。

第四,肯定的语气。在撰写商务英语信函时,应该尽量从对方的要求、愿望和情感出发，少用否定的、抱怨的、消极的语气，多用肯定的、阳光的、积极的语气。否定的语气会给人以居高临下的感觉，容易使交易双方产生对立情绪。常见的否定词有"wrong""not""regret""inadequate"等。例如：

We regret to inform you that we cannot permit you to use our auditorium for your meeting, as the Ladies Investment Club asked for it first. We can, however, let you use our conference room, but it seats only 60.

改写后：

Because the Ladies Investment Club has reserved the auditorium for the weekend, we can instead offer you our conference room, which seats 60.

因为女士投资俱乐部已经预订周末使用礼堂，我们可以提供给您60个座位的会议室。

例句中出现的比较负面的、否定的词汇（已划线）都会给人不好的感觉，看完之后难免会动肝火，以后继续合作也难免会蒙上阴影。相反，改写句没有用负面的、拒绝的词汇，反而给出了"offer"，让人顿觉神清气爽，即便60个人的场子远远不够，起码心情上还不至于很糟。

第五，体贴。"To be good, it ought to have a tendency to benefit the reader."—Benjamin Franklin。这句话意在告诉人们：好的文章应该是有益于读者的，这样才能吸引读者的注意力。一封好的商务信函一定要考虑到对方的利益，所以信函撰写者在建构句子时，也要充分考虑到对方的利益，适当调整自己的词句，以顺对方的心理。例如：

Your feet won't get wet if you wear these boots.

穿上这雨靴不湿脚。

例句只是客观地介绍了自己的产品，没有任何感情色彩。而改译句则从买者的角度出发，充分考虑对方的需求，非常体贴，让人感觉很温暖，交易容易达成。

二、广告英语文体的语言

广告是受到人们普遍欢迎的大众传媒形式之一，它具有通用性和流行性等一些基本的语用特征。同时，作为一种具有特殊功能的文体，广告英语文体在信息传递与信息交流方面也显露出一些特殊性。

英语作为世界上最广泛使用的语言，和所有其他语言一样，其基本功能同样在于传递信息、维持人际关系、表达情感、行为做事等。广告英语文体语体也是英语语言社会功能变体的一种。

广告语体，既受时间和空间的限制，但又要求达到立竿见影的传播、促销效果，必须具备相当的特点，才能在有限的时空中让广告说明情由、鼓动情绪、给读者留下深刻印象、促使社会行为的发生。那么，广告英语文体语体究竟具有哪些方面的功能和特点？这些功能和特点又如何通过什么样的手段实现的呢？

与普通英语相比较，从语言的基本功能方面看，广告英语文体有其自身的特色和侧重。它主要借助语言的应酬功能、信息功能、情态功能作为行为手段和工具，以实现移情功能、指令功能作为行为终极目标的语言行为。

（一）广告英语文体的语言特点

1. 广告英语文体中的词汇特点

广告英语文体出于其特定语用功能的需要，往往会刻意借助词汇某些相对的"稳定、持续和独立"的特征，直接运用寻常词汇形式表达不寻常的意义，在特定的语境中，赋予词汇某种新颖的意义，在视觉、听觉、感知、认知上制造并传递出奇特的语义效果，以实现广告告知、传播的语用功能。广告词汇的使用还必须准确精练，恰到好处，既不能影响信息表达，也不能引起受众反感，因此广告文体词汇的使用还必须言简意赅、形式瞩目。

（1）广告英语文体中的名词

名词通常用来指人、地点或事物，且所指事物具有以下特点：特定性（specificity）、界限性（boundedness）、有生命（animacy）、性别和性（sex and gender）、亲属关系（kinship）、社会地位（social position）、物理特性（physical properties）和功能（function）。

从感知识别意义上看，名词的"信息稳定性、时间稳定性和认知稳定性"使名词必然带有言简意赅、形式瞩目的形式特征。正是这个特点决定了广告英语文体中名词的出现率最高。

广告英语文体中的名词主要涉及宣传什么以及为什么宣传等方面内容。在广告中，大量使用名词词组，至少有一个好处，可以使篇幅缩短，即在有限的篇幅中包含较大的信息容量，达到言简义丰。在广告费越来越昂贵的现代社会，使用名词词组还能大量地减少广告费用。

名词词组是以名词为中心词的词组，通常是由一个中心词和其他限定词和／或修饰语构成。名词词组是广告文体中结构最复杂的成分之一，其独特之处在于它具有独立的语法地位，可以大量作为独立分句广泛使用。名词词组在标准英语里是句了的从属部分，不能独立成句，但在广告英语文体中却能在形态上成为一个独立句。例如：

A *contemporary* classic A *timeless* timepiece.（形容词前置）
当代的经典产品，永久的计时装置。

（手表广告）

Masters *of detail*...（of 介词短语后置）
细节大师……

（家具广告）

Each bracelet meticulously *finished*（过去分词后置）
款款手镯，精工细作。

（手表广告）

The *Relentless* Pursuit *of Perfection*（复合修饰语前、后置）
追求完美永无止境

（凌志汽车广告）

The determination *to excel*. The drive *to achieve*. The commitment *to be the best*.（动词不定式后置）
超凡的决心，成就的动力，最好的承诺。

（韩国航空公司广告）

A destination *that always leaves a big impression*（定语从句）
令您流连忘返的仙境

（酒店广告）

213

以上例子的全部篇幅都被用来描述和赞扬商品或服务的优点。依照传语法标准来看,它们都省略了主语及谓语动词,成为"无主谓句"。

但在广告中,将"次要"的句子成分简化省略后,关键词语则显得十分鲜明、突出、紧凑。试将这些"无主谓句"与它们的完整形式相比较,这类看似语法结构不完整的"无主谓句",当置身于由广告内容所构成的语境中时,其形式简洁、风格洗练、内容浓缩的名词词组反而更能突出地表达最重要的信息。

广告英语文体中,大量名词词组替代独立句,它们虽然不同于传统语法意义上的句子,但在功能和意义上却与一个完整的句子等同。它们有时还借助标点符号,如句号、破折号、省略号、冒号、问号、感叹号等来实现完整语句功能,体现其在广告英语文体中的独立地位。

（2）广告英语文体中的形容词

形容词是指那些用来说明名词所指代的人和事物特性的词汇。五彩的世界展现出无尽的多样性,其构成要素纷繁,形态各异,色彩缤纷。名词赋予这些东西以基本概念,形容词则用来修饰和限制概念的性状和特征。离开形容词,我们根本无法精确地描述我们眼前的世界。

广告英语文体经常使用评价性形容词,特别是褒义性的形容词,使广大受众对产品或服务产生模糊且良好的印象,从而达到营销目的。这些形容词往往能使广告增色,故而广告英语文体常被戏称为一个"没有罪恶、没有苦难、没有野蛮的奇妙世界"。商业宣传活动离不开形容词的描绘作用。

比如,质量既是消费者选购商品时首要关注的方面,也是生产企业发展的必备条件。生产企业在推出优质产品的同时,还有必要大力宣传产品的优点,以吸引消费者。在广告活动中,形容词,特别是表性状的形容词,对生动地描绘出广告商品的优良属性起着关键作用。

2. 广告英语文体中的句法特点

作为英语语言的一种社会功能变体,总体上说,广告英语文体在句法上不仅完全合乎通用英语语法体系的规则,而且能更"有意地"利用这些规则来表达广告人的意图和诉求。

英语的语态分为主动和被动。日常英语中语态的选用并不存在某种强烈的倾向性,主要视言辞表达方便、说话人的需要或强调的对象而定。但广告英语文体中的语态选择则有一定的特征:比较而言,主动语态占优,被动语态则尽量避免使用。究其原因,主要是以下几点。

首先,广告人为了宣传商品、服务或商品服务提供者,总会利用有限的篇幅,尽量渲染被宣传对象的特征、品质,以及在与同类商品或服务比较中凸显出来的优点。广告英语文体语篇中的语句多为宣传商品质量高、赞扬商品经久耐用、刻画商品的使用给消费者带来的愉悦感受等方面特定的描述性语句。这类语句的基本结构多为:

P1 主语 + 系动词 + 表语
P2 主语 + 不及物动词或
P3 主语 + 及物动词 + 宾语(+ 宾补)

其中,主语主要由表示商品、服务或商品服务提供者等的名词或名词词组担任。谓语多由系动词、不及物动词,或者由具有役使语义的及物动词充当。前两者用以引出描述主语的性质、特征或状态的表语,后者用来引出宾语和主语能给宾语带来的结果。表语位置出现比较频繁的是名词、形容词、动词的分词形式。宾语则主要是广大受众或潜在消费者。以上几方面语法功能均决定这几种类型的语句一般都用主动语态来表达的。

其次,从人际功能的角度讲,广告英语文体多采用主动语态也有两方面因素。广告语句以商品服务提供者为句子的主语时,能表明商品服务提供者为消费者提供产品或服务的积极主动性;而以消费者为语句的主语时,则突出的是广告中的消费者使用商品的愉悦感受,并暗示购买和使用是消费者主动、自愿,甚至是积极的行为,从而暗示产品或服务的高质量、好信誉和备受欢迎的程度。这两种因素都极易诱发消费者的购买热情,这两种效果借助被动句通常是难以实现的。故而,相比于被动句,主动句更具有感染力和促动力,也更能为广大消费者接受。

被动语句的使用多会让消费者有被动的感觉。消费者一般来说都愿意将自己想象成广告的俊男靓女,若使用主动语态的语句,能让消费者在潜意识中觉得自己就是广告产品的主动执行者、掌控者,进而如己所愿地进行选择和购买产品。所以,主动语态的句子还能避免让消费者内心产生被迫、被欺骗或强买强卖等不良情绪。

此外,人们理解一个被动句比理解一个主动句所花的时间要多。广告英语文体多用简单的口语语体,而口语语体多用主动句。比较而言,要花时间才能被理解的被动句在广告中常常被避免。

由此可见,广告英语文体中主动语句的大量使用也就不足为奇了。

其他广告中偶尔会用到被动语态,但其中所占比例是少之又少。

（二）广告英语文体的表达方式

1. 创造性

从信息交流模式的角度看,广告的信息交流具有间接性和单向性。绝大多数广告的信息不是通过信息发出者直接面对面地传达给信息接收者,接收者对信息的反馈也不是立杆见影地表现出来,更不存在任何即兴的互动。这给信息的有效交流和传递造成了一定的障碍与限制,迫使广告制作人努力探索独特、有效的信息交流方式,以顺利实现交际意图——宣传、美化、推广广告信息。

AIDMA(Attention 注意、Interest 兴趣、Desire 欲望、Memory 记忆、Action 行动)法则早已成为广告业的通用规则。其中, Attention 是实现其他各环节的前提条件,因而是广告设计首要关注的对象。因为商业企业要向人们销售产品和服务,首先要引起人们对产品和服务的注意。

广告英语文体表达方式的创造性主要表现为语言使用的特、新、奇,即广告制作人创造性地运用现代英语的词法、句法、语用规则和诸如类比、双关、对照、设问等人们喜闻乐见的修辞手法,使之具有某些特别的含义,以顺利实现交际意图。换句话说,就是广告人尽可能采用各种途径,在有限时间和空间里,引发广告受众的注意,使之意识到问题和需要的存在,并感受到广告的感染力和震撼力。广告英语文体常借助设问型、警醒型、比较型、幽默型等表述方式实现引发注意的言语功能。

2. 美学性

广告英语文体的美学特点主要体现在形式、音韵等几个方面。

（1）形式美。广告为了刺激人们的视觉感官,都会特别注重其外在的形式之美,以求最大限度地吸引人们的目光。好的广告能让人感到眼前一亮,极大地引起读者的注意和兴趣,让读者产生消费欲望,进而过目不忘,并最终付诸购买行动。

（2）音韵美。有节奏、有旋律、能押韵的声音(即乐音)才能悦耳动听。广告人在创意产品商标、起拟广告标题、构思广告口号、撰写广告文案时,无一例外地特别注重合理地整合音韵、推敲节奏、调配旋律,使广告语言不仅具有流光溢彩的视觉美,而且具有珠圆玉润的听觉美,不但能传递丰富的商业信息,还能以歌谣的形式广为传唱。

广告英语文体音乐美主要借助语音的组合、节奏的和谐及韵律的搭配,来营造悦耳赏心的效果,带给广告受众审美快感。

为了使广告语言能完美地体现商品或服务的特点,并打动消费者,广告人往往会在有意无意地运用英语的语音特点与适当的音素组合,在语音与语义间搭起桥梁,使听者产生丰富的语义联想。

语言学家对英语语音的研究表明:①辅音可分为柔软与刚硬两种,边音、鼻音、擦音听起来比较柔软、绵长,而爆破音则显得比较刚硬、短促;②元音中开口度小的前元音等听起来清脆单薄,而开口度大的后元音以及双元音则显得洪亮厚实。

这些音素所具有的最基本的音响特质能刺激人们的听觉,激起不同的联想,产生不同的情绪。如在著名的体育用品商标 Adidas 中,第一个 /ɑː/ 饱满而结实,紧接着一个 /di/ 短促且清亮,再加上一个刚性十足的 /dɑː/,最后出现轻柔绵延的软音 /s/,形成由:

$$/ɑː/ — /di/ — /dɑː/ — /s/$$

四个音节构成的明快组合。"啊—嘀—哒—嘶",读起来"嘀哒"有声,错落有序;听起来,恰似运动员跑步时的轻快的脚步声和有规律的呼吸声。唱和之间立刻带给人一种参与竞技运动的酣畅淋漓。这种刚柔相济的语音组合将感情色彩丰富的音韵发挥到极致,构建出跌宕起伏的乐感,进而成功地运用语音展现并突出了商品的形象和特点,因而能强烈地刺激广告受众的感觉器官,并在他们的记忆深处留下永久的烙印。

节奏可以简单地理解为音乐或语言中"轻、重音的搭配模式",它也是广告人最青睐的有效的创作手段之一。广告设计者有意识地让广告中说话人话语的"气流依某种规则流动,在时间上保持相等距离而反复振动声带",从而获得轻重相间的节奏,使广告词读起来高低升降变化丰富,抑扬顿挫婉转悠扬。而轻重相间的"嘀嗒、嘀嗒"型节奏正是英语语言最主要的节奏特点。"通顺的英语大多数符合轻重相间的节奏",它也是"英语传统诗歌的主要节奏"。

押韵原指诗歌中，词语与词语之间，诗行与诗行之间，相同的或相近的音素按照一定的规律，间隔的重复，它是诗歌语言特有的语音模式。英语诗歌语言的韵律搭配模式有很多种，其中以尾韵（即结尾押韵）居多。尾韵要求行末重读音节的元音及其后之辅音或轻读音节相同（至少相似）。

在广告中合理搭配韵律能让广告话语的诵读具有极强的乐感，能借助其音乐性，达到激活听众音乐审美情趣、吸引听众的广告效果。因此，押韵是广告人不可或缺的工具，在广告创作中得到广泛的运用。

（三）广告文体的语言文化

随着经济全球化的深入，广告已然扎根于人们日常的生活中。它不仅是顾客了解、熟知产品的桥梁，还是商家宣传商品的渠道。广告翻译促进了国家之间的文化交流，更是加强了国家之间的经济交流。因此，在进行广告翻译的语言转换时，必须灵活处理，充分考虑源语言和目的语的读者的直观感受。倘若，在进行广告翻译时，源语言逐字逐句地按照其字面意思转换成目的语，其所取得的广告效果与源语言相比必然大相径庭。

广告翻译除了要面临中西方的语言转换问题，还要面临思维方式、价值观念、社会风俗和审美情趣等差异问题。由于这些差异的存在，从中西方差异下分析广告翻译及其策略是必要的。文章选取广西桂林宣传语、Philips 照明产品、雪碧广告语等典型的广告分析，旨在探讨中西文化差异下的广告翻译及其对应的翻译策略。

1. 思维方式差异

思维方式影响语言表达，不同思维模式形成不同的语言表达。从本质看，翻译是不同思维之间的转换。西方的思维模式是简洁的直线式思维，而中国则是迂回的螺旋式思维。国人表达含蓄，形成汉语重意合的特点；西方则比较直白，形成英语重形合的特点。例如，广西桂林的宣传语"桂林山水甲天下"，该广告没有直接说桂林是天下第一，而用"甲"字含蓄表达出来，体现国人的含蓄思维。而它的译文"East or west, Guilin is the best."直接表明桂林山水是世界第一，直截了当，符合西方的直白思维。再如，Philips 照明产品的宣传语"Let's make things better."该广告语用祈使句表达产品理念——追求更好的产品,体现西方的表达直接,而译文"没有最好,只有更好",该译文用四字结构,均以"好"结尾,体现国人的语言含蓄,又能表达原意。以上例子均体现了中西方思维模式上的差异。

2. 审美情趣差异

古罗马的贺拉斯曾说过:"每个人都有每个人的审美观和爱好……他们的情趣不同,他们的追求也各异。"这在广告翻译上亦同理。一则短短的广告极有可能蕴含不同的民族元素。因此,除了上述提及的三种差异,译者还要考虑不同国家的审美情趣,以适应广告受众国的审美观,捕捉消费者的心理特征。在此,不得不提及著名快餐连锁企业肯德基,其使用了 64 年的经典广告——Finger Lickin' Good。早在 1987 年,肯德基曾尝试打开中国的市场,希望通过"Finger Lickin' Good"这句广告语暗示其食物好吃到让人吮指,意在彰显健康的快餐形象,以此来吸引顾客。

结果可想而知,这番宣传反响平平。正是因为不同文化背景的人们中存在审美偏差,也许"吮手指"这种行为在美国的文化中,是他们表达个性、全力张扬的美,却与中国强调"内敛"背道而驰。

三、新闻文体的语言

现如今,新闻信息在传播的过程中已经呈现出多种形式,受众获取新闻信息的方式也发生了很大的变化。因此,翻译人员要不断提高自身的翻译水平,才能与新时代的发展步伐保持一致。基于此,下面对新闻翻译的主要特征以及新闻翻译人员的要求进行了分析,同时也提出了新闻翻译的主要原则和技巧,旨在与相关工作者相互交流,从而推动我国新闻宣传行业的发展。

(一)新闻语言的主要特征

无论是不同民族还是不同国家的语言,在与人沟通过程中,语言呈现出来的特征应当符合大众要求,尽量使用节俭的语言文字,新闻信息在翻译的过程中必须保证内容易懂,用词精准,这样才能将受众的注意力集中在一起。因此,新闻翻译人员在将新闻内容进行翻译的过程中,要尽可能使用断句,词汇也要简单,这样才能保证新闻信息的精炼度。如果新闻信息的内容过于严肃简洁也会影响受众的关注度,所以在翻译的过程中可以适当增加一些趣味性的语言,提高新闻信息的生动性。除此之外,新闻翻译人员在选择词语的过程中,必须使用精准的词汇,防止在翻译的过程中出现漏洞或者曲解新闻信息的文本,通过文字带动受众的情绪,从而提高新闻信息的关注度。

1. 词汇的主要特征

首先,新闻翻译过程中所使用的词汇具有一定的风格。实际上不只是新闻翻译工作,任何一个行业、领域都会有属于自己的专业术语。所以,在对新闻进行翻译的过程中,有些词语在使用时就成为特定的词语,并且利用这种专业术语对新闻信息进行阐述和表达。当然,这些特定的词语并不是随意制定,而是要经过反复筛选,如果大部分的新闻原文中都涉及这样的词语,逐渐就会将这个词语转化为固定的翻译词汇。

其次,新闻翻译过程中对小词使用较为频繁,这里所谓的小词实际上就是短词。在翻译新闻信息的过程中使用简短的词语能够使整篇文章在阅读的过程中显得更加精练,同时这也是新闻翻译最主要的特征。除此之外,小词所代表的含义较为宽泛,在新闻翻译的过程中使用小词能够使整篇内容显得更加生动。

再次,在新闻翻译过程中,翻译人员还会经常使用缩略语。有些国外机构的名称很长,如果利用缩略语就能降低长名称出现的概率,同时也能使新闻信息的重点更加突出。

最后,在新闻翻译过程中,经常涉及很多新词,或者临时根据词语进行造句。新闻信息最重要的就是时效性,为了能够与时代发展的脚步保持一致,新闻信息在翻译的过程中除了要符合政治要求之外,还要结合当时的政治背景,所以要对词语随时进行调整。

2. 语法的主要特征

第一,新闻翻译过程中,要对语法的时态掌握更加精准。在翻译的过程中,翻译人员为了能够让受众感受新闻事件属于正在进行时,一般都会在标题和正文中采用现在时。

第二,在翻译过程中可以尝试使用一些压缩句。如果新闻信息的篇幅较短,在文字翻译的过程中最常见的语法就是对句型进行有效压缩,但是不能对有价值的信息进行曲解,在压缩的过程中还要注意文章的结构,避免影响新闻信息的完整性。

3.语言的主要特征

不同的语言在表达文字意思时有不同的特点,背景文化也存在一定的差异,所以新闻信息的文本在阐述过程中所用的语言也有明显区别。因此,翻译人员除了要掌握语言特征之外,还要掌握国内外的时事政治,同时也要掌握语言背后的文化,这样才能加强对文本的解读,从而提高新闻翻译的时效性。

(二)新闻翻译人员的基本要求

新闻媒体主要是向受众传递新闻信息,除了要宣传国家政策之外,还会传递国内外的新闻信息,所有新闻信息在翻译过程中除了要保证时效性之外,还要确保新闻信息的完整性。目前,新闻行业发生了很大的变化,传统新闻已经开始在整合资源的过程中向新媒体方向发展,新闻信息在传播的过程中已经逐渐实现了互动性的传播。新闻翻译的主要工作内容是将新闻语言按照要求进行翻译,所有翻译人员除了要严格把握新闻信息的舆论导向和核心内容之外,还要保证翻译后的新闻内容符合当地受众的阅读方式。新闻翻译人员的基本要求如下:

首先,新闻翻译人员必须具备较强的政治素养。翻译虽然是将语言以另一种形式进行转化,但是新闻信息在翻译的过程中除了要体现文字的真实内容之外,还要将新闻信息中涉及的政治观点以及文化理念进行传递,必须遵守实事求是的原则。然而,不同的语言在表达过程中必然会存在一定的差异,再加上语言在翻译的过程中难免会受到外界因素的影响,所以新闻翻译对工作人员的政治素养要求很高。新闻翻译人员必须定期学习理论知识,用全新的思想意识进行自我武装。在翻译的过程中除了要紧紧围绕新闻信息的中心思想之外,还要不断提升自身对新闻信息的敏感性,把握好舆论导向。

其次,新闻翻译人员必须具备较强的职业素养。新闻翻译工作是非常严谨的,任何一个环节出现问题都可能会造成非常严重的后果,所以翻译人员必须具备较强的职业素养,在工作过程中认真仔细,避免因为粗心造成失误。随着媒体行业的发展,多种形式的语言发生了较为明显的碰撞,新闻翻译人员还要具备辨别新闻信息真实度的能力,对新闻信息的原文进行全面分析,在翻译的过程中将原文的政治立场和中心思想进行全面表达。除此之外,新闻翻译人员还要掌握翻译过程中的规范技巧,学习全新的专业术语,除了要掌握基础的文字理论知识以外,还要通过调查研究加强对语言文字的全面理解,不断提升自己的语言能力和翻译能力,掌握语言在发展过程中的基本规律,这样才能使翻译出来的文字更加精准。

最后,新闻翻译人员要具备较强的工作能力。新闻翻译是将新闻信息进行有效传递的另一种形式,由于新闻信息中包含了很多与政治立场和文化有关联的信息,因此新闻翻译人员除了要具备较强的专业能力之外,还要掌握多种工具的使用方法。例如,翻译人员可以通过大数据或者网络技术搜集相关资料,提高自身的工作效率,在传递过程中确保新闻信息的真实性。随着新媒体时代的到来,新闻信息的传播途径越来越广,虽然提高了新闻传递的有效性,但是很多新闻信息的来源并不能完全得到保障。因此,新闻翻译人员必须学会对新闻信息的真实性作出判断,将与自己工作相关的内容全面掌握,不断强化自身的工作能力。除此之外,无论在何种情况下,新闻翻译人员都要具备实事求是的工作作风,避免在翻译的过程中出现误差,在传递新闻信息的过程中也要保证新闻信息能够完全按照原文意思进行传递,避免新闻信息的政治导向受到自身的影响。

第三节 文体翻译理论的实践应用

一、商务英语信函的翻译实践

（一）询盘信函的翻译

1. 简洁

简洁（concise）是询盘信函句子翻译所遵守的原则之一。无论是从句子层面，还是从词汇层面，都不能啰唆，要简单明了、弃繁就简。复杂的句子结构以及晦涩难懂的词汇足以让对方失去兴趣。

句子层面可以从以下三个方面做到简洁：用简单句代替从句，用非谓语动词、名词短语、介词短语、副词短语等代替复合句；不影响句意的部分可以略去；放弃冗余信息与结构以及对方已知的信息。

（1）复合句改成简单句。例如：

如果我方订购 30 艘游艇，你们的行业折扣是多少？

原译：If we place an order for 30 yachts, what trade discount are we granted?

改译：Please let us know your trade discount for 30 yachts.

原译句使用了 if 连接词的复合句，改译句中使用了简单句，简明扼要。

（2）用短语代替从句。例如：

你们通常收到订单后要多久才能交货？

原译：How long does it usually take you to make delivery after you receive orders?

改译：How long does it usually take you to make delivery after your receipt of orders?

原译句中包含动词"receive"的时间从句改成了相应名词"receipt"

的短语。用名词短语代替从句，避免了主语的重复。事实上，当主句与从句主语一致时，就可以用非谓语动词或短语来代替，使句子更加简洁。另外，英语与汉语在各自长期的发展过程中形成了各自的语言特征：英语的静态特征和汉语的动态特征。汉语多用动词，一个句子出现好几个动词实属常见现象，而英语句往往只有一个主要动词充当句子的谓语，其他的都要变成名词、介词等非谓语动词。也就是说，英语中的动作意义常借助动词以外的词类表达。

（3）去除可有可无的句子结构。例如：

我们目前很想进口你们的产品。请您给我们发来您的产品目录，并且如果可能再寄两本样书。

原译：We are, at present, very much interested in importing your goods, and would appreciate your sending us your catalogue and, if possible, two sample books that are representative.

改译：We are very much interested in your goods, and would appreciate your sending us your catalogue and two sample books.

原译句啰唆，"at present""importing""if possible""that are representa-tive"多余，去掉后原意不变。"if possible"看似很客气，但显得不急切；而"representative"的含义在"sample"一词中已经表达出来了，所以应该去掉。

（4）去除多余信息。例如：

我方想知道你们最早什么时候可以交货，而且，如果有折扣，你们在什么条件下给折扣？

原译：We would like to know your earliest date of delivery and on what term you can give us a discount, if you are prepared to grant a discount.

改译：Please let us know your earliest date of delivery and it'll be appreciated if you can give us a discount.

改译句中去掉了"on what term you can give us a discount, if you are prepared to grant a discount"的翻译，因为这些是冗余信息，完全可以省略。注意这里又一次使用了常用句式"it'll be appreciated if..."。

（5）去除对方已知信息。例如：

除了25%的行业折扣，你们是否还提供数量折扣以及现金折扣？

原译：I would appreciate it if you could tell me whether any cash and quantity discounts are allowed, apart from the 25% trade discount.

改译：I would appreciate it if you could give us some cash and quantity discounts.

改译句没有提双方都已经确认了的 25% 的行业折扣，直接说现金折扣和数量折扣这两项重要信息。注意常用句式"I would appreciate it if..."的使用。

另外，询盘信函需要短而精，不需要华丽的词语，能准确地表意即可。所以在词汇层面要考虑两个方面：第一，去掉一些无关紧要的修饰语；第二，用词代替短语、用短语代替从句。

（6）去除修饰语。例如：

请告知你们有关商品的最低价。

原译：Please let us know your lowest possible prices for the relevant goods.

改译：Please let us know your lowest prices for the goods.

原译句中的"possible"和"the relevant"可以省略且保持原句意思不变。

（7）去除不影响句意的短语。例如：

烦请惠寄产品资料和样品，以供我方参考，并请报你方最低抵岸价格。

原译：It will be highly appreciated if you could send us some brochures and samples for our reference and quote your lowest prices on CIF basis.

改译：It will be highly appreciated if you could send us some brochures and samples and quote your lowest CIF prices.

改译句中删除了"for our reference""on...basis"，这样使句子保持原意但更简洁明晰。

2. 选词

询盘信函中词语选择（choice of word）也很重要。询盘信函是一种正式文体，所以应该选择专业的、词汇意义表述准确、正式、礼貌、不卑不亢的词语。

（1）避免用词错误。例如：

请告知你们有关商品的最低价。

原译：Please let us know your cheapest prices for the goods.

改译：Please let us know your lowest prices for the goods.

请注意在改译句中最便宜的价格用的不是"cheapest"，而是"lowest"。低价还可能使用"reasonable"和"competitive"，但"cheap"绝不可以。事实上，"cheap"这个词在英语中的含义并不好，如果一位女孩品行不是太好，就可以称她为"cheap girl"，而东西的质量不怎么好一般也说"cheap stuff"。例如"We don't sell cheap wine, but we sell wines cheaply."在这句话里"cheap wine"指的是质量不怎么样的低档酒，而用"cheaply"用来表达价格低则完全可以。

（2）表意清晰的词语。例如：

我们对于贵公司 10 月 3 日信函中介绍的竹席很感兴趣，贵公司是否可以给我们函寄一件样品以及相关的运输资料和价格？我们长期零售竹子制品，对于竹席尤其感兴趣。

原译：Would you please send me a sample of the bamboo mat you advertised in your October 3 letter, as well as price and shipping information? We are a long time retailer of bamboo ware, and I am especially interested in any items you might have in the range of bamboo mats.

改译：Would you please send me a sample of the bamboo mat you advertised in your October 3 letter, along with price and shipping information? As a long time retailer of bamboo ware, I am especially interested in any items you might have in the range of bamboo mats.

原译句的"as well as"改为"along with"，表达出"捎带寄来"的意思，表达更加准确。而且原译句以"and"连接的并列句改成"as"引导的状语从句，句子的关系更加明确，突出了该复合句中的主句信息"I am especially interested in..."。

3. 清晰

在英语中，不管句子多么复杂，都要结构清晰（clear），突出重点信息，使读者很容易把握句子的主干，快速地找到所要的信息，询盘信函更要如此。例如：

我们的商业伙伴对你们的实木橱柜评价甚高，我们很感兴趣，恳请您惠寄带有图片的最新的产品目录和价目表，并报出最低大连抵岸价。

原译：Because our business associates speak highly of your wooden cabinets, we would be grateful if you could let us have more information about them. Please send us a copy of your illustrated catalogue, current pricelist, and offer us your lowest prices CIF Dalian.

改译: Our business associates speak highly of your wooden cabinets. We would be grateful if you could send us a copy of your illustrated catalogue and current price list, quoting your lowest prices CIF Dalian.

原译句中从句、复合句使用混乱,重要信息不突出。改译句中去掉了多余信息部分(let us know more about them),使用了伴随状语(quoting 部分)作为次要信息。也就是说改译句由一个简单句和一个从句构成,感觉句子长短有致,重要信息突显(send us a copy of your illustrated catalogue and current price list)。

4. 从对方立场出发

在询盘信函中要采用"you-attitude",以对方为主语,显示对方的重要地位。从对方的立场出发,表达出写信人尊敬对方、为对方着想的态度,这样更能赢得对方的好感,能够促进交易的达成。例如:

如果我方认为你方的报价合理并且质量达到我方要求,我方将考虑建立长期的合作关系,长期订购。

原译: If the prices quoted are reasonable enough to us, and the quality is up to our standard, we will place orders with you, ordering on a regular basis.

改译: If the prices quoted are competitive, and the quality up to our standard, you will receive our regular orders.

原译句由两个并列句和一个复合句组成。改译句对该句进行了重组,把原译句的第二个并列句中的动词(is)按照英语的习惯省略,使句子更加简洁紧凑。更重要的是把主句的主语由"we"改为"you"。

5. 礼貌

询盘信函既要选择具有礼貌意义(courteous)的词汇,又要选择能表达礼貌意义的句型,还要使用能传递礼貌意义的语调。

一是礼貌意义的词汇。例如:

我想问您是否同意我方用 30 天远期汇票、承兑交单的方式结算货款。

原译: I want to know if it is possible for you to allow us to settle on a D/A basis with payment by 30-day B/E.

改译：We'll be grateful if you can allow us to settle on a D/A basis with payment by 30-day B/E.

原译句中的"want to know"显得不是十分客气，违背了商务书信的礼貌原则。在英语中很少使用带有命令式，表达个人欲望极强的词语，通常选用比较客气、有商量余地的词语。改译句中使用了"be grateful..."，这是常用的地道句式，也礼貌多了。

二是表达礼貌意义的句型。例如：

再过几周就是圣诞旺季，请你方务必按时交货。

原译：As Christmas is only a few weeks away, you must deliver the goods within the time specified.

改译：As Christmas is only a few weeks away, we would be happy if you can deliver the goods within the time specified.

原译句中的"you must deliver the goods"是强调命令的祈使句，态度强硬；改译句中使用了常用句式"we would be happy/grateful/appreciate it if..."，非常礼貌得体。

三是传递礼貌意义的语调。例如：

我们希望得到贵厂"好生活"系列的绿茶样品，每份至少 2 小包。

原译：We wish to get at least two samples of the green tea in your Good Life Range.

改译：Could you send us at least two samples of the green tea in your Good Life Range?

原译句中"我们希望"在中文中好像是表达出作者的客气的，礼貌的态度，实则不然。英文中的"wish"其实是"I-attitude"句，并没有向英美读者传递出客气礼貌的意义。改译句"Could you..."是"You-attitude"句，同时又是疑问句，更表达出作者的礼貌意图。在翻译中采用"You-attitude"这种语调可以传递出礼貌意义。

（二）发盘信函的翻译

发盘商务信函除了要遵循 7C 原则之外，还要特别注意下面的原则。

第一，避免逐字逐句翻译。例如：

随函附上我们最新的产品目录和天津离岸价价目表。预计收到订单后一周内发货,估计四周内到达。

Enclosed you will find our latest catalogue and FOB Tianjin price-list. Goods will be dispatched within one week of receipt of the order and reach you within four weeks.

读者可能会发现预计和估计这两个词在英文译文中并没有出现。当然如果要体现出来,可以说,"is due to be dispatched...","is due to reach you..."。但是这样模糊的表达不够清晰确切。

第二,短语代替句子。

一是平行结构代替句子。例如:

所附报价为净价,您可以享受 25% 的行业折扣。如订货超过 50 箱,另有 3% 的数量折扣。如果现金全额结清货款,还可进一步享受 2% 的折扣。

原译: We quoted a net price from which you can enjoy a 25% trade discount. An additional 3% quantity discount is offered to orders over 50 crates. A further 2% discount is allowed for cash payment made in full.

改译: The offer is our net price, on which you can enjoy a 25% trade discount, a 3% quantity discount for orders over 50 cases and a 2% cash discount for full payment made in cash.

原译句为三句话,改译句通过平行结构把三句话整合成了一句话: "enjoy a 25% trade discount, a 3% quantity discount for orders over 50 cases and a 2% cash discount for full payment in cash。"

二是介词短语、非谓语动词代替句子。例如:

除了手提包外,本公司亦制造多种系列精美的皮带和手套,贵公司如感兴趣,可参看带有插图的产品目录。

原译: In addition to handbags, we also offer a variety of high quality belts and gloves, which are listed in our illustrated catalogue.

改译: Besides handbags, you will also find a large variety of high quality belts and gloves in our illustrated catalogue.

改译句是 "you" 为主语的句子,同时用介词短语代替原译句中的定语从句,更为简洁。

第三,汉英句子结构差异。例如:

您 6 月 6 日的来函我公司已收到,感谢您欲购我公司的产品,现随函寄上最新价目表一份。所报价格皆为抵岸价。

原译: We have received your enquiry of June 6th in which you asked about our products. And we thank you for this. Please find enclosed our current price-list. All list-prices are quoted on FOB basis.

改译: Thank you for your enquiry of June 6th in which you asked about our products. Please find enclosed our current FOB price-list.

英语的句子重心在前面,先说重要的信息,再解释原因。通常情况下,应该把致谢的话放在前面,尤其在给对方回函的时候。另外英语句子要通过各种语法手段整合句子,避免啰唆。改译句中 "current FOB price-list" 替代了 "All list-prices are quoted on FOB basis.",轻而易举地把两句话整合成了一句话。

1. 用词准确

(1)近义词的微小差异。例如:

得悉贵公司对我们的产品有兴趣,实感荣幸。兹奉上我以新的产品目录和常用的皮革样本仅供参考。

原译: Thank you for your interest in our products. We are sending you a copy of our latest catalogue under separate cover, together with samples of some of the skins we regularly use in the manufacture of our products。

改译: Thank you for your interest in our products. Enclosed you will find our latest catalogue and the sample leather will follow(be sent)in separate mail.

"under separate cover" 和 "in separate mail" 都是 "另函" 的意思。前面已经谈过 "send" 和 "enclose" 的区别,如果是小册子或目录这样的小东西要用 "enclose"。如果是比较大的样品则用 "send"。例句中提到的是产品目录应该用 enclose,而皮革样本应该为另寄,可以用 "send"。

(2)词语涉及范围。例如:

我们给指定的代理提供 15% 的佣金,外加相当数额的广告费。如果销售成功,我们将把你的代理范围扩大到整个东部地区。

原译: We will offer a 15% commission to agents appointed by us, plus a substantial advertising allowance. If sales are successful, the agency will be extended to cover the whole eastern area of the country.

改译: The agent we appoint will get a 15% commission, plus a substantial advertising allowance. If sales are successful, the agency will be extended to the whole eastern area of the country.

"will be extended to cover"中的"extend to"意为"延伸到",已经包含了"cover"的含义,所以在改译句中去掉了"cover"一词。另外,原译句第一句主句中的主语"we"用得也不太妥当,显得突出自己的地位而忽略了对方的感受。而改译句中用"agent"作主语,显示了对对方的尊重。

2.要意译不要直译

例如:

你方用纸壳箱包装货物不适合海运,由此造成的货损保险公司可能拒赔,如果你方肯赔付我方客户可能因此而遭受的损失,我方同意你方使用纸壳箱。

原译: As the cartons you are going to use are not seaworthy, the insurance company might refuse compensation if our clients suffer any losses. We have no object to your packing of the garment in cartons if you can guarantee that you will pay compensation when our clients cannot get indemnification from the insurance company.

改译: As cartons are not seaworthy, the insurance company might refuse compensation should any loss incur. They are acceptable to us if you will compensate our clients when they fail to get indemnification from the insurance company.

很明显,双方在包装问题上有分歧,如果用对方做主语有指责对方的嫌疑,在这种情况下就不能直译了,应该婉转地指出对方的问题,保全对方的面子,需要意译。原译句属于纯属直译,显得生硬而且毫不客气,不给对方留任何颜面。改译句则比较婉转地表达了同样的意思。

二、广告英语文体的翻译实践

由于中西方文化在思维方式、价值观念、社会风俗和审美情趣等方面存在差异,译者需要向目的语读者靠拢,译成地道的本国语言,并保留语言特色和异国情调。由于文化差异的存在,翻译时需要"让读者去接近作者"或"让作者接近读者"。译者必须根据翻译目的来选择,尽可能把读者和作者放在同一层面,以此解决目的语与源语言之间的差异。因此,有归化和异化两种不同的翻译文化取向,而这些取向通过不同的方法体现。

(一)归化

1. 替代法

替代法翻译的目的是让读者更容易记住广告,从而达到记忆价值。通过同音词替换实现词语转换。译者在翻译时要考虑中西方价值观的差异,翻译要符合当地的文化风俗,译成地道的本国语言。例如,我国洗衣机品牌"荣事达",国人认为这是一个褒义词。若用汉语拼音直译为"Rongshida",不符合英文的思维,同时"荣"的发音与"wrong"极其相似,容易使消费者产生负面联想。相反用"Run Star"的同音词替代,既朗朗上口又达到宣传品质的效果。再如,"Coca-Cola"最初进入国内市场,广告语是"口渴口蜡",中文的"蜡"代表一种不可食用的固态物品,对于口渴的人,此广告语毫无吸引力,容易造成思维差异的误解。而译为"可口可乐",该广告语给人清凉可口的感觉。译者考虑到中西方的风俗差异,用同音词替代原文,因此该饮料迅速占领国内市场。字母替代法,指将一些专有名词的拼音及英文单词的首字母组合在一起构成品牌英译名称的方法。由于中西方的价值观念的不同,采用字母替代法可以加深记忆,使消费者短时间内了解产品名称,从而产生利益价值。例如,"京东"(JD.com,拼音全称为 Jing Dong)、"中兴"(ZTE,全称为Zhongxing Telecom Equipment),两个例子均使用首字母代替翻译,简洁明了,使消费者更加容易记住产品名称,达到营销的效果。

2. 释义法

释义法,就是舍弃原文中文化语料的语言外壳,直接解释出源语文化语料所表达的意义。在翻译一些具有民族色彩的词汇或者一些具有隐含意义的词汇时,通常会使用释义法来翻译广告,用这种方法翻译,既可以让译文更加简洁明了,也不会损害译文传达的信息和文化。对此,举以下两个例子。

ST：To me，the past is black and white，the future is always color.
（轩尼诗）

TT：对我而言,过去平淡无奇,而未来,却是绚烂缤纷。

上述广告都采用了释义法,直接传达广告的意思。中西之间的审美情趣存在差异,西方追求大方直白,中国则追求含蓄意境。上例中"black and white"字面意思是"黑与白的",隐含的意思是"平淡无奇的生活"；"color"字面意思是"色彩",隐含"绚丽多姿的生活"。若直译该广告："对我来说,过去是黑与白的,但未来却总是彩色的"。译文虽大方直白,却显得平淡无奇,且不能激起消费者的购买欲望。采用释义法后,广告语就更加有意境和有内涵,且符合国人的审美情趣,会引起较强的震撼力和感召力。

ST：Exclusively Fine Champagne Cognac—Remy Martin XO.

TT：人头马一开,好事自然来。

由于每个国家的风俗习惯不同,因此广告翻译时应符合目的语的文化习俗。上例广告语中"Exclusively Fine Champagne Cognac"直接翻译是"专供上等香槟白兰地"。这样的广告语没有特色,不能激起消费者的购买欲。译者采用释义法,把其翻译为"人头马一开,好事自然来"。这样翻译,不仅让消费者记住了"人头马"这个品牌,还形成消费冲动。在中国的文化习俗中,酒一般是在庆祝的时候喝,喝人头马自然是有好事值得庆祝；另外,"好事自然来",喝了人头马能够带来好运,也更加符合了中国人注重好彩头,好意头的心理。

3. 意译

直译不可能是万能的。因为不同的语种有不同的表达方式,不同的文化背景。而且,随着广告事业的发展,出现了越来越多意味深长的广告词,这些广告词使广告翻译者更面临很大的挑战。要译好这些广告单靠直译是不够的,必须冲破原文形式的束缚,采用意译才能完美、准确地表现原广告传递的信息。这种情况下,译者采用的对等策略是"含义对等"。

正因为并不是所有的语言在表达形式上都是相同的。很多情形下,如果译者想在目的语中忠实地保留原语文本的内容,他必须调整,甚至放弃原语文本的表达形式,在译入语中重新建构表达形式,避免造成原语文本内容的严重失真、译入语晦涩难懂或译入语读者误解,这种翻译方法就是意译。例如：

Ask for more !

"渴"望无极限！

（百事可乐广告）

Ups. On time, every time.

Ups—永远那么及时。

（Ups 快递广告）

Every time a good time!

分分秒秒，欢聚欢笑！

（麦当劳广告）

以上三则广告的翻译都是意译，译文充分表达原文含义，且没有一个与原文的语句表达形式相同。

正如乔姆斯基所说："译文应正确表达原文的内容，而没有必要在形式上完全与原文一致。"况且很多情况下，甚至根本无法达成一致。此外，意译常能利用形象、生动、委婉的语言来吸引读者，就广告而言，对于推销商品，吸引顾客会有更好的效果。

广告汉译英中也有不少通过意译，实现含义对等翻译策略的。例如：

汲取生物精神，焕发生命潜能。

Essence of Living Beings, Energy for Life.

（保健口服液广告）

上述广告译文舍弃了原语广告中两个动宾结构的祈使句，以两个名词短语代替，避免了实词过多带来的语义重心分散，运用含义对等策略，使译入语读者和原语读者一样，集中关注广告宣传的主题"生物精神"与"生命潜能"。

为中国西部的腾飞加油！

For the rapid development of West China!

（CCTV 西部频道广告）

上述广告原文包含隐喻"腾飞",是一句感叹语气的口号。其形式简洁有力,极富感召力。译文没有保持原有修辞格,而是通过意译直接点明原文辞格的喻义:快速发展,避免了直译"腾飞"可能给译入语读者带来的误解。译句同原句意义相同,含义对等,功能相似。

4. 仿译法

所谓仿译法,就是仿用现成的语言形式来进行翻译,这种方法往往能达到事半功倍的效果,因为现有语言形式中已包含大量的可以借用的语言形式。其中套用成语、谚语、俗语等是最常用的手段。例如:

Apple Thinks Different.
苹果电脑,不同凡"想"。

（苹果电脑广告）

苹果电脑宣传标语"Think Different",言简意赅地说明了要宣传的内容,译者套用汉语成语"不同凡响",借助谐音置换,成为不同凡"想",既符合语境,又形象幽默。

中原之行哪里去,郑州亚细亚。
While in Zhengzhou, do as the Zhengzhouneses do. –Go shopping in the Asian Supermarket.

（郑州亚细亚超级商场广告）

上述广告的英译则是仿用了英语谚语"While in Rome, do as the Romans do."。

食在广州。
East or west, the Guanzhou cuisine is the best.

上述广告的英译仿用了英语成语"East or West, home is the best."。

I'll do a lot for love,
But I'm not ready to die for it.

情爱诚销魂,生命价更高!

上述广告抓住人们恐惧艾滋病的心理,劝说消费者为爱疯狂时,一定要珍惜生命,在含蓄地表达这一主题的同时,宣传推销避孕商品,可谓雅俗共赏。但恰当翻译这句口号实属不易。若直译为“我愿为爱情付出许多,但我不准备为爱情牺牲”,则过于笼统,不着边际,大众难以理解,也表达出广告的真正用意。译文借用匈牙利诗人裴多菲的名句“生命诚可贵,爱情价更高”,并取反论,使用仿拟辞格,这样才符合原广告的本义。仿译利用译语的语言形式易为读者所接受的特点,仿拟译入语来翻译广告,让读者倍感亲切,无形之中接受广告所宣传的信息。

(二)异化法

1. 直译法

广告翻译中,最主要的翻译方法之一就是直译法。其既能准确传达原广告语意思,又能够保留原广告语的表达形式和句式结构,还能准确传达广告语的意义和风格。对此,举以下两个例子。

ST:国酒茅台,酿造高品位生活(茅台酒)

TT: China Moutai brews quality into life.

上述广告都采用了直译手法,简洁明了。上例准确传达了茅台酒的高品质的地位,点明了茅台酒是国酒之光的身份。直接明了,更加符合西方的思维方式,告诉消费者高品位的生活就像高品质的茅台酒一样,需要细品,传达高品质的酒能带来高品位生活的品牌理念,也能够减少中西方思维方式不同带来的问题。

ST: Action makes one's potential limitless.(鸿星尔克运动品牌)

TT:行动让潜能无限。

上例是运动品牌广告,传达了运动品牌的精神。目的广告语“行动让潜能无限”,能够给消费者传达一种积极向上的精神,符合运动品牌的理念,直译不仅直接地诠释了品牌的理念和内涵,而且传达共同的品牌文化和品牌精神,也避免思维方式差异产生的分歧。

2. 音译法

音译法通常应用于商标名称的翻译,是指当我们在翻译商标找不到对应的中文词汇来表达时,按照商品名称的发音,找到与之语音相对应的汉语字进行翻译。由于受各国文化差异的影响,世界上各个国家、各个民族的语言表达习惯和词汇体系都是不同的,汉语和英语在语言表达习惯和词汇体系方面存在着较大的差别。因此,译者在进行广告翻译时可以运用音译法这一翻译策略来处理中西文化在思维方式、社会风俗以及审美情趣上的差异。作为零售批发行业的行业标杆,德国 METRO 在进行中文牌名翻译时很有讲究。在英汉字典中可以查到 METRO 有地铁的意思,为避免中国消费者理解成"地铁超市",METRO 企业巧妙地把 METRO 音译成了"麦德龙"。METRO 企业知道中国人思维比较含蓄、委婉,不像西方人那么直白,于是他们用"麦"来代替"卖"。"德"可以说明 METRO 企业在中国的发展会严格遵循当地法律法规等。而"龙"是中华民族精神的象征,体现出中国特有的文化,很容易被中国消费者所接受。"麦德龙"这一中文译名的翻译可以说是非常成功,这为 METRO 企业进军中国市场、抢占中国市场添砖加瓦。由此可见,外国商品进军中国市场时,要了解中西方思维模式的差异,也要充分把握国人的文化风俗,慎重翻译。广告翻译的翻译策略之一——音译法既要忠实于原文,又不能拘泥于原文,抓住消费者的心理特征,创造出富有审美情趣的广告翻译,给消费者留下深刻印象,美好享受,从而销量大增。

随着经济全球化发展,品牌的影响力逐渐增强,广告翻译逐渐成为国与国之间文化交流的一种形式。在跨文化语境下,宣传广告的翻译必须考虑到各国思维方式、价值观念、社会风俗和审美情趣等文化差异。译者应深入研究异国文化,坚持一般性翻译原则,同时采取灵活的翻译策略——归化和异化。归化法的翻译侧重采用地道的本族语的表达方式,让顾客能够短时间内了解产品,从而达到营销目的。而异化法的翻译能够保留其语言风格和异国情调,吸引喜欢购买国外产品的顾客。结合归化和异化两种翻译策略,广告语能够最大程度地接近当地顾客的文化心理,获得消费者的认同感,从而使商品畅销世界各地。

广告文体变化多端、别出心裁,加上中外语言文化迥异,使广告翻译成为较为复杂的问题。以上只是探讨了广告翻译中的几种方法,在实际翻译中,要真正做到译文和原文的最大限度功能等值,只单纯地使用

一、两种手段是远远不够的,而需从具体情况出发,辩证、综合地选择合适的手段来传达原文的意义。

三、新闻英语文体的翻译实践

翻译主要就是利用其他语言对原文进行重新描述,所以在翻译的过程中除了要将字面意思进行翻译之外,还要保持原文的风格,阐述原文的中心思想以及原文对新闻内容的理解。除此之外,在对新闻进行翻译的过程中,还要尽量沿用原文的表达形式,这样才能保证翻译后的新闻信息与原文保持一致。因此,对新闻翻译的技巧进行了简单的总结,主要表现在以下几个方面。

（一）协调宏观与微观之间的关系

翻译人员在对新闻信息进行翻译的过程中,首先要按照宏观角度与微观角度对新闻信息的内容进行分析,掌握新闻信息的政治背景以及中心思想,揣摩原作者对新闻信息所持的态度和理念,只有从多个角度对新闻信息的内容进行研究,才能将原文理解得更加透彻,在翻译的过程中能够按照原文作者的思想和风格进行表述。由于翻译后的新闻信息在受众群体上会发生一定的变化,因此翻译人员也要考虑受众的文化背景,根据受众群体的文化差异将原文中的部分内容进行调整,在保证中心思想和文体风格不变的基础之上进行改动,才能推动新闻信息的有效传播。

（二）掌握文章的核心理念

对新闻信息进行翻译是一项非常复杂的工作,在翻译的过程中对细节的重视程度较高,所以翻译人员必须加强对词组和语句的正确使用。要想通过译文将原文的核心理念进行传递,翻译人员除了要注重语言的语境之外,在用词的过程中还要充分结合上下文,确保译文的连贯性和逻辑性。

与传统的文学作品相比,新闻信息的用词非常精准,所以翻译人员在传递核心理念的过程中,要保证译文具备原文的语境,这样才能使译文和原文的核心保持一致。

（三）对行文特征进行揣摩

有些新闻信息的内容比较特殊,在翻译的过程中不能超越语境限度,要严格按照受众群体的需求进行翻译,在这种情况下可以使用归化译法对原文进行翻译。所谓的归化译法主要是指在翻译新闻信息时,要尽可能将原文中的行文特征以及背景文化进行保留和传递。如果有些新闻信息的中心思想是为了和受众建立情感上的共鸣,在翻译的过程中可以按照原文的行文特征进行撰写,在适当的时候对文体风格和语言风格做出一定的调整,确保新闻信息的译文在传递过程中能够引起更多受众的关注。

（四）加强对细节技巧的重视

在对新闻信息的原文进行翻译的过程中,为了能够将事件更加凸显,翻译人员可以采用招眼词对其进行描述,同时也可以利用插入语将新闻事件的背景进行细化的讲解,从而提高新闻信息的真实性。然而,无论翻译人员采用哪种形式,都不能改变原文的中心思想,同时还要考虑受众的文化背景和阅读习惯,这样才能使译文更加符合受众的基本要求。

翻译人员可以采用编译的形式进行调整,不同地区的受众在关注新闻信息的过程中,侧重点也会存在一定的差异,为了能够提高新闻信息的影响力,翻译人员可以适当进行编译。例如,有些新闻信息的篇幅很长,受众在阅读的过程中因为多种原因并没有关注到新闻的重点,这种情况下翻译人员在不改变新闻内容的基础上,适当地对原文做出一定的缩减。这种方法不仅能够保留新闻信息的主要内容,还能从形式上吸引更多受众的关注。

总之,新闻信息在翻译的过程中,语言和文字是最重要的表达工具,翻译人员通过语言和文字对新闻信息中的各项要素重新进行表达,确保受众能够快速掌握新闻信息的主要内容。新闻翻译涉及了很多内容,在翻译的过程中除了要保证基础内容之外，还要将政治理念进行传递。因此，翻译人员要掌握新闻翻译的主要特征和技巧，这样才能通过新闻翻译提高新闻信息的传播效率。

参考文献

[1][英]雷蒙德弗·思.人文类型[M].费孝通译.北京:华夏出版社,2002.

[2]白靖宇.文化与翻译[M].北京:中国社会科学出版社,2010.

[3]曹明海.文学解读学导论[M].北京:人民文学出版社,1997.

[4]崔长青.迎刃而解——英语写作技巧[M].北京:中国书籍出版社,2010.

[5]范祖民.实用英语修辞[M].北京:科学出版社,2010.

[6]傅敬民.实用商务英语翻译教程[M].上海:华东理工大学出版社,2011.

[7]傅克斌,罗时华.实用文体写作[M].北京:科学出版社,2010.

[8]高华丽.中外翻译简史[M].杭州:浙江大学出版社,2009.

[9]郭贵龙,张宏博.广告英语文体与翻译[M].上海:华东师范大学出版社,2008.

[10]郭著章.翻译名家研究[M].武汉:湖北教育出版社,1999.

[11]何江波.英汉翻译理论与实践教程[M].长沙:湖南大学出版社,2010.

[12]何雪娟.商务英语翻译教程[M].北京:外语教学与研究出版社,2007.

[13]何远秀.英汉常用修辞格对比研究[M].成都:西南交通大学出版社,2011.

[14]侯维瑞.英语语体[M].上海:上海外语教育出版社,1988.

[15]户思社.翻译学教程[M].北京:北京师范大学出版社,2011.

[16]黄成洲,刘丽芸.英汉翻译技巧[M].西安:西北工业大学出版社,2008.

[17] 金惠康．跨文化交际翻译续编 [M]．北京：中国对外翻译出版公司，2003．

[18] 克利福德·格尔茨．文化的解释 [M]．韩莉译．上海：上海译林出版社，1999．

[19] 李佳．英语文体学理论与实践 [M]．厦门：厦门大学出版社，2011．

[20] 李建军．新编英汉翻译 [M]．上海：东华大学出版社，2004．

[21] 李克兴．广告翻译理论与实践 [M]．北京：北京大学出版社，2010．

[22] 廖七一．当代西方翻译理论探索 [M]．南京：译林出版社，2004．

[23] 廖英，莫再树．国际商务英语语言与翻译研究 [M]．北京：机械工业出版社，2004．

[24] 刘军平．西方翻译理论通史 [M]．武汉：武汉大学出版社，2009．

[25] 刘宓庆．文化翻译论纲 [M]．武汉：湖北教育出版社，1999．

[26] 刘宓庆．文体与翻译 [M]．北京：中国对外翻译出版公司，2006．

[27] 刘宓庆．文体与翻译 [M]．北京：中译出版社，2012．

[28] 卢思源．新编实用翻译教程英汉互译 [M]．南京：东南大学出版社，2008．

[29] 冒国安．实用英汉对比教程 [M]．重庆：重庆大学出版社，2004．

[30] 戚云方．广告与广告英语 [M]．杭州：浙江大学出版社，2003．

[31] 秦秀白．英语语体和文体要略 [M]．上海：上海外语教育出版社，2001．

[32] 孙艺风．视角·阐释·文化——文学翻译与翻译理论 [M]．北京：清华大学出版社，2004．

[33] 谭载喜．西方翻译简史 [M]．北京：商务印书馆，1991．

[34] 童庆炳．文学原理教程 [M]．北京：高等教育出版社，2001．

[35] 王秉钦．20 世纪中国翻译思想史 [M]．天津：南开大学出版社，2004．

[36] 王大来．文学翻译中的文化缺省补偿策略研究 [M]．北京：光明日报出版社，2016．

[37] 王恩科,李昕,奉霞.文化视角与翻译实践 [M].北京:国防工业出版社,2007.

[38] 王佐良,丁往道.英语文体学引论 [M].北京:外语教学与研究出版社,1987.

[39] 韦勒克,沃伦.文学原理 [M].北京:生活·读书·新知三联书店,1984.

[40] 魏海波.实用英语翻译 [M].武汉:武汉理工大学出版社,2009.

[41] 武锐.翻译理论探索 [M].南京:东南大学出版社,2010.

[42] 徐宏力.模糊文艺学概要 [M].沈阳:春风文艺出版社,1994.

[43] 袁筱一,邹东来.文学翻译基本问题 [M].上海:上海人民出版社,2011.

[44] 张保红.文学翻译 [M].北京:外语教学与研究出版社,2010.

[45] 周芳珠.文学翻译论 [M].北京:中国对外翻译出版有限公司,2014.

[46] 陈明洁.文学翻译中的地域文化差异解读 [J].中学地理教学参考,2023(06):96.

[47] 崔滢洁.文学翻译"六条标准"指导下的《一片叶子》汉译对比研究——以陈德文译文和唐月梅译文为例 [J].汉字文化,2023(06):169-171.

[48] 段学慧.简析文化差异对英美文学翻译的影响 [J].哈尔滨职业技术学院学报,2023(02):156-158.

[49] 段学慧.简析文化差异对英美文学翻译的影响 [J].哈尔滨职业技术学院学报,2023(02):156-158.

[50] 冯志伟,张灯柯.机器翻译与人工翻译相辅相成 [J].外国语(上海外国语大学学报),2022,45(06):77-87.

[51] 李艳旸.生态翻译学视角下复合应用型外语翻译能力培养研究 [J].校园英语,2022(35):33-35.

[52] 梁济韬.浅析英汉跨文化翻译中的归化和异化 [J].校园英语,2023(12):190-192.

[53] 刘普.跨文化视阈下茶产品外宣翻译技巧及其应用 [J].福建茶叶,2023,45(04):109-111.

[54] 刘昭,孙策.文学翻译中的异域风情再现:《老人与海》中的西

班牙语词汇汉译研究 [J]. 翻译教学与研究,2022（02）:132-149.

[55] 王俊超 . 翻译史与译论史之辩与辨 [J]. 翻译界,2023（01）:90-103.

[56] 蔚艳梅 . 英语翻译中跨文化视角转换及翻译技巧分析 [J]. 鄂州大学学报,2023,30（02）:35-37.

[57] 于文豪 . 机器翻译与人工翻译的翻译单位对比研究 [J]. 校园英语,2023（06）:190-192.

[58] 张保红 . 文学翻译的学思用 [J]. 英语世界,2023,42（02）:121-123.

[59] 张晶灿 . 探究生态翻译学视角下的网络流行语英译 [J]. 西部学刊,2022（17）:169-172.

[60] 赵现标 . 基于生态翻译学视角的茶文化翻译方法研究 [J]. 福建茶叶,2023,45（03）:149-151.

[61] 周颖莹 . 英语翻译中跨文化视角转换及翻译技巧 [J]. 英语广场,2023（07）:36-39.